艺术设计
ARTDESIGN

高等院校艺术学门类"十三五"规划教材

广告学概论
GUANGGAOXUE GAILUN

主编 刘佳

副主编 李刚 李佳龙
宗林 郑雄

参编（排名不分先后）

刘希 陈静 黄菁 王芳 曹世峰 杨梦姗
吴颖 甘芳 刘郸 刘甜 何礼华 高德强

华中科技大学出版社
http://www.hustp.com
中国·武汉

内容简介

本书包括六章内容：广告概述、广告的主体、广告的受众、广告的表现、广告的基本媒介、广告的执行过程。本书从广告的概念开始阐述什么是广告，再从广告主体、受众和广告的表现三个方面来使读者加深对广告的认识，最后从广告的媒介和广告的执行过程来讲解开展广告活动的过程。本书既有理论知识，又有实践内容，是一本适合教学的教材。

图书在版编目(CIP)数据

广告学概论 / 刘佳主编. —武汉：华中科技大学出版社，2017.12
高等院校艺术学门类"十三五"规划教材
ISBN 978-7-5680-3502-6

Ⅰ.①广… Ⅱ.①刘… Ⅲ.①广告学-高等学校-教材 Ⅳ.①F713.80

中国版本图书馆 CIP 数据核字(2017)第 287539 号

广告学概论 刘佳 主编
Guanggaoxue Gailun

策划编辑：彭中军
责任编辑：赵巧玲
封面设计：孢 子
责任监印：朱 玢
出版发行：华中科技大学出版社(中国·武汉) 电话：(027)81321913
　　　　　武汉市东湖高新技术开发区华工科技园 邮编：430223
录　　排：匠心文化
印　　刷：武汉科源印刷设计有限公司
开　　本：880 mm×1230 mm　1/16
印　　张：9
字　　数：272 千字
版　　次：2017 年 12 月第 1 版第 1 次印刷
定　　价：49.00 元

本书若有印装质量问题，请向出版社营销中心调换
全国免费服务热线：400-6679-118　竭诚为您服务
版权所有　侵权必究

前言

现如今,广告已成为人类日常生活中一个不可或缺的部分,也成为当代社会中一道耀眼的文化风景;不管你是否愿意,也不管你有无自觉意识,广告总是伴随着你,广告成了你不请自到的朋友。

随着广告的飞速发展,与广告相应的学科体系也在建立和完善中得以成长。虽然广告业发展迅速,但我国高等院校开设广告学专业的历史只有短短20多年时间,教学模式、专业教学人员等方面的配置很不均衡,这样一种教育局面显然不能适应广告业的飞速发展的形势。因此加快广告学高等教育的发展步伐已成为当代社会一项紧迫的任务和高等教育中亟待解决的一个课题。为此,撰写本书其唯一的愿望就是想为国内广告学专业高等教育的发展起到添砖加瓦的作用。

基于作高等院校广告学专业教学用书的目的,本书从广告的概念开始阐述什么是广告,再从广告主体、受众和广告的表现三个方面来使读者加深对广告的认识,最后从广告的媒介和广告的执行过程来讲解开展广告活动的过程。

本书作为一本概论性的著作,无法对各个问题展开细而繁的论述,只能进行简单概说,使大家对广告学这门学科有一个入门的了解。本书尚存在许多不足之处,恳请读者批评与指正。

编者
2018 年 1 月

目录

1 第一章 广告概述

第一节 现代广告的概述 / 2
第二节 现代广告的基本运作 / 8

11 第二章 广告的主体

第一节 广告主 / 12
第二节 广告公司 / 14
第三节 广告发布者 / 17

21 第三章 广告的受众

第一节 广告受众概述 / 22
第二节 广告受众心理概述 / 24
第三节 广告受众与消费者 / 27

33 第四章 广告的表现

第一节 广告表现的一般概念 / 34
第二节 广告表现的常用主题与技巧 / 35
第三节 不同类型商品的广告表现 / 41
第四节 广告文体结构与广告语言 / 46
第五节 广告设计艺术 / 55

65 第五章　广告的基本媒介

    第一节　广告媒介的基本功能与特点 / 66
    第二节　制订广告媒介计划的基本因素 / 73
    第三节　广告媒介评价的内容和方法 / 76
    第四节　广告媒介策略 / 79

 83 第六章　广告的执行过程

    第一节　制订广告战略计划 / 84
    第二节　广告创意和表现 / 94
    第三节　广告诉求 / 107
    第四节　广告效果测定 / 126

 **138　参考文献**

第一章
广告概述
GUANGGAO GAISHU

广告作为一种社会文明,它不仅贯穿于人类经济生活的方方面面,而且涉及人类的社会生活、情感生活、文化生活、政治生活;在很大程度上影响着人们的消费观念、消费方式、消费文化、社会观、价值观、生活观等。人类生活的各个方面都在不同程度上表现着广告文明,展现着广告文化。广告业日益受到社会的重视,成为市场经济的先导产业。在市场经济中,广告的经济功能、社会功效、文化效用日趋突显,因此,系统地掌握现代广告的运作知识,不断提高广告创意、策划、设计和操作的技能对于从业人员来说显得尤为重要。

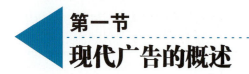

第一节 现代广告的概述

广告一词是"advertising"的译名。据考证,"advertising"这个词最初的意思是吸引人注意,带有通知、诱导、披露的意思。后来其含义拓宽为:使某人注意到某件事或通知别人某件事,以引起他人的注意。17世纪中后期,英国开始了大规模的商业活动,广告一词因此得以流行,受到人们的青睐。现如今广告已不单指某一个广告,其更多的是指一系列的广告活动。总而言之,广告这个词正在被广泛地运用于社会生活之中。

从传递信息的角度来看,广告是一种古老的社会现象。从人类的发展历史来看,广告是人类社会中无所不在、无时不有的活动。人类祖先开始利用姿态、声音、火光进行广告传播,后来又发明和运用语言与文字,扩大了广告传播的深度和广度。大众传播媒体的出现,使人类广告传播再次发生质的变化。广告现象的普遍性及其作用的广泛性,使得国内外许多专家、学者纷纷探索广告的含义。由于广告媒体各式各样,广告模式各不相同,广告机制各有所长,广告外延组织庞杂,加之人们探究广告所选择的角度又不尽相同,所分析的广告侧面甚至大相径庭,因此不同的学说对广告的认识难免各执己见。这些不同学说的广告定义,由于它们从不同角度揭示了广告的现象,给我们描绘了广告的基本轮廓,因而对我们科学地理解广告的含义是十分有益的。

一、现代广告的定义

1. 宣传型广告观

该观点认为广告是一种以商业活动为主的宣传工作。我国19世纪出版的《辞源》给广告下的定义是:向公众介绍商品、报道服务内容和文艺节目等的一种宣传方式,一般通过报刊、电台、电视台、招贴、电影、幻灯、橱窗布置、商品陈列等形式来进行。该定义是典型的宣传型广告观。

2. 劝说型广告观

该观点认为广告是一种广义性的劝说与说服工作。其中较有代表性的广告定义是:被法律所许可的个人或组织,以有偿的、非个人接触的形式介绍物品、事件和人物,借此影响公众的意见,发展自己的事业。

劝说型广告观还认为广告的目的是影响广泛的公众,使公众认同广告倡导的价值观念和介绍的商品与服务,按照广告主的期望进行社会活动、消费活动。这种理论揭示了广告的本质意图,即说服顾客、劝导消费。

3. 促销型广告观

该观点认为广告是一种促销手段。《美国百科全书》对广告的解释是:广告是一种销售形式,它推动人们去购买商品、劳务或接受某种观点。这种促销型广告观认为,帮助广告主获得利益是广告的本质,这确实揭示了广告的真实意图。然而,也正是由于它过于强调商业色彩,从而使广告陷入某种局限之中,失去广告发展所必需的社会营养、文化营养。

不难看出,现如今从某个方面来给广告下定义并不是简单的事情。在此,我们以著名的市场营销专家菲利普·科特勒给广告下的定义作为参考,他认为:"广告是公司用来直接向目标买主和公众传递有说服力的信息的主要工具之一。广告是由明确的主办人通过各种付费的媒体所进行的各种非人员的或单方面的沟通形式。"

二、现代广告的特征

广告特征,是指广告作为一种独立的社会现象所具有的特点。而广告的本质则是隐蔽的,是通过现象来表现的,不能直观地去认识,必须透过现象去抓住本质。因此,我们认为,将广告特征与本质放在一起来认识,可以更准确地理解广告。

通常而言,现代广告具有以下特征。

1. 广告是一种有目的、有计划的信息传播手段

广告必须与市场营销活动相结合,并以说服消费者购买所宣传的商品或服务为最终目的。因此,广告是一种以推销商品、获得盈利为最终目标的商业行为。广告向目标消费者展示商品的性质、质量、功用、优点,进而打动和说服消费者,影响和改变消费者的观念和行为,最终以达到发生购买行为为目的。广告与一般的促销活动不一样,促销是卖主直接向买主展示商品,与消费者发生面对面的交流,而广告则是通过媒体向消费者做说服工作。广告提供的所有信息,对公众来说应该是有价值的,即能起到传播信息、引导消费、满足消费者需求的作用。

2. 广告是一种投资活动

广告的宣传必须付出一定的经济代价,并有特定传播媒介物和公开的宣传工具。因此,不少企业把广告看作一种投资活动,在进行广告投放时往往期望有一定回报。随着现代广告观念的形成和发展,已经有越来越多的人认为广告活动应该被视为企业投资行为。

从创造价值的角度来看,广告的投资效应一般通过两个方面来体现:一是广告的消费价值,它取决于广告的消费效应,即消费者接受广告信息,对广告产生认同感并积极地购买;另一方面是广告的生产价值,它取决于广告消费价值的实现。广告只有首先满足消费者的需要才能实现广告的推销目标,尤其对于商品广告而言,只有商品销售的实现,才能实现再生产的目的。如果将广告活动视为投资,那么,对广告的要求及看法自然都会改变。从投资的角度来看,广告应该将追求长远利益与眼前利益结合起来,广告是一种着眼于未来的行为,既有一定的风险性,又有一定的可预测性。

3. 广告是一种沟通过程

沟通,就是信息发出者与接收者之间进行信息传递与思想交流,以求达到某种共识。因此,沟通是一种双向活动,而不仅仅是一方对另一方的单向影响过程。广告是一种双向沟通,是因为广告主将广告信息通过大众媒体传递给目标消费者,以求说服、诱导消费者购买广告商品。只有当目标消费者接受了广告信息,即认为广告信息是真实和可信的,并同意广告所传递的观点时,广告信息才能发挥作用,从而实现广告沟通过程。

4. 广告需要创意和策略

广告的制作和宣传应该满足消费者的需要,能引起消费者的注意,并调动其兴趣,激发其欲望,从而实现消费行为。目前广告市场中,争取消费者注意力的竞争越来越激烈。消费者每天都要面对几百条甚至上千条广告的冲击,如果想要在众多商品品牌中为你所宣传的商品在消费者心目中争取一定的位置,那么广告就要有创意。创意的本质就是使广告所包含的信息能得到更好的传达,对诉求对象产生更大的影响作用。好的创意,必须在明确的信息策略指导下产生。没有任何策略指导的信息,即使表现得再独特,也很难成为好的创意。因此,在广告创意这个环节中,信息

广告的诉求策略和表现策略应该得到足够的重视。

三、现代广告的功能

随着生产力的提高,商品经济的发展,商品交换的范围迅速扩大。市场的扩展使供应者和购买者之间的距离扩大,买卖双方的关系由直接变为间接,也就难以相互了解。同时,商品种类也越来越丰富。消费者在迅速膨胀的大量市场信息面前,购买的目的性与指向性变得不再明确。企业在激烈的市场竞争面前,对市场的控制也显得越来越不牢固。于是通过广告来宣传商品,向消费者传递信息,吸引他们有目的地购买自己的商品,便成为现代企业市场营销不可缺少的手段之一。在现代市场上广告的作用日益明显,广告功能也更加丰富。

下面,我们从经济与社会层面来简单说明广告的功能。

1. 现代广告的经济功能

1) 传播商品信息

广告能及时传播各种信息,有效扩大商品销售市场。广告凭借现代化的信息传播手段和覆盖面很广的信息传播媒体,能迅速地将各种商业信息传递给广大消费者,使供需双方得以及时沟通。从另一方面来看,广告对商品流通也有一定的指导作用。商品从生产领域顺利到达消费领域,必须在数量、质量、时间、地点以及具体的消费对象等方面顺利衔接,而商品供求又是通过价值规律对商品生产起着调节作用的。随着科学技术的进步和发展,新的传播技术在广告业中不断得到应用,从而扩大和增强了广告传播商品信息的效果。

2) 指导消费行为

广告能有效地引导和转变消费者的消费观念,指导消费者的消费行为,创造新的市场需求。因为生产和消费之间的关系是相互促进的,发现市场现有的需要,并根据这种需要去开发新产品,是一种正确的经营观念。但如果能注意到市场潜在的需求,并通过新产品和相应的广告宣传去激发潜在的市场需求,引导消费者追求新的消费行为,则是更为独特的经营思想。广告在这方面的作用不可低估。因为一些新产品在进入市场的初期,并不为消费者所注意或立刻接受,而广告宣传则有助于改变消费者传统的消费习惯。因此,广告活动是沟通生产与消费的一座桥梁,起到了指导消费者消费行为的作用。

3) 激发购买欲望

广告不仅有助于提高消费者对商品和服务的关注程度,更重要的是有助于刺激消费者的需求,激发其购买欲望。广告与其他信息传播行为的主要差别在于:广告不仅可以传递信息,而且能影响和说服信息接受者按照广告中的要求采取相应的行为,因此广告具有激发购买欲望的功能。

4) 促进商品销售

在市场经济条件下,企业生产出来的商品,只有通过流通领域才能进入消费领域,才能实现其使用价值。广告在沟通产销渠道、疏通产供销关系、促进商品销售中起着桥梁的作用。

5) 树立企业的形象

广告宣传对有效提高企业声誉,树立良好企业整体形象起着重要的作用。广告宣传既然能传递商品信息,当然也能扩大企业整体影响力。只要在广告宣传的内容中有意识地突出企业形象标志,就有可能通过大量广告宣传树立企业的整体形象。近年来,企业公共关系广告的大量出现也使得塑造企业整体形象成为广告的重要功能之一。越来越多的现代企业意识到,只要树立起良好的企业整体形象,市场就能够得到巩固和发展,所生产出来的商品也更容易受到广大消费者的欢迎。

6) 完善经营管理

广告是企业在市场竞争中的主要手段之一,通过广告宣传可以促进现代企业或服务性行业生产经营能力的提高,改善整体管理水平。通过广告宣传,企业可以及时收集到市场的反馈信息,使企业能够及时生产出适销对路、品质优良的商品,以提高市场的占有率。今天,商品质量已越来越成为决定企业市场竞争胜负的关键因素。如果只注重广告宣传,不注重商品质量的提高,最终将失信于消费者,甚至导致企业破产。

7)塑造品牌价值

广告最重要的功能之一就是建立品牌的价值。无论是引进一种新的产品还是保持一种成熟产品的生命力,品牌都是产品成功与否的关键所在。品牌特性的重要性日趋显著,有了品牌,公司可以通过赋予品牌一些特性而使公司和产品处于有利的地位,使自己公司的产品在繁杂的同类产品中独树一帜。

2. 广告的社会文化功能

广告除经济功能外,还具有社会文化功能,这是因为广告已深入社会、文化的各个领域,对人们的生活产生了深远的影响。广告的社会文化功能,主要表现在以下几个方面。

1)改变生活方式

在现代社会中,广告和人们的生活方式息息相关,人们的生活越来越依赖于广告,广告也以自己强大的影响力改变着人们的生活方式。

企业通过广告影响消费者,目的是说服消费者购买其产品或服务。在很大程度上,企业的产品或服务要获得消费者的认可,必须唤起消费者潜在的消费欲望,这就需要改变消费者原有的消费观念和消费方式。消费方式的更改,实际上意味着生活方式的变化。广告不断地向公众传递种种有关新的生活方式的信息,从而有利于产品或服务的营销。雀巢咖啡的成功营销就是一个典型的事例。对于有着千年茶文化传统的中国人来说,咖啡是一种味道较苦、既陌生又不合口味的饮料。但是,雀巢咖啡以一句"味道好极了"的广告口号,迅速在中国开辟了一个咖啡消费的市场,并使之成为许多中国家庭的时尚饮品,从而改变了中国人传统的生活方式。

从咖啡到方便面,从可口可乐到麦当劳快餐,从洗衣机到游戏机,我们的生活方式发生了巨大的变化。而这些变化,无一不是与广告有着密切的关系。任何一种新的消费品的迅速推广,都借助于广告的影响。可以说,广告所带来的生活方式的变化,使得现代社会越来越向消费型的大众社会过渡。

2)促进人的社会化

在社会学中,社会化是指"使人们获得个性并学习其所在社会的生活方式的相互作用过程。"换言之,人要成为社会的一员,就必须经过社会化。社会化使个人得以了解社会的规范、价值标准、语言、技能等社会生活不可少的思维和行动模式。

一个人的社会化受到许多因素的影响,如家庭、学校等,其中,大众媒体的影响是不可忽视的。大众媒体传播社会的目标、信仰、价值、行为规范等,并监督着这些规范的实行。美国传播学家韦尔伯·施拉姆指出,传播的一项重要功能就是"向社会的成员传递社会规范和作用"。广告作为大众媒体的一项传播内容,对人的社会化起着相当大的作用,这些作用主要包括以下两种。

一是,广告除了传播产品或服务的信息外,同时也向公众传播有关的社会准则和规范。当然,广告所传递的准则和规范是隐藏在产品信息之中的,而不是直接表述出来的。因为广告要影响消费者,就要用消费者乐于接受的方式来诉求,或者是引导消费者接受广告所传达和提倡的生活方式,这当中就包含着许多被社会所承认的价值标准或行为规范,消费者在接受广告的同时,也获得了社会化。

二是,广告只有通过引导消费者社会化的内容来诉求,才能达到市场营销的目的。广告教会人们如何消费,提出消费理由,而附着其上的正是社会化的内容。尤其是现代社会,在大众媒体的影响日益增强的情况下,这种社会化方式更是日益重要。如今大多数青少年都是从广告中了解了他们将来作为消费者在市场上的角色,以及社会对青春、成功、美丽和实力的高度重视,从而为他们进入社会创造条件。

四、现代广告的构成要素

著名的营销大师拉斯韦尔曾提出传播五要素的"五W模式",即"谁"(who)、"说了什么"(what)、"通过什么渠道"(which channel)、"对谁"(to who)和"取得什么效果"(which effect)。它确切地勾勒出了传播行为的基本框架。而广告作为一种特殊的传播活动,它也具有拉斯韦尔模式中的基本构成要素。因此,我们可将广告的构成要素归纳为以下五点。

1. 广告主

广告主是指付费购买媒体的版面或时间,以促进产品销售、树立企业形象或传达消费观念的组织或个人。在现代广告中,广告主一般以企业为主。

2. 广告信息

广告信息指广告要传达的具体内容。这里涉及的是广告的创意和策略问题,即如何制作有效的广告信息,以吸引消费者。

广告信息是广告作品的主要内容。广告能否达到说服的目的,关键在于广告信息。对于受众来说,他们直接接触的广告就是广告信息。有效信息的根本,在于广告策划者制定的广告策略。通过对市场的分析,进而确定广告目标,制定创意策略、媒体策略和促销策略,再通过合适的媒体发布,以影响消费者的行为。

3. 广告媒体

广告媒体是指传递广告信息的载体。非人际传播是广告的本质特征之一,因此广告媒体是不可或缺的要素。

广告媒体有很多类,可以说,只要广告主觉得有促销价值的任何物质都可以用来作为广告媒体。一般广告媒体以报纸、杂志、广播和电视大众媒体为主。有效利用广告媒体还必须在分析其特性的基础上,进行媒体组合,以多种媒体实施广告策略。

4. 广告对象

广告对象是指广告所针对的目标消费者,即广告信息的接收者。广告对象之所以成为广告的要素,是由于消费者是广告的最终环节,也就是说,只有被消费者接受的广告才是有效广告。作为说服行为,广告离不开消费者,否则就是无的放矢。这就要求广告必须去研究其接收对象即消费者的行为,在把握消费者消费形态的基础上实施有针对性的广告策略,这是现代广告的一个基本要求。

5. 广告效果

广告效果是指广告对其接收者所产生的影响及由于人际传播所达到的综合效应。比如,新产品广告,通过广告活动促使消费者了解本品牌优点,从而改变已有品牌的消费习惯;企业形象广告,通过广告活动宣传企业独特的形象,从而在公众心目中建立企业的良好印象,使消费者对本企业及其各种产品产生亲近感、认同感,最终促进产品销量。广告成功与否由广告效果来检验。衡量广告效果的指标有很多,比较科学的指标是看广告是否达到了预定的目标,而不是光以销量增加与否来衡量。

五、现代广告的种类

根据广告的不同特性,可以对广告进行分类。在现实的广告活动中,也是针对不同类别的广告进行的。

1. 按广告的最终目的来分类

按广告的最终目的可把广告分为商业性广告和非商业性广告两大类。

商业性广告是占主导地位的广告形式,其最终的目的是赢利。商业性广告包括产品销售广告、形象广告等,只要是为企业的商业目的服务的广告,无论其采用何种形式,都属于商业性广告的范围。

非商业性广告是指不以赢利为目的,旨在说服公众关注某一社会问题、公益事业或者政治问题等内容的广告。非商业性广告包括公益广告。目前,已出现了企业做的非商业性广告,在广告中只是将某一社会性问题提出,唤起公众的注意,不涉及企业及产品。这种广告从某种意义上来说,也是企业间接地在公众中树立形象的手段,严格地说,应属于商业性广告。

2. 按广告直接目的来分类

按广告的直接目的,可以把广告分为产品促销广告、形象广告和观念广告三类。

产品促销的广告,是一种直接向消费者推销产品或服务的广告形式。通过对广告产品的质量、功能、特点、利益等方面的诉求,唤起消费者的购买欲望,从而达到促销的目的。促销广告是商业性广告中最常见的一种,它主要是为消费者提供各种产品及服务的信息,并诱导消费者产生购买的行为。从广告产生的一刻起,产品促销广告就一直为企业的营销服务,并起到了相当重要的作用。

形象广告,是指并不直接推销产品或服务,而是以建立商业信誉为目的,通过对企业宗旨和信誉的介绍,以及品牌形象的建立,增强自身的形象,从而间接达到促销目的的广告形式。大卫·奥格威首先于20世纪60年代提出了"创造品牌形象"的理论。

观念广告,是通过广告,在消费者心目中建立或改变某种观念,从而促进销售的广告形式。

3. 按产品内容来分类

按广告的产品内容,可把广告分为工业品广告和消费品广告两类。前者是指为生产服务的产品广告,后者是指为个人生活服务的产品广告。

一般情况下,消费品广告占主要份额,因为它直接面向广大消费者,是消费者生活中需要的产品,有利于通过大众媒体起到说服购买的作用。而工业品广告数量很少,往往只限于一些专业性杂志或报纸。

4. 按广告传播的范围来分类

按广告的传播范围,可把广告分为地方性广告、全国性广告和国际性广告三类。

地方性广告是指只在某一地区传播的广告,覆盖范围较小,但相对集中。

全国性广告多利用全国性媒体,将广告信息传送给全国的消费者,以扩大影响。一般用于知名度较高的成长期或成熟期产品。

国际性广告是指跨国传播的广告。由于大众传播的迅速发展和通信技术的提高,跨国传播已越来越普遍,在这个日益变小的"地球村"上,国际性广告将会越来越多。

5. 按诉求的方式来分类

按广告的诉求方式可把广告分为理性诉求广告、情感诉求广告两类。

理性诉求广告,是指以强调产品本身利益或特点,使消费者了解事实的广告。常用于消费者关心度较高的产品,如价格昂贵的产品、与消费者切身利益密切相关的产品等。消费者在购买这类产品时,更注重事实,即产品本身的质量、性能、特色、效果等方面,需要在全面了解的基础上进行比较后,才会购买。因此,必须以理性诉求来满足消费者这种谨慎的态度。

情感诉求广告,是指通过富于人情味的故事情节或形象等手段传达广告信息,影响消费者的情感和态度,从而推销商品的广告。常用于关心度较低的产品或形象广告。企业或品牌要想树立良好的形象,通过情感诉求来改变消费者的态度是最有效的方式。关心度低的产品,如日用品、饮料等,消费者不需要也不愿意对产品进行深入的了解,诉诸情感是最好的。

在大多数情况下,理性诉求广告和情感诉求广告两种广告方式常常结合使用,既注意产品本身的利益,又通过人情味较浓的手法来表现,以取得更好的广告效果。

第二节 现代广告的基本运作

在现代广告中,广告运作涉及广告主、广告公司、广告媒体三个主体。在三个主体要素的发展过程中,有两个重要的转折点:一是广告媒体的出现;二是广告代理公司的出现。

广告运作包含广义的广告运作和狭义的广告运作,广义的广告运作是指现代广告市场的基本运营机制,它包括广告发起、计划、执行、制作的全过程,是广告主体的主要行为。在这个过程当中,广告主、广告代理公司、广告媒体各自扮演不同的角色,承担不同的广告任务,它们既有分工又有合作,形成现代广告最为基本的作业模式。即广告主委托代理公司负责广告业务,代理公司委托媒体进行广告发布,广告主支付媒体广告费用,代理公司从媒体那里获得代理费。在这种运作模式中,广告运作表现出鲜明的特性:它是一种动态的过程;它是一种按一定顺序持续的行为;它由各种必要的环节构成;它的各个环节都包含丰富的内容。狭义的广告运作是指特定的广告运动和广告活动,广告作品从无到有,再到对广告客体发生作用的过程,即广告主对代理公司提出广告活动的要求,代理公司为广告主策划广告活动,创意、设计、制作广告作品,媒体向受众发布广告作品。而我们这里谈到的广告运作则是狭义的广告运作。

一、现代广告运作的特点

现代企业的生产规模空前扩大,经营观念由大生产刚刚产生时的单纯的销售观念转向以顾客为中心的营销观念,营销的范围从本地区、本国家向全球化演进,产品种类空前增加,并且从无品牌观念发展到相当强的品牌观念,企业之间的竞争日趋激烈,这一切,都使现代市场变得非常复杂。

就现代广告而言,其在媒体方面的变化尤为巨大,在媒体类型上不仅改进了原有的传播媒体,而且还持续涌入了不少新型媒体。再加上现代市场的不断发展变化,广告主、广告代理公司、广告媒体、广告受众也随之发生了新的变化,这些变化的产生将直接影响到现代广告运作。分析现代广告运作特点主要有以下几个方面。

1. 现代广告运作的复杂性

现代广告运作的复杂性是由市场的复杂化带来的。在进行广告运作时,不但要对消费者进行分析,而且要把握整个市场的背景、广告主的营销策略、竞争对手的营销和广告策略、媒体的受众覆盖面、受众特性及受众的媒体接触习惯,在分析这些复杂因素的基础上,制定出比以往更加丰富的内涵的广告策略和广告计划。

2. 现代广告运作的综合性

现代广告的运作在广告信息采集、加工和传播过程中更具综合性,其运作各过程都使用多种手段和多种传播媒体。广告主不再满足于通过单一的媒体传播广告信息,新的媒体不断被发现并采纳。新兴的整合营销传播的应用更使现代广告运作的综合性有鲜明的表现。

3. 现代广告运作的规模性

现代广告运作的规模性体现在:广告不但配合广告主在大规模的市场上进行营销,而且广告主逐渐增加的广告费用投入也使得广告可以广泛地利用多种传播媒体,并且持续相当长的时间。原来的广告主、广告代理公司以及广告媒体的运作核心链条也因各种机构的介入而成为一个庞大的运作体系。

4. 现代广告运作的可变性

现代广告运作需要配合广告主的营销活动,而营销则要随着营销市场的变化而变化,因此广告运作也不能一成不变,而在所传播的信息、传播的手段、传播的总体策略、广告运作的进程安排等方面具有一定的调适性,这是现代广告在运作内容和运作程序上表现出来的可变性。另外在广告主、广告代理公司和广告媒体三者之间的关系上也发生了变化,即广告主很少再像从前一样与固定的广告代理公司维持稳定的关系,客户业务的频繁转移使原来的"一对一"广告代理的关系变得非常脆弱,可选择的媒体增加,也导致了媒体间的激烈竞争,广告主也不再倾向于将大量的广告费用长期投入单一的媒体。

二、现代广告运作的基本内容

把有关的产品或服务信息有效地传达给目标消费对象,这就是广告运作所要完成的任务。下面,我们从传播学的角度来分析现代广告运作的核心内容。

1. 对谁说

广告诉求对象是谁?随之而来的问题是:他们是男是女?是老是少?什么职业?多少收入?如何消费?在哪里消费?喜欢什么?不喜欢什么?

2. 说什么

广告以什么信息为诉求重点?随之而来的问题是:在所有可传达的信息中哪些信息是重要的?哪些信息是次要的?哪些信息是诉求对象感兴趣的?哪些信息是诉求对象不感兴趣的?如何确定诉求重点?

3. 怎样说

广告以什么样的方式进行诉求?随之而来的问题是:为什么采取这种方式?如何将诉求重点以这种方式组织起来?

4. 何时说

广告诉求的时机策略如何?随之而来的问题是:广告在什么时间开始?以什么样的频率进行?哪些具体的时间是诉求对象接触广告的最佳时间?

5. 通过什么渠道说

广告的媒体策略如何?随之而来的问题是:诉求对象主要接触哪些媒体?哪些媒体最能够对他们产生影响?媒体的价格如何?

这是对广告运作所要解决的问题比较准确的解说。在广告运作中,这些问题分别通过消费者分析、广告诉求策略决策、广告表现策略决策、广告创意、广告传播策略决策、广告时间计划、广告媒体计划来回答。而广告运作过程中的各个环节——广告调查、广告策划(包括市场和消费者分析、广告策略决策、广告计划)、广告创意、广告发布也是围绕着这些问题来进行的。

三、现代广告运作的程序

现代广告运作是广告主根据自己的营销需求提出广告目的或目标之后,广告代理公司会同广告主及其有关部门决定达成这一目标的最佳方法,在此基础上形成达成广告目标的阶段、手法及措施,把以上这些努力与企业的其他营销努力相结合,然后去执行所计划的这些活动。换句话说,广告运作就是制定广告目的、发展广告策略,然后在市场上执行这些策略的过程。一般来说,科学的广告运作有以下七个环节。

1. 广告战略计划的确立

广告主依据营销策略和计划制定总体的广告策略和制定广告计划:包括广告目标、广告费用预算、广告时机、广告规模等。

2. 市场调查

市场调查是广告活动的起点。市场调查的任务就是详尽准确地了解市场、产品、消费者和环境的动态,从而为开展广告活动打下基础。通过搜集、分析资料,才能发现问题,找出解决企业难题的钥匙,使广告活动有的放矢。这一环节有时由广告主委托调查公司进行,有时由广告代理公司纳入广告策划环节中进行。

3. 广告策划

策划是广告活动的核心,主要由广告代理公司进行。策划的任务是在调查的基础上对如何开展广告活动提出具体的建议和设想,从而拟订广告计划书。策划的过程是建立广告战略与战术的阶段,这里解决的是广告的宏观设想与具体手段结合的问题。

4. 广告创意

广告创意主要由广告代理公司或者代理公司下属机构进行,根据广告战略的需要将广告信息转化成富有创造性的广告表现概念。

5. 广告设计制作

广告设计制作主要由广告代理公司或代理公司下属机构进行,主要负责将创意过程中产生的广告表现概念转化成具体的广告作品。

6. 广告运动的执行和广告作品发布

广告运动的执行主要由广告代理公司负责。广告作品发布是把广告作品通过一定的媒体传播出去。广告发布由广告媒体负责。发布的主要任务,就是选择、组合媒体并落实具体传播事宜。发布也是策划思想的体现,需要考虑各种因素。

7. 广告效果测定

广告效果测定主要内容是对广告效果进行测定并反馈给广告主,由广告代理公司或者专门的调查机构负责。从时间及阶段上来看,广告效果测定包括事前测定、事中测定及事后测定。广告效果的事后测定,目的是检查广告的效益,为新的广告活动提供必要的依据。

总而言之,广告运作不是静态的,而是一个动态的过程,广告运作的各个环节根据各个方面情况的变化,始终处在调整、变化之中,一成不变的广告运作是不存在的。

第二章

广告的主体

GUANGGAO DE ZHUTI

广告的主体是在广告活动中，收集、整理、加工、制作广告信息的所有参与者。广告的主体具体包括广告主、广告公司和广告发布者三种主体。

广告的主体，是进行广告活动的第一要素。如果没有广告的主体有意识地主动传播，广告活动就没有存在的根本基础。广告的主体，是推动广告业不断发展的主导力量，是影响具体广告活动顺利开展的主要因素。

第一节 广告主

广告主是广告活动三大主体中的第一主体。根据《中华人民共和国广告法》的规定，广告主就是指为推销商品或者提供服务，自行或者委托他人设计、制作、发布广告的法人、其他经济组织和个人。

在本书中我们主要介绍企业这类最主要的广告主。广告作为现代企业营销中的重要传播推广形式，被纳入企业的营销系统，越来越受到现代企业的重视。企业的广告组织是企业统一负责广告活动的职能部门，它与其他职能部门共同构成企业组织系统，在企业营销中发挥的作用也越来越大。

一、企业的广告管理

企业的广告管理，受制于企业对广告的认识，也从属于企业的整体管理与组织结构。不同的企业，有不同的广告管理与组织形式。不同的广告管理与组织形式有不同的功能，有不同的缺点与优势。

在企业的营销活动中，企业的广告组织承担的责任是十分重要的，但是广告部门并不能取代广告代理公司。一般来讲，广告主会把监督的责任交给本公司的广告组织，而把策划、创意、制作等业务委托给外界的专业广告公司。从目前企业的广告管理状况来看，其广告管理形式大致可划分为宣传型、销售配合型、营销型三种类型。

广告部门是现代企业组织机构中的一个必要组成部分。广告部门归属于哪个部门，谁来管理广告部门，广告部门的名称如何，广告部门的人数等，并没有绝对的标准模式可以照搬。如有的企业是由总经理或最高负责人来管理广告部门，而有的企业则不是。

随着广告业的完善和发达，企业的广告组织大多数已经独立门户，比较合理地归属到相应的部门下，或直接由最高负责人管理。由于同质化产品剧增以及激烈的市场竞争，迫使企业走上以营销为导向的现代企业之路，这样一来，广告在企业的地位也提高了。同时，对企业广告部门人员的专业知识的要求也相对提高。这就要求在企业从事广告工作的人员，必须具备行政管理的专才，才能维持本部门有效运作；必须具备营销观念，以便向本企业和广告代理公司提供正确的营销方向及广告目标；必须具备广告实务经验，唯有深入了解广告运作，才能有效监督广告代理公司的工作状态及效果。

二、企业广告部门的职能

从目前国内企业的广告运作来看，主要有自我执行和委托代理执行两种基本方式。下面，根据这两种运作方式来分析企业广告部门的职责。

1. 自我执行

企业的广告运作采取自我执行方式，主要是基于对广告代理的疑虑，其中有来自企业自身对广告代理科学性缺乏认识方面的原因，也有来自广告代理缺乏综合型代理能力方面的原因。在我国广告代理制度尚未完全成熟与确立的情况下，企业的广告运作采取自我执行的方式，无可厚非。问题在于，绝大部分企业自身并没有自我执行的能力，从而导致企业广告的许多非科学化运作，给企业造成许多不必要的损失，甚至灾难性后果。

为提高企业广告的质量与水平，加强企业的广告效果，结合我国目前广告市场与企业自身的实际，企业的广告运作，有必要实行部分代理，然后逐步向全面代理过渡。因为企业广告运作如果完全自我执行，难度极大，成功者极少，部分代理是企业广告自我执行的一个重要而有益的补充形式。

2. 委托代理执行

这种方式能极大地提高企业广告运作的质量和水平，极大地加强企业广告投入的有效性和合理性。这不仅是广告产业发展的需要，也是企业利益的需求。

在这种情况下，企业广告部门的主要工作职责有以下几点。

（1）选择理想的广告代理公司、广告调查公司、促销公司、制作公司等。

（2）积极协同广告代理公司一道工作，包括广告计划的制订与广告目标的确立等。

（3）监督广告计划的代理执行，包括广告创作计划、广告预算与分配使用计划、媒介发布计划的具体实施等。

（4）按照预定的检测方案，与广告代理一起，完成广告运作事后的效果检测和评定。

（5）及时与广告公司沟通，选择最能使广告信息有效渗透目标市场的媒体。

（6）注意协调、调动广告部门及广告工作人员的能力开发和人才补充。

（7）评估广告效果及广告公司、市场调查公司、公关公司等方面的工作。

（8）与有关广告团体保持良好关系。

（9）及时将本部门与外围委托单位的情况通报给主管。

三、企业广告运作的基本程序

企业广告是在一定的管理模式和组织结构下来具体运作的。但不管采取何种广告管理模式和组织类型结构，不管采取何种具体运作方式，其基本运作程序大体一致，这是由广告运作的固有规律所决定了的。

企业广告运作的基本程序有制定广告决策、制订广告计划与执行广告计划三个阶段。

1. 制定广告决策

在这个阶段，主要是确立企业广告的基本战略思想，具体来说，就是确立企业广告总体战略目标，以及为实现这一战略目标将采取的战略手段，以指导企业的整体广告活动。这对企业的广告运作来说，具有根本性、全局性的重大战略意义。宏观决策正确与否，将对企业广告运作产生重大而深远的影响。

2. 制订广告计划

确立了企业广告的整体战略思想，建立了具体的广告目标，下一步就是计划如何才能实现这一总体战略目标和具体广告目标。因此，这一阶段的工作任务主要是围绕总体战略目标和具体广告目标，制订出切实可行的广告计划。

广告计划的主要内容包括目标市场、目标受众以及市场机会的选择，广告信息、表现策略和媒介策略的制订，广告执行具体日程的安排，还可以包括配合广告运作的其他推广传播活动的建议，自然也包括为达成广告目标所做的广告预算。总之，就是具体规划如何以最适当的广告投入，将最适当的广告信息，在最适当的市场时机，通过最适当的传播途径，送达最适当的视听众，最有效地实现预定的广告目标。

3. 执行广告计划

广告计划制订之后,下一步就是如何执行的问题。广告计划当然应尽可能完善、正确,这样才不会犯广告运作的方向性错误,但广告计划毕竟是广告运作前的事先预定和规划,也可能在具体执行过程中,会出现操作上、技巧上的问题或偏差。所以说,执行广告计划是一件非常慎重的事情。

第二节 广告公司

广告公司是专门从事广告代理与广告经营的商业性服务组织机构。它是站在广告主的立场制订广告方案并根据该方案购买媒介、实施广告活动。广告公司作为广告主与广告媒介的中介,作为联系广告主与消费大众的桥梁和纽带,在广告活动中具有重要的地位。

一、广告公司的类型与服务范围

根据广告公司的服务功能和经营范围,可以将广告公司分为全面业务服务型公司和部分业务服务型公司。全面业务服务是指为广告主提供关于广告活动全过程、全方位的服务,包括产品分析、市场调查、销售方式分析、媒介调查、制订和实施广告规划。部分业务服务是指为广告主提供广告活动中的某一项或几项服务,如单一的设计、制作、购买媒体等。

广告公司按其服务功能划分,可以有不同的类型。而不同类型的广告公司,拥有不同的组织形式,不同的机构设置。按广告公司经营范围与服务功能划分,一般可分为广告代理公司、广告制作公司和媒介公司三类。

1. 广告代理公司

广告代理公司,是为广告主提供广告代理服务的机构。通常,它又可分为两类:一类是为广告客户提供全面服务的综合型广告代理公司;另一类是为广告客户提供某项专门服务的专项服务型广告代理公司。综合型广告代理公司和专项服务型广告代理公司,没有好与坏的差别,只有规模大与小的区别,它们是今后相当长一段时期内,广告行业代理公司发展的两种方向。

综合型广告代理公司,向广告客户提供全方位的广告代理服务。其服务内容主要有产品分析、市场调查与预测、销售分析、广告计划的拟订与执行、广告设计与制作、广告媒介选择与发布、广告效果测定以及与广告相近、相关的其他市场活动的服务。

专项服务型广告代理公司又可分为三种:一是只提供某一特定产业广告代理的专项服务,如向房地产广告主提供房地产广告代理服务的房地产广告代理公司;二是只提供广告活动中某一环节业务的服务,如提供广告创意、广告调查等服务项目的广告创意公司、广告调查公司;三是提供特定媒介形式的广告服务,如交通广告、路牌广告、灯箱广告、霓虹灯广告、气球广告等。总之,专项服务型广告代理公司一般不承担广告运作的整体策划和实施,广告经营的业务范围有限,服务的项目比较单一。专项服务型广告代理公司虽然不能满足各类广告客户的各类需求,不能为广告客户提供全面的服务,但是,却能满足特定广告客户的特殊需要,并且在某些项目上具有综合型广告代理公司不可替代的专业优势。因此,专项服务型广告代理公司顺应了广告专业化分工发展的潮流,有助于广告专业水平的提高。

2. 广告制作公司

广告制作是广告业务的一个重要环节。由于广告制作业务的专业性,从一开始,它就与广告代理分离,成为独立的广告业务服务型机构。

在现代广告活动中,广告客户对广告制作的要求越来越高,广告制作设备与人员的投入越来越大。即使是大型的广告代理公司,一般也不再设置专门的广告制作部门为广告客户提供广告制作服务,而是越来越倾向于在完成客户的广告设计后,委托专门的广告制作机构制作。广告制作公司作为独立的广告服务型机构,由此获得较大的发展。平面广告制作公司,影视广告制作公司,美术、摄影、印刷、灯箱、路牌、霓虹灯、喷绘及其他专营或兼营制作机构,都属于这种类型。

广告制作公司一般只提供广告设计与制作方面的服务,不承担整体广告运作的策划以及广告的发布等服务事项。通常,它既可以直接向广告客户提供广告设计与制作服务,也可以接受广告公司的委托,为广告公司代理的客户提供广告制作服务,以从中收取广告制作费用。从广告制作的角度来看,广告制作公司最大的优势在于其设备的精良和人员技术的专门化。

3. 媒介公司

媒介公司的主要职能,是专业从事媒介研究、媒介购买、媒介企划与实施等与媒介相关的业务服务。一般下设媒介研究、媒介企划、媒介购买与媒介执行几大业务部门。因其专业从事媒介研究,所以对媒介资讯有系统的掌握,能为媒介的选择提供切实的依据;因其专业从事媒介购买,能集中巨额资本以支持运作,故有很强的媒介购买能力与相应的价格优势;因其专业从事媒介企划与实施,有利于提升媒介代理业务的专业服务水准,并能有效实施媒介资源的合理配置与利用。

一般来说,较强的媒介购买能力、媒介策划与实施能力和巨额资本支持运作,是媒介购买公司生存与发展所必须具备的重要条件。目前在我国,虽然业界对专业媒介购买公司的情感态度与评价不一,但是,对媒介集中购买是广告媒介业务发展的大势所趋是普遍认同的。

上述三种类型,只是就广告公司的经营范围与服务功能所进行的大体划分,并不具有绝对的意义。各类广告公司在经营范围与服务功能上也经常会出现交叉重叠。

二、广告公司的组织机构设置与职能

1. 广告公司的组织机构设置

由于广告公司的种类不同,其机构设置也不尽相同,这里,我们主要介绍综合型广告代理公司的组织机构。根据国内外广告公司的组织机构设置的通常做法,一般可把广告公司的组织机构的设置分为资源集中式和小组作业式两种形式。

资源集中式最大的优点是可以将公司的人力、物力资源加以集中利用,并且便于公司的有效管理。其缺点是容易造成公司内部之间的沟通障碍,影响工作效率。目前,在广告公司人员流动比较频繁的情况下,这种体制的承受能力也较弱。

小组作业式是根据客户的种类和要求,将公司的工作人员划分为小组,每个小组负责单一或几种不同品牌的产品的广告活动。小组成员包括客户经理、文案写作与美术设计人员,等等。这样的组织机构设置,最大的优点是每一个客户都有专人专责处理广告活动的一切事务,服务品质有保证,而且公司也可以充分掌握每一个客户的情况。广告公司可以根据业务量的大小来安排人员,同时,广告公司可以接受两种或两种以上品牌的同类产品的广告活动的委托。其缺点是有大客户和小客户,客户的业务量不同,造成各组资源的分配不均和相互冲突。有时,客户会误认为别的小组比公司为自己安排的小组强,从而会对广告公司失去兴趣并中止合作。

2. 广告公司各主要机构的职能

与其他类型的经营组织一样,广告公司的一些行政和辅助部门,如办公室、行政部、财务部等,其工作职能并无特别之处,广告公司有别于其他类型公司的是其业务部门。随着市场的规范化和竞争的激烈,广告公司在机构设置上都强化了其作业能力,这是因为广告公司的作业方式是高度的专业分工与紧密的群体合作。

1）客户部

客户部也称业务部,它是广告公司中最重要的部门。客户部的主要工作就是争取并维系广告客户,负责与广告客户的联系和沟通,并对广告客户的广告活动进行策划管理,代表广告客户支配广告公司的内部资源。在广告公司中,客户部也是广告公司的龙头,其他部门的工作都是在客户部的带动下围绕广告客户服务展开的。在广告公司的具体业务运作中,客户部的工作人员代表广告客户的利益尽其可能参与全部广告活动。他们不仅仅开发和寻找合作伙伴,使业务工作能够持续展开,而且也把来自广告客户方面的信息准确及时地传达给创作和媒介人员。客户部在长期的工作中与广告客户建立了稳定密切的工作联系,客户部了解广告主的长期目标和营销策略,熟知广告主企业的状况和广告理念,客户部往往能够从广告主的产品和市场状况出发,形成各种具有策略性的思维,并能对广告主的广告业务给予引导。

2）创意部

创意部的主要任务就是将广告创意具象化,即通过文案的撰写、图片的选用或绘制,再加上整体的编排,使抽象的创意概念,成为具体呈现的广告作品。创意部从广告客户及客户部了解广告活动目的,然后由创作人员进行构思策划,并发展为广告创意,在大多数情况下,这些创意都会经过专门的设计制作而成为专门的广告作品。创意部的工作包括文案写作与美术设计两个方面,由创意总监统一督导创意工作。创意部在人员构成上大致有策划创意总监、文案写作人员、美术设计人员以及制作人员。广告公司规模较大的,在创意总监以下还有更详细的划分。创意总监或是策划创意部经理,通常总体协调广告作品的策划和创意,并最终审定广告作品的制作。

3）市场调研部

随着广告公司工作的规范化,市场调研在广告运作中的地位越来越重要。在日趋激烈的竞争中,市场调研也受到了广告主前所未有的重视。市场调研人员主要由市场分析人员、市场调研设计人员、统计人员、访员、资料处理人员等组成。市场调研分为事前调研、事中调研、事后调研三个部分。在广告活动策划前,市场调研部主要从事市场、产品、消费行为、媒体等调查研究工作,以提供完整的情报作为广告策划的参考;在广告活动执行过程中,市场调研部从事广告文案等测试的调查研究工作,作为广告内容的修改依据;广告活动结束后,市场调研部从事广告效果评估的调查工作。一些大的广告公司设有专门的市场调研部和专业市场调查人员,小的广告公司即使没有这个部门,也有专门人员从事这项工作。在人员的层级上,通常有调研经理和调研主管等。除此之外,还有一些专门从事市场调研的专业公司,它们在业务分工和操作上更为细致。

4）媒体部

媒体部的职能就是制订并实施最为合理有效的媒体计划,并落实媒体购买。通常情况下,广告公司的媒体工作有四个方面:媒体计划、媒体购买、媒体调查、媒体监测。媒体计划是核心指导,媒体部按照客户部、市场调研部和自己部门调查提供的信息,并根据创意部的意见,制订出有利于品牌或企业传播目的的媒体发布计划,交由媒体购买人员予以实施。媒体调查则是关注媒介特点、收视率情况、同类产品广告在媒体上发布的时间、费用、频次等。一方面给媒体计划提供建议,另一方面将这些信息反馈到公司其他部门,以便于有针对性地调整广告策略并做出合理的广告预算。媒体监测是对公司广告发布情况给予关注,了解媒体是否按照协议准时发布广告,在发布中有无疏漏,以免造成广告损失。媒体部的工作层级有媒介总监、媒体经理和媒体执行人员等。媒体部必须与各媒体建立良好的关系,并十分熟悉媒体的情况。

5）制作部

制作部包括完稿人员、流程监控人员等。完稿人员负责将创意部交付的广告原稿,制作成在媒体刊播的完稿形式;流程监控人员则负责监督广告制作的进度,以及与外界协作厂商(如印刷厂等)的沟通协调工作。

除此之外,广告公司还应包括市场营销部、公关部以及其他行政管理部门等。

第三节 广告发布者

一、广告发布者的概念

何谓广告发布者?我们可从广义和狭义两个方面来理解。首先,从广义上来说,所谓广告发布者就是指在广告活动中具有广告发布职能的法人、其他经营者和个人。既包括专门的大众传播机构,如报社、电视台、电台和杂志社;也包括具有自营媒介的一般广告经营者,如经营路牌、车体等广告媒介的广告经营者;还包括自主开展广告发布活动的一些广告主,如自主设置路牌、张贴海报、散发传单、邮寄订货单的广告主。其次,狭义上来说的广告发布者仅仅包括报社、电视台、电台和杂志社这四种新闻媒介机构。目前,我国的广告工作者一般是从狭义的角度来理解广告发布者。

从我国的广告业现状来看,广告活动过程的社会化分工程度还比较低,各广告主体之间的专业分工并不十分明确,各主体之间的广告角色关系还比较混乱,这给人们准确理解广告发布者的确切含义造成了一定的困难。事实上,在很长一段时期内,人们也确实认为新闻媒介机构既是广告发布者,也是其所掌握的媒介广告的经营者。这说明在我国现阶段,人们对广告主体的社会分工和角色分配还存在一定的模糊的认识。对此,我们应当认识到,这只是广告业发展过程中的一个必然阶段,是一种正常现象。

从广告业发展的历史进程来看,大众传播媒介出现之前,就是以媒介机构为主来开展广告活动的。广告经营者的出现是广告业发展到一定程度后又一次社会分工的结果。所以我们还应该认识到,随着我国广告业的进一步发展,广告业内部的专业分工将会更加科学合理,广告角色的扮演将会更加专业化,而广告经营者与广告发布者之间的业务分工也一定更加明确。并且,随着广告业的发展和新的信息传播渠道的开拓,除了大众传播机构外,还会出现或正在出现专门经营其他广告媒介的专业媒介经营公司,广告发布业务将得到较大的发展。

二、大众传播媒介机构

1. 大众传播媒介机构的概念和特征

1）大众传播媒介机构的概念

所谓大众传播媒介机构,是指以其拥有的某种大众传播媒介专门从事大众传播服务的社会组织的统称。在我国,习惯上将兼营广告业务的大众传播媒介机构称为广告媒介单位。广告媒介单位主要是指报社、广播电台、电视台和杂志社这四种机构。由于这四种大众传播媒介机构以新闻传播为主要业务内容,所以也称这些机构为新闻机构。

大众传播的产生,是人类传播方式的一次革命。职业传播者的出现,使这一新的传播方式具有了组织化传播的基础。第一家报社的成立,标志着现代意义上的大众传播媒介机构的诞生。现代的大众传播媒介机构基本上是一种由一定数量的职业传播者组成的,有一定数量的专业设备,并有一套复杂的传播制度的专门化信息传播组织。

2) 大众传播媒介机构的特征

一般而言,大众传播媒介机构具有以下一些特征。

(1) 有专门的组织机构。目前我国的大众传播媒介机构就其地位来讲有两种基本类型:一是具有独立法人地位的独立传播机构,如中央电视台、新民晚报等;二是隶属于某一法人的传播机构,如一些企业所属的有线电视台、大学所属的学报编辑部等。

(2) 有一定数量的专业人才。虽然各种大众传播媒介机构规模不同,大者如有万名以上工作人员的中央电视台,小者如只有一两名编辑人员的学报编辑部。但一般来说,独立的大众传播媒介机构都有一定数量和种类的职业传播者。例如:电视台一般有采编、播音、技术、导播发射等主要专业人才;报社有采编、制版、印刷等主要专业人才。

(3) 有一定数量和种类的专业设备。一般的大众传播媒介机构都有一定数量和种类的专业设备,如电视台就有摄像、编辑等多种专业设备,报社也有编辑、排版、制版、印刷等多种专业设备。

(4) 有一套规范而严密的传播规则。大众传播活动不仅仅是传播机构的工作,如果没有受众的存在和互动,大众传播活动就无法进行,所以大众传播活动总是在特定的传播规则下进行的,而传播机构的所有工作,也都必须按照相应的规则来进行。例如:电视台的工作,就涉及编码规则、发射规则等;报社的工作,也必须以标准的字体、纸张来编辑、印刷,必须按既定的方式来发行、出售。

(5) 有严格的管理制度。由于大众传播活动一般都具有一定的社会影响,所以几乎所有国家都对其实行不同程度的政府控制,这种控制既体现在政府的监管体制和制度规定方面,也体现在传播机构内部的管理制度方面。

2. 大众传播媒介机构的类型

大众传播媒介机构的类型,可以从以下几方面来划分。按照法律地位划分,分为法人大众传播媒介机构和非法人大众传播媒介机构。在我国,一般的报社、电台、电视台、杂志社等大众传播媒介机构都是具有独立民事行为能力和民事责任能力的独立法人组织。除此而外,还有一部分隶属于企业、政府部门、事业单位的大众传播媒介机构,其中有一些具有独立法人地位,而大多数则是不具备独立民事行为能力和民事责任能力的非法人传播机构。按专业特性来划分,分为报社、广播电台、电视台、杂志社、有线电视台、互联网等。按行政级别来划分,分为中央级大众传播媒介机构、省级大众传播媒介机构、县级大众传播媒介机构。

三、其他媒介经营单位

其他媒介经营单位是指大众传播媒介以外的专营或兼营广告发布业务的经济组织。

1. 媒体内容供应商

所谓媒体内容供应商,是指为媒体生产内容,或以某种特定商业运作模式为媒体提供内容的经营机构。主要的媒体内容供应商包括节目制作发行公司、节目买卖公司、电影公司(或文化娱乐公司)、音像制品公司,等等。

这些媒体内容供应商主要以四种形式参与广告业运作并获取利润。第一种形式是通过自己生产节目来换取广告时段,然后出售广告时段来收回投资成本并取得利润。第二种形式是通过购买或节目交换获得节目,然后再用所得节目和电波媒体换取广告时段,最后出售广告时段来收回投资成本并取得利润。第三种形式是先通过制作、购买或节目交换获得节目,然后再用所得节目和电波媒体换取广告时段,最后用广告时段和企业换取股份,以投资的形式回收成本和获得利润。第四种形式是直接出售自身拥有的节目,这些节目最后可能进入广告市场,作为广告的载体。

2. 传媒集团

巨大的传媒集团通常不仅包括了媒体机构,还包括了媒体内容供应机构。在中国,继地区性的传媒集团成立后,自2001年以来,陆续成立了上海文化广播影视集团、国家广播电影电视局、中国广播电影电视集团等三个大型的传媒集团。

3. 媒体数据服务机构

媒体数据服务机构主要是指通过调查研究向媒体、广告公司、企业和有媒体数据需求的用户提供基础媒体资料的服务机构,主要以调查公司、研究所、研究中心等形式出现在广告业中。由于媒体数据服务机构常常以调查为主要工作手段,因此也被归属于调查公司的范畴。

商业竞争的日趋激烈,广告主工作效率和效果的提高,广告业科学运作观念的日益发展,这几个方面的因素促进了媒体数据服务机构的出现和发展。目前,除以上几个普遍因素外,还有两个具体因素促进了我国媒体数据服务机构的发展:其一是媒体市场竞争日益激烈,各媒体为了销售自己的时间和空间,要有说服力的媒体数据来作为销售支持;其二是国际化的广告公司进入我国,带来了科学的运作方法。国际上通常利用专业数据服务机构提供的翔实数据作为广告作业的基础。

4. 媒体专家公司

媒体专家公司是指专门从事媒体信息研究、媒体策划、媒体购买及广告发布执行等与媒体相关的各种业务的公司。由于媒体专家公司的主要业务是进行大规模的媒体计划和媒体购买,因此,在中国常常被称为媒体购买公司。这些媒体专家公司通过集中购买媒体时间和空间的方式来为客户服务。

四、广告发布者的角色和功能

对广告发布者的广告角色,理论界普遍存在一种比较片面的认识,即认为广告发布者只能扮演广告发布者这一种广告角色。其实,无论是从广告业发展的历史进程来看,还是从我国的广告业的现实来看,广告发布者不仅扮演着发布者的角色,还实际扮演着广告创作者和广告审查者的角色。

1. 发布者的角色

这一角色是由广告发布者的基本职能和业务性质决定的。广告发布者,尤其是大众传播媒介机构,其社会职能就是发布各类信息广告作品。大众传播媒介机构的这一广告角色是其他广告主体无法替代的,没有哪种社会组织可以介入大众传播媒介机构的发布工作之中。

2. 审查者的角色

从大众传播媒介机构的传播角色来看,大众传播媒介机构还扮演着把关人的角色。所谓把关人是大众传播学中的一个术语,是指在信息传播途径上工作的新闻记者、编辑、节目制作人员……他们对信息进行选择,决定取舍,决定突出处理及删减哪些信息或其中的某些方面,决定向传播对象提供哪些信息或其中的哪些方面,并试图通过这些信息造成某种印象……[①]广告发布者在广告活动中所扮演的把关人的角色,不仅是对信息进行选择、决定取舍,而且是负有一定的法律义务并承担相应法律责任的广告审查者,具有广告审查的功能。

[①] 威尔伯·施拉姆、威廉·波特[美],陈亮等译.传播学概论.1984.新华出版社.

第三章
广告的受众
GUANGGAO DE SHOUZHONG

广告受众既是广告传播活动指向的信息接受者,也是企业销售活动所指向的产品或服务的目标消费者,即广告对象。广告对象是广告的构成要素之一,由于消费者是广告的最终环节,只有被消费者接受的广告才是有效广告。作为说服行为,广告不能撇开消费者,否则就是无的放矢。这样就要求广告必须去研究广告受众,了解广告受众的基本特征、心理规律和行为规律,在把握消费者消费形态的基础上实施有针对性的广告策略。

第一节 广告受众概述

一、广告受众的概念与特征

1. 广告受众的概念

1)受众的概念

广告受众一词是广告研究人员从传播学理论中借用"受众"这一术语改造而成的一个广告学专用术语。受众一词系外来词。在英文里,audience 一词专指传播学中信息的接受者,audience 一词的原汉文译文为读者、观众、听众,并在实际应用中视语境做不同的具体选择。在 20 世纪 80 年代初随传播学的引入才将其译为"受众",意为信息的接受者。也有人将其译为"接受者""受者""传播对象"等,但目前较为普遍的译法就是"受众"。广告学从传播学中借用了这一术语,并将其改造为"广告受众"。

2)广告受众的特征

广告受众就是指广告传播活动中,广告作品的直接接触者、接受者。对这一定义,我们从以下几个方面来理解。

(1)广告受众是特定的信息接受者。广告受众与其他信息接受者相比,有其特别的地方:首先,广告受众所接受的信息是以特定的符号集合方式存在和传播的,这里所谓的"特定的符号集合方式"就是指广告作品;其次,广告受众是以特定的角色来接受有关信息的,这里所谓的"特定的角色"就是指广告受众的消费者角色。

(2)广告受众是指直接接触或直接接受广告作品的人。一般人喜欢用"广告信息的接受者"这一定义来界定广告受众,我们认为这并不能准确反映"广告受众"的本质特征。所谓"广告信息"即指从广告作品中直接接受的信息,也可指从其他渠道中接受的信息,而一般所说的广告受众,并不包括后一种接受者,所以我们将其界定为直接接触或直接接受广告作品的人。

2. 广告受众的特点

一般而言,广告受众大多具备以下特点。

(1)众多——指大众传播的受众数量较多。

(2)混杂——指大众传播的受众一般并无明显的群体特征,其构成是混杂不清的。

(3)分散——有两种含义:一是指传播者与受众在空间、时间上相分离;二是指受众群体在空间分布上分散。

(4)流动——有两种含义:一是指受众在空间位置上的移动,如从甲地移往乙地;二是指受众群体结构的流动性,如逝者的离去和生者的补入。

(5)隐匿——指相对于传播者而言,受众一般是不知名的。

二、广告受众类型

对广告受众的类型,我们可做如下几个方面的划分。

1. 根据广告受众的消费特征来划分

根据消费者特征来划分,可以将广告受众分为个体广告受众和职业广告受众。

(1)个体广告受众是指,以生活资料的个人或家庭消费者的角色接触广告作品的人。这类广告受众的主要特征是:①以独立的个人角色或家庭成员角色来接触广告作品;②其接受心理有明显的个体心理特征;③其购买行为是一种个体行为或家庭成员角色行为。

(2)职业广告受众是指,以某种特定的职业角色来接触广告作品的人。这类广告受众和个体广告受众不同,他们不是以独立的个人身份或家庭成员身份来接触广告作品,而是以某种特定的职业角色来接受广告作品。其基本特征是:①以特定的职业角色来接触广告作品;②其接受心理带有明显的职业特征;③其购买行为完全是一种职业行为。

2. 根据广告受众的年龄划分

根据广告受众的年龄来划分,可以将广告受众分为儿童期广告受众、青年期广告受众、中年期广告受众和老年期广告受众。

心理学研究表明,年龄是决定人们心理和行为差异的一个重要因素。不同年龄段的人,在心理和行为方面往往有较大差异;而同一年龄段的人,在心理活动和行为方式上则往往有较多的共同之处。消费心理学研究也表明,年龄对消费者在消费内容、消费方式、消费心理和消费行为等方面的影响是巨大的。传播学研究也表明,年龄是影响受众进行媒介选择和媒介接触的一个重要因素。这种因年龄段不同而造成的不同人群的不同心理特征、行为特征和媒介选择特征,也直接反映在广告受众在广告接受活动中的心理活动、行为方式和媒介选择等方面。了解这一点,对开展有效的广告活动是十分必要的。

3. 根据广告受众的心理特征来划分

根据广告受众的心理特征来划分,可以将广告受众分为主动型广告受众和被动型广告受众。

从广告受众接触广告作品的心理动机来看,基本上可以确定两种不同类型的受众群体。一类是有明确的内在需要,主动寻找广告作品以期从中获取相关信息的人,如急欲寻医问药的患病人士、期望购得物美价廉的生活用品的家庭主妇等;另一类是无明确的内在需要,被动接触广告作品的人。分析表明,在广告活动中,这两种不同心理特征的广告受众,对广告作品所持的态度、所做的反应是极为不同的。

当然,在广告实践中,目标广告受众中既有主动型的广告受众,也有被动型的广告受众,而且一般而言,被动型的广告受众较之主动型的广告受众要多一些。这种分类的实践意义在于,通过分析目标受众总体中主动型受众和被动型受众的比例关系,来决定作品的表现策略、媒介选择和广告发布策略。

4. 根据广告受众性别来划分

根据广告受众性别来划分,可将广告受众分为男性广告受众和女性广告受众。

性别差异在消费行为、心理结构和媒介选择方面都有较明显的体现。充分认识性别差异在这几个方面的不同表现,对决定广告作品的表现策略和媒介选择策略有一定的实用价值。

5. 根据广告受众所处地理范围的不同来划分

根据广告受众所处地理范围的不同来划分,可将广告受众分为城市广告受众和农村广告受众。

在我国,城乡差别还很大,这决定了城乡广告受众在消费行为、心理特征、媒介选择三个方面都有明显差异。研究和分析城乡广告受众在这三个方面的不同特点,对选择广告媒介和决定作品表现策略都有一定的参考价值。

第二节 广告受众心理概述

人们研究广告受众的主要目的是了解广告作品如何影响广告受众的消费行为。长期以来,有关这方面的研究主要是用心理学的方法进行的,正因为如此,才产生了广告心理学。综观广告心理学对广告受众在广告活动中的心理现象的研究,不难发现,这种研究主要集中在对广告作品与消费行为之间的关系模式及其相关理论的研究上。综合起来看,目前有关广告受众的接受心理的研究,主要包括以下两个方面:一是对广告受众接受广告作品的心理模式的研究;二是对广告受众接受广告作品的心理理论的研究。

一、广告受众的接受心理模式

所谓广告受众的接受心理模式,是指广告受众在接受广告作品时相对稳定的心理活动过程或状态模式。有关广告作品与消费心理或消费行为之间的关系模式很多,这里介绍两种较为著名的模式。

1. AIDMA 模式

所谓"AIDMA",就是英文单词 attention(注意)、interest(兴趣)、desire(欲望)、memory(记忆)和 action(行动)的首字母的组合。而所谓"AIDMA"模式,就是指广告受众接受广告作品时的心理活动,基本上是注意—兴趣—欲望—记忆—行动这样一种线性过程。显然,这一模式是从普通心理学的角度来研究的。

1) 注意

所谓注意,是指心理活动对一定对象的指向和集中。心理实验证明人在同一瞬间的注意力只能集中于一个刺激源,而对其他的刺激源是忽视的。也就是说,如果一则广告作品引不起广告受众的注意,那么对广告受众来说,它就是不存在的。所以说,引起广告受众对广告作品的注意,是广告作品发挥作用的基础。对广告受众来讲,每天接受的信息那么多,根本无法对所有的信息都一视同仁,对广告作品,则更是只能注意到其中的一小部分,而对大部分其他的广告作品,可以说是视而不见。所以,如何引起广告受众的注意就成为广告活动所关心的首要问题。那么,如何才能吸引广告受众对广告作品的注意呢?心理学根据注意的有无目的性和意志努力程度,将注意分为有意注意和无意注意。广告受众对广告作品的注意主要是无意注意即被动注意。心理实验表明,在无意注意中,刺激源的强度是引起人的注意的主要原因。因此,对广告受众来说,广告作品的刺激强度是决定能否引起其注意的关键因素。广告作品的刺激强度和作品的类型有关,也就是说不同类型的广告作品具有不同的刺激强度。例如:视觉类的作品,其刺激强度主要通过色彩、面积、对比、变化等要素和技巧来实现;听觉类的作品,其刺激强度则主要是通过声音的高低、强弱、以及音色、音质等许多因素来实现;对影视作品而言,其刺激强度问题就更加复杂。

2) 兴趣

兴趣是人的个性心理特征之一,是指一个人探究某种事物或进行某种活动的意识倾向。广告作品引起广告受众的注意,并不意味着可以使广告受众立刻接受其中的信息,因为人的注意时间是非常短暂的,而这短暂的注意无法使广告受众记住作品的主要内容,这就需要广告受众在注意的基础上对广告作品产生兴趣,只有使广告受众对作品产生兴趣,才能使之有所记忆。广告受众对作品产生兴趣的原因有两个:一是作品的形式引发了其审美兴趣;二是作品的内容使之产生了进一步了解产品或了解服务的兴趣。广告作品只有适应广告受众的审美要求和实际需要,才可能使其产生兴趣,所以要想引起广告受众的兴趣,就必须有美的表现形式和消费者需要的内容。

3）欲望

广告受众对广告作品或广告作品中所介绍的产品或服务产生兴趣,并不意味着广告受众就一定会采取购买行为,或在购买决策过程中以广告作品中的信息为主要决策依据。对广告受众来说,广告作品中所介绍的许多产品或服务,可能并不是其正在消费或准备消费的产品或服务。因此,能否激发起广告受众对尚未消费的产品或服务的消费需求,就成为广告活动是否有效的一个重要标志。所以,广告作品的作用就不仅仅是使广告受众对其产生兴趣,而是要能激发广告受众的消费需求,使没有需求的人产生需求,使有潜在需求的人产生现实需求,并且要强化需求的紧迫感。

4）记忆

消费心理研究表明,消费者在购买过程中一般会有一个决策过程,而影响这种决策的因素也是多方面的,广告所能做到的,主要是使消费者在其消费决策过程中能从所接触过的广告作品中寻找某种依据。因此,使广告受众记住广告作品的实质性内容,是广告作品在多大程度上发挥了作用。记忆是人对所看到过的人、物、事,所听到过的声音,所体验过的情感及所考虑过的问题等在大脑中的储存和提取。人的记忆有很大的个体差异,具体而言,记忆有长时记忆、短时记忆和瞬时记忆之分。广告活动所需要的,是人们对作品内容的长时记忆。长时记忆既和人的记忆力有关,也和被记忆的对象有着关联。人的记忆是有一定规律可循的,从记忆的主体即人的角度来看,记忆和人的记忆能力、记忆动机等相关;从被记忆的对象角度来看,对象的符号类型如图形、文字、声音等,对记忆有一定的影响,对象的信息刺激强度也对记忆有一定的影响。对广告活动来说,使广告受众产生长时记忆的主要办法有以下四种:一是作品内容要适应广告受众的消费需求;二是作品的表现形式要遵循人的记忆规律;三是加强信息刺激强度;四是要进行重复刺激。

5）行动

行动是指,广告受众由一般的信息接受者成为实际的消费者,并采取具体消费行为的过程。广告作品的最后结果,就是诱发消费者采取实际的消费行为。

2. 影响过程模式

这一模式由日本学者仁科贞文提出,该模式把广告作品对广告受众的影响过程分为四个阶段:首先,受众必须接触广告作品;其次,广告受众通过注意、理解和记忆等方式来接受本广告作品所传达的有关信息;再次,这些信息又对受众某一方面态度产生影响;最后,受众的态度变化则有可能导致其消费行为的变化。

这一模式强调的是广告作品对受众的影响过程。在这里,模式的提出者并不认为广告作品可以直接导致消费行为,而只是认为广告作品只能或主要是影响了广告受众的态度和行为变化。

二、广告接受理论

在有关广告受众接受广告作品的研究中,除了上述一些模式外,人们还提出了一些相关理论,来阐述广告受众接受广告作品的原理。这方面的理论主要有关心点理论、选择理论和态度改变理论。

1. 关心点理论

关心点理论由我国广告学研究人员唐仁承于1986年提出。该理论认为,消费者的消费心理和消费活动,都集中反映在其关心点上。所谓关心点,就是"消费者对日常生活用品及有关的劳务服务所关心的焦点或是关心的重点。它是由需求、经验、兴趣、利害关系等因素所决定的,并在消费活动中表现出来。"该理论从消费心理的基本原理出发,认为消费者在购买商品或接受服务时,基本上都有自己关心的问题,有的人关心的是当前所需要的商品,而有的人关心的是满足需要的具体形式,还有的人关心的则是对不同的满足需要的具体形式的比较,唐仁承认为"这些为消费者所关心的问题,就是关心点"。该理论强调关心点对消费者的消费行为的影响,认为关心点在某种消费行为的形成过程中,就会形成一种主导力量,从而引导消费者的消费行为。该理论认为,关心点的最大特征为差异性,表现在消费者的关心点在时间、区域和人的个性心理等方面有较大的差异。

关心点理论对广告活动的意义在于:广告活动主体应当充分重视关心点对消费者的消费心理和消费行为的实际影响,在广告活动中准确把握消费者的关心点,并力求准确、及时、科学、巧妙地回应消费者的关心点。而广告活动,也只有从消费者的关心点出发来采取不同的广告策略,才能取得较好的广告效果。

2. 选择理论

选择理论由美国传播学者克拉柏提出。这一理论建立在这样一种假设上,即认为广告受众最重要的心理特点是选择性心理。所谓选择性心理是指,在接受信息的过程中,人们的通常心理表现是首先接受同自己早先已有的观点或立场相一致的内容,回避那些有害的或不利的信息。克拉柏认为受众接受信息的心理呈现出注意—理解—记忆这样一种线性过程,并在此基础上将受众的选择性心理分为选择性注意、选择性理解和选择性记忆这样三个阶段。

1)选择性注意

注意是受众接受信息的第一步。与 AIDMA 模式中的观点不同,选择理论并不认为信息或广告作品可以一定引起广告受众的注意,相反,这一理论认为,广告受众是主动地、有选择地去注意那些自己需要的和关心的信息,同时又主动回避那些自己不需要的和不关心的信息。而广告受众需要和关心的问题是多方面的,广告作品不可能满足所有人的需要,只能满足一部分人的需要。这一认识提示我们:广告作品的创作要注意了解广告受众需要和关心的问题,要以大多数人需要和关心的问题为主要内容来创作作品,只有适应了广告受众的实际需要,才能受到广告受众的注意,否则,就无法被广告受众注意,也就无法发挥广告的效果了。

2)选择性理解

广告受众对广告作品有所注意,也就意味着有所接触,在接触之后就是如何理解的问题了。而所谓理解,就是人们对事物或现象所做的解释和所得出的结论。选择理论认为,不同的广告受众对同一个作品有不同的理解。实际上,广告创作者创作广告作品的过程,就是一种对信息进行编码的过程,而广告作品就是这一编码的结果,广告受众接受广告作品的过程,实际上就是一种对广告作品进行解码的过程。从较为理想的状态来理解,编码和解码应有较好的对应性,即广告创作者所说的,也正是广告受众所理解的。但实际上这一理想的状态常常是难以顺利实现的,主要原因就是广告受众并不总是按照广告创作者的意图去理解广告作品的含义,而是以自己的方式去理解,而这种理解在不同的广告受众那里又有着很大的差异。造成这种状况的主要原因有两个:一是由符号的多义性造成的;二是由于广告受众在理解广告作品的过程中,除了按一般的符号意义去理解作品的含义外,往往还加进一些自己的主观解释,而这种主观解释受到广告受众的感情、动机、态度、经验、学识水平等多种因素的影响。所以,广告创作人员在创作中应尽量避免使用复杂、模糊和易产生多种意思理解的符号来创作广告作品。

3)选择性记忆

和 AIDMA 模式的观点一样,选择理论也认为记忆是广告作品发挥作用的一个重要过程,但略有不同的是,选择理论更强调广告受众对信息有选择的记忆,认为人的记忆固然有一定的规律在起作用,但记忆更是一种极其主观的、以自我为中心的脑活动。所以记忆的结果,常常是对记忆信息的某一部分印象很深,或者只记忆其中对自己有利的部分和自己愿意记住的部分,而其余部分则被忽略。广告受众的选择性记忆既受需要、态度、情绪等心理因素的影响,也受信息传播环境、作品形式,以及信息刺激强度等客观因素的影响。

3. 态度改变理论

态度改变理论的基本假设是:态度是影响传播活动发挥效果的重要因素,每一个广告受众都有其对广告作品本身、对某种产品或对某种消费方式的固有态度。广告受众的固有态度有有利态度和不利态度之分,而广告活动过程实际上主要就是强化有利态度,改变不利态度的过程。传播学历来把如何改变受众的不利态度作为一个重要的方面来进行专门的研究,并形成了改变态度的许多理论,其中对广告活动有较大实际意义的就是劝服论。劝服是传播者试图利用传播的信息来改变他人的态度与行为的一种方式。早在古希腊时期伟大的思想家亚里士多德就发现增强演讲效果的秘诀在于"仔细的计划和高超的技巧",并认为传播者的可信性、使用动感情的呼吁、了解听众是传播者应当注意的三个关键问题。在现代劝服论中,较有影响的有多温·卡特赖特的劝服模式。

多温·卡特赖特是美国密歇根州立大学心理学家。在1941年至1945年期间他借参与推销公债的机会对劝服问题进行了研究,并于1949年在一篇文章中提出了他的劝服原则,他认为信息首先必须被人们所接触,不仅如此信息所阐述的内容还必须被人们所认同,并成为他的认知结构的一部分,与此同时,还需要让人们认识到该信息对他们的利益所在,最后还要让人们认识到采取行动的便利性。

第三节 广告受众与消费者

一、广告受众与消费者的区别

在市场活动中,任何一个社会成员都可能是消费者。但是,企业的生产经营不可能以社会的全体消费者作为服务对象,而是通过市场细分,为特定的消费对象生产某些产品或提供某些服务。这些特定的消费者就是企业的目标消费者。也就是说,目标消费者是企业经过科学选择的部分消费者。

在实际生活中,消费某些特定的产品或劳务的消费者称为实际消费者。通常,市场中的目标消费者和实际消费者是不完全一致的。一般有以下几种情况。

(1)目标消费者和实际消费者在数量和特性上等同,但在实际的市场运作中,这种情况几乎不可能发生。

(2)实际消费者在特性上与目标消费者相同,但在数量上大于目标消费者。这可能是由于企业的营销活动扩大了目标市场,吸引了目标市场之外的具有某些同质性的消费者。

(3)实际消费者在特性上与目标消费者相同,但在数量上小于目标消费者,这说明尚有潜在消费者需要开发。

(4)实际消费者与目标消费者出现交叉。在目标消费者中,有一部分没有成为实际消费者,而在实际消费者中,也有一部分不是目标消费者。

(5)实际消费者与目标消费者之间没有联系,没有共同的特征。这说明企业在市场细分过程中出现决策失误,或者是在营销活动中对消费者引导不当。

当消费者作为受众进入广告传播活动时,就出现了与广告对象的关系问题。一般情况下,企业的目标消费者应是广告诉求的对象,是广告的目标受众。但由于广告在不同时期、不同的市场,有着不同的目标,广告的目标受众也有所不同。从总量上来看,所有的广告目标受众的总和应是全体目标消费者。但是目标消费者不完全等同于广告对象,不同阶段为实现不同的目标而进行的广告活动,需要从全体的目标消费者中筛选其中的一部分作为传播对象和诉求重点。

广告不可能面对全体消费者或全体受众进行诉求。要提高广告质量,增强广告效果,就要针对广告对象,即企业的目标消费者来进行相关的信息传播。明确广告的传播对象,可以采取调查的方法。

二、广告受众调查的内容

在广告传播活动中,针对受众所进行的调查,就是广告对象调查。它能使广告决策工作进一步深入和细化。通常,广告对象调查大致有以下几个方面的内容。

1. 基本情况

要了解广告对象,首先就应该掌握其基本情况,这方面主要有性别、年龄、家庭状况、职业、收入、受教育程度等内容。

2. 价值观念

价值观念是人们在意识中对人生的信仰和生活目标的规定,是人们关于自己同社会、同世界的关系的观念。它是个人需求和行为的中介或调节器。人们的行为表现,受到自己的价值尺度的评价和支持。每个人都有自己的价值观,而每个人的价值观都有所不同。作为社会成员的广告对象,其需求和行为与价值观念密切相关,因此这方面的调查也是十分必要的。

3. 消费意识

消费意识会影响和决定消费欲望、消费习惯、购买类型和购买行为。因此,广告对象的消费观念和需求状况,也是受众调查中不可或缺的一部分。

4. 媒介接触状况

媒介接触状况是广告对象调查最重要的一项内容。广告对象主要通过媒介获得有关商品、劳务、企业形象等方面的信息。要使广告主能与广告对象保持有效的沟通,就必须掌握广告对象对媒介的接触情况,了解广告对象的媒介接触习惯和方式,以及各自不同的偏好。

三、消费者行为的影响因素

消费行为是指,消费者寻找、购买、使用和评价用以满足需要的物品和劳务设施所表现出的一切活动。通常,消费行为是从形成需要开始的。而需要的形成乃是对生理、心理上的某种缺乏的意识、认知。一般来说,未被意识的需要,称为潜在需要。只有当潜在需求被意识到,才可能激发起活动的动机。然而,潜在需要并非都能直接体验或意识到。因此,广告就成为激发人们的潜在需要,使之意识化的外在力量。

在现实生活中,消费者购物时并非事先都有明确的购物目标,而可能只是一种朦胧的欲望。因而广告就很容易成为影响消费者心理行为以及购买什么和何种品牌的指南。消费者有了一定的需要并指向某种物品或劳务之后,便产生了如何具体满足的问题,这就是获得信息的阶段。一般来说,消费者首先是回忆自身的经验,从记忆中获取有关商品的信息。但是,记忆中的经验和知识毕竟有限,特别是对大件贵重物品的需求,更有求于各种信息源,广告便是提供商品信息的重要途径。

在实际的消费活动中,真正了解和把握消费者的行为是困难的。消费者在消费行为上存在很大的差异性。而每一个人的行为也处在不断变化之中,很难做出预测。

虽然消费者的消费行为很难捉摸,但实际还是有迹可循的。通常而言,消费者采取一定的消费行为,可能受到各种因素的影响。这些因素归纳起来,主要有以下几种。

1. 经济因素

消费者的购买能力如何?目前处于什么样的消费状态?是追求基本的需求,维持温饱,还是进入选择需求,表现个性化的阶段?市场供求关系如何?商品是否充足?物价水平怎样?

经济因素是产生消费动机的基本因素,它可与经济环境联系起来进行分析。

2. 文化因素

文化是人类的欲望和行为的基本决定因素。人在成长过程中，通过家庭和社会，接受一定的文化教育，形成了相应的价值观、信仰、态度、道德和习俗等，并由此产生一定的喜好和行为。文化的变迁，如文化的相互融合，也影响到消费方式的变化。譬如，我国部分消费者对国外产品的偏好，外国消费者对中国民族特色产品的喜爱等。文化上的认同感会直接影响到消费者对产品、对广告诉求的接受程度。

每种文化都是由众多的亚文化组成的。亚文化既包括民族、宗教、种族、地域等宏观向度上的区分，也包括性别、年龄、婚姻状况、教育程度、职业等微观向度上的区分。亚文化对消费者行为的影响更为明显，为细分市场提供了重要的依据。

3. 社会因素

影响消费者行为的社会因素主要有参照群体、家庭、社会角色与地位等。

1）参照群体

对个人的态度和行为有直接或间接影响的群体即为参照群体，它又可以分为直接参照群体和间接参照群体。此外，在参照群体中，还有个人期望归属的群体，即向往群体，如歌星、影星、体育明星、权威人士等。他们会对消费者个体产生较大的影响，因此广告有时会选择名人出演，从而产生名人效应。与之相反，还有一种是个人讨厌或反对、拒绝认同的群体，即厌恶群体。广告传播要注意到目标消费者的厌恶群体，避免引起他们的反感和排斥心理。

2）家庭

家庭介于社会和个人之间，它包容了个人，组成一个消费群体。特别是在我国，家庭在人们生活中占有重要的位置，因此要对现有家庭的模式和家庭对消费的影响，进行深入的探讨研究。

一般来说，我国父母和子女一起生活的情况比较多。在传统家庭结构中，往往以多代同堂为荣耀。尽管现代的家庭结构发生了一些变化，但子女成年后仍然与父母共同生活的现象还比较多。而由妻子管理家庭财务的情况也比较普遍。此外，家庭生命周期也是影响消费行为的一个重要因素。这些，都要在广告决策时予以认真考虑。

3）社会地位和角色

每个人在社会中都扮演着一定的角色，拥有相应的地位，这些都会对购买决策和行为产生影响。不同社会角色和地位的人，其消费行为也往往不同。通常，人们会选择与自己的社会角色和地位相吻合的产品及服务，而产品和品牌也有可能成为地位的象征。

消费者在社会阶层中扮演什么角色，属于哪一阶层，是影响消费行为的一个重要因素。一般而言，同一阶层的成员都有类似的价值观、兴趣和行为。在消费领域，各种社会阶层对产品和品牌有不同的喜好，对其信息传播和接触的方式也有明显的差别。

4）个人因素

消费者的个人特性，如年龄、性别、教育程度、职业、经济状况、生活方式、个性和自我观念等，都会对消费行为产生一定的影响。

5）心理因素

心理因素，是指消费者的消费动机、消费习惯以及消费态度等心理因素。这些心理因素对消费行为也会产生影响。

四、消费者的购买行为类型

分析消费者的购买行为，首先要了解消费者购买行为的类型。此外，还应进一步了解消费者是如何进行购买决策的，其中包括购买决策者、购买决策的过程和购买方式等。

消费者购买饮料、牙膏、个人电脑和住房等不同产品之间的差异极大,越昂贵的产品的购买决定,购买者参与的程度会越大,购买时会更加慎重。根据同类产品不同品牌的差异程度以及购买者在购买时的参与程度,我们将消费者的购买行为分为四种类型,如图3-1所示。

1. 复杂性购买行为

如果购买的商品单位价格很高,购买行为是属于偶尔购买的、冒风险的和高度自我表现的,这种购买行为就属于高度参与购买。如果消费者属于高度参与购买者,并且了解到现有品牌之间存在着明显的差别,则消费者就会产生复杂的购买行为。

通常这种情况是消费者对此类产品知道得不多,有许多要了解的地方。例如,某消费者要购买一台个人电脑,其有可能连不同品牌电脑的属性都不知道。在这种情况下,广告营销人员必须研究收集的高度参与购买者的信息,并对其行为进行评估,建议厂商制订相应的广告营销策略,以使消费者掌握该产品的属性、各种属性的相对重要性,以及该产品具有的较重要的特征。同时,必须使其品牌特征与众不同,运用各种方法来影响消费者的最终决定。

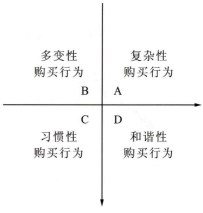

图3-1 四种类型的购买行为

2. 多变性购买行为

这类购买行为的特征是品牌之间差异显著,属于低度参与购买。这种购买行为在现实生活中表现为消费者经常转换购买的品牌。例如饼干,消费者有一些信念,不过没有做太多的评估便选择了某种品牌的饼干,然后在消费时才加以评估。但在下次购买时消费者很可能会由于厌倦原有口味而购买其他品牌的产品。

3. 习惯性购买行为

许多产品是在消费者低度参与、品牌没有什么差异的情况下被购买的。这类商品主要是一些单位价格较低的生活必需品,例如食盐、白糖、卫生纸等。消费者走进商店随手拿起一种品牌就买下,并没有强烈的品牌忠诚感。

在这种情况下,消费者的品牌购买行为并不经过信念—态度—行为的正常顺序,而只是被动地接受广告所传递的信息。这种习惯性的购买行为往往是由被动地熟悉,形成了品牌的信念之后而发生的购买行为,或是由长期的生活习惯所影响的购买行为。

4. 和谐性购买行为

一般而言,消费者在购买品牌差别不大的商品时,多表现为这种购买方式。消费者主要关心价格是否优惠,购买时间与地点是否便利。当然,在购买的同时消费者也会出现心理不平衡的情况。如购买某一种商品时,注意到同类商品其他品牌的优点和特点,于是便试图获取更多的信息,以证明其购买决策的正确性。因此,广告要帮助消费者建立对本品牌的信心,消除不平衡心理,进入和谐状态。

五、消费者的购买决策

通过对许多消费者购买产品的过程进行分析,可以发现消费者购买产品的过程大体上可以分为五个阶段:确认问题、收集信息、备选品牌评估、购买决策和购后行为。这五个阶段可用图3-2表示。

其购买行为的阶段模式的全过程主要适用于高度参与购买的产品。对于低度参与购买的产品,消费者可能跳过某些阶段。例如,一位购买一般品牌牙膏的女士,可能会从牙膏的需要直接到购买决策,跳过了信息收集和备选品牌评估的阶段。

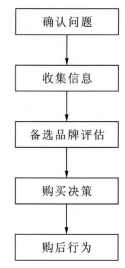

图3-2 购买行为的五个阶段

1. 确认问题

购买过程始于购买者对某种需求的确认。这个需要可由内在或外在刺激所引发,一个人的正常需要,如饥饿、干渴等,上升到一定的高度就变为一种驱动力,并去寻找能满足该需要的物品。

需要是内在的,有时也可能被外在刺激所引发。调查人员通过收集消费者的信息,就可以找出引发对此类产品产生兴趣最常见的刺激,并建议厂商制定能引发消费者兴趣的广告营销策略。

2. 收集信息

一个受到诱惑的消费者可能会寻求更多的信息,其收集信息的活动可以分为两种类型:一是较温和的收集状态;另一种是主动收集信息状态。较温和的收集状态称为重点式注意,以一名女士买个人电脑为例,这时该女士只对电脑信息较为敏感,她会注意电脑广告、朋友新买的电脑和有关电脑的谈话。

同样该女士也有可能进入主动收集信息状态,这时候她会查阅材料,打电话询问朋友或从事其他收集电脑信息的活动。她收集信息的多少取决于其驱动力的强度、她原有的信息数量、得到额外信息的难易程度、她对额外信息的评价和她是否从收集信息中得到满足等因素。对调查人员来说,至关重要的是了解消费者所求助的主要信息源和各种信息源对后续购买决策的相对影响力。

这些信息源的相对重要性和影响力随着产品类别和购买者特征的不同而异。一般来说,消费者从商业来源收集到的产品信息最多,来自于人际来源的信息最有效。每一种来源的信息在影响购头决策上都具有不同的功能。商业信息通常有告知的功能,而人际来源则有认可或评估的功能。例如,医生常从商业来源知道某种新药品,但常请求其他医生来评估这些新药的信息,以证明它们是否安全有效。

要弄清楚各类信息对消费者的影响程度,企业必须在调查的基础上进行广告策略谋划,以使得其产品能在信息收集的过程中占有优势。企业还应进一步了解哪些其他产品也在消费者的选择方案中,这样才能知道竞争情况并规划其广告诉求。

3. 评估备选产品

消费者关注各产品同性的程度因个人重视程度不同而异。一般情况下,消费者十分关注那些与他们的需要相关的属性,因而产品市场通常可以按照不同消费者群体所重视的主要属性的不同而加以划分。

不能轻易断定显著的属性就是最重要的属性。有的属性之所以显著,是因为消费者刚刚看到有关这些属性的信息,或刚好有一些涉及这些属性的问题要解决,因此这些属性就显现出来了。此外,非显著的属性可能包括一些消费者已遗忘,一旦被提及就会意识到其重要性的属性。

消费者可能会就每一属性的每种产品发展出一组产品信息。对某一特定产品所持有的信念组合称为产品形象。每个消费者的产品信念因其个人经验、喜好的不同而不同。

消费者应用不同的评估方法在多重属性目标之间做出选择。

4. 购买决策

在决策评估阶段,消费者可能已经形成购买意愿,并倾向于购买偏好产品。然而,在购买意愿与购买决策之间有两个因素参与其中,这些因素可能对购买行为产生关键影响。

1)他人的态度

因他人的态度而减小个人对偏好备选产品购买可能性的程度,取决于以下两种情况:他人对该消费者偏好备选产品所持否定态度的强度;该消费者顺从他人意愿的程度。

他人的否定态度愈强烈,以及此人与该消费者的关系愈密切,则该消费者就愈有可能降低购买意愿。同样,某消费者对某产品的偏好程度可能因与之有关系的人也喜欢同一产品而增加。当与消费者关系密切的一些人持截然不同的观点,并且消费者又想让所有的人都高兴时,他人的影响就变得非常复杂了。

2）非预期因素

一般来讲，消费者的购买意愿是受预期家庭收入、预期价格、预期从产品中得到的利益等因素影响的。当消费者即将购买时，可能会突然出现一些预期的因素而改变购买意愿。例如，可能因失业而不考虑购买，或者因为新职业需要而购买意愿变得更为迫切等。因此，偏好甚至购买意愿并不能成为购买行为完全可靠的预测因素。

5. 购后行为

消费者在购买了某产品之后，必然会体验到某种程度的满足或不满足。因此，产品销售出去以后，调查工作并没有就此结束。

1）购后满足

购买产品后，在使用过程中消费者可能会发现产品的缺陷。有些消费者不希望产品有缺陷，有的消费者则会对产品缺陷并不在意。

消费者是根据其从销售商、朋友或其他信息源得到的所有信息来形成期望的。如果卖主夸大某产品的好处，消费者在使用产品的过程中就会产生不满足。期望与实效之间的差距愈大，消费者的不满足就愈强烈。因此，广告诉求要如实地表达产品的实际功效，以使消费者感到满足。

2）购后行动

消费者对产品满足与否将影响消费者以后的行动。如果该消费者感到满足，则他将显示出较大的再购买的可能性。这样就有利于培养消费者的商品忠诚感。满足的消费者也会向其他人宣传该产品和该公司的好处，换句话说，就是"满足的消费者是我们最好的广告"。

不满足的消费者可能会设法降低失调感，他们可能会以退回产品的方式来达到这一心理目的。调查人员应了解消费者处理不满足的所有方式。消费者在采取行动或不采取行动之间进行选择。如果他们采取行动则可能采取诉之于众的行动或个人行动。诉之于众的行动包括向公司投诉、找律师或向消费者协会投诉。或者消费者怕麻烦，不采取任何行动，只是以后不再购买该产品。

调查人员可建议厂商采取一些措施来尽量减少消费者购买后的不满足程度。实践证明：与消费者进行购后沟通，可减少产品退货和取消订单的数量。

3）购后使用及处置

调查人员在处理购买后行为时还需要注意购买者如何使用及处置该产品。

如果消费者为该产品寻找一种新用途，调查人员则应感到高兴，因为公司可为该新产品进行广告宣传。如果消费者将该产品束之高阁或将之丢弃，这说明该产品并不十分令人满意，从而在消费者中的口碑也不会好。如果他们把该产品转卖或用以换物，这将影响该产品的销售。因此，调查人员必须研究该产品的使用及处置情况，以找出可能存在的问题和线索。

了解消费者的需要和购买过程是制定行之有效的广告营销策略的基础。通过了解消费者如何经过确认问题、收集信息、评估备选产品、购买决策和购后行为等过程，以及在购买过程中的各种参与者及其对购买行为的影响，就可以找出许多满足消费者的线索，制订有效的广告营销计划。

第四章
广告的表现
GUANGGAO DE BIAOXIAN

第一节 广告表现的一般概念

一、广告表现的概念

广告表现是将广告主题、观念或意图,用语言文字、图形等信息传递形式表达出来的过程。广告表现是整个广告工作的一个中心转折点,其前面的工作多为科学调研、分析,提出构思、创意,其后面的工作多是将前面工作的结果,将停留在纸上和脑海中的语言文字、构想转化成具体的、实实在在的广告作品。简言之,广告表现就是借助各种表现手段、表现形式与表现符号将广告创意转化成广告作品的过程,是广告创意的物化过程。

二、广告表现的基本原则

广告要想在众多的信息干扰中脱颖而出,为广大消费者所接受,绝不是一件容易的事情。因为在绝大多数情况下,广告是被动接受的。虽然现代科技能够把广告信息非常准确地传递到广告对象的视听范围,但他们对广告却往往只是漫不经心的一瞥,或视而不见,或充耳不闻,认认真真从头到尾看完或听完整个广告的人是很少的。因此,广告能够吸引人们多看一眼,多听一会儿,都是较大的成功。

同时,人们视听广告的时间是非常短暂的。电视广告本身就严格受到时间的限制,短则5秒钟、长则30秒钟。印刷广告尤其是报刊广告,由于在媒介中它是最为次要的信息,往往只是被一扫而过。因此,在这短暂的瞬间抓住人们的眼球,给他们传递更多的信息,就成为广告表现所刻意追求的目标。为了达到预定的目标,在内容与形式方面,广告表现必须注意如下基本原则。

1. 内容方面

(1)真实。真实是指,真实、科学、实事求是地表现商品和服务,这是广告表现的基础,也是整个广告的生命力之所在。

(2)准确。准确是指,传递的有关产品、服务的信息必须准确无误,不夸大,不歪曲,可以有所侧重,但不能片面。

(3)公正。公正是指,广告表现必须在公正的前提下进行,不能在宣传自己的产品或服务的优势时,抑制、贬低其他的产品或服务。

2. 形式方面

(1)醒目鲜明。广告表现应该能够立刻引起人们的注意。一个广告能否立刻引起人们的注意,是广告产生说服作用的前提。一个30秒钟的广告,如果前5秒钟不能引起人们的注意,后面的25秒钟很可能就是做无用功;一则报纸广告,如果不能在人们匆匆的一瞥中引起注意,他们就不可能把目光停留在你的广告作品上,那么,即使你的广告有很好的主题与策划,有很好的广告文案,也不可能有任何效果。

(2)重点突出。广告表现要引导受众的视线及时注意广告的主要部分。一则广告以其新颖别致的设计引起了受众的注意,但这种注意仍然是短暂的,要激发他们的兴趣,使他们产生心灵上的共鸣,就必须在尽量短的时间内使他们接触广告的主要部分,认识广告的主题。

（3）创新变化。广告的主要信息必须新颖独特。心理学的研究告诉我们，人们对新颖独特的事物总是存有某种好奇心理，倍加关心，而对陈旧的事物则往往漠然视之，熟视无睹。

（4）通俗易懂。由于人们对广告的注意往往是无意注意，有意识地找广告看的人是很少的，所以广告的表现形式必须简洁、通俗，易于理解，便于记忆。

（5）统一均衡。表现形式中各要素的配合与联系要和谐统一，无论是在表现风格上，还是在气氛、色彩、构图上，都要形成自己独特的个性。当然，这种统一均衡并非死板呆滞，而是在变化中求统一，在对比中求均衡。

第二节 广告表现的常用主题与技巧

一、广告表现对象与常用主题

用大卫·奥格威的话来说，广告"说什么"比"怎么说"更重要。也就是说，广告的内容是广告的核心，说的内容能不能引起受众的关心，是否能满足消费者的心理需求，对广告制作来说是最为关键的。需要注意的是，广告"说什么"，并不是由广告人随意决定的，而是由广告的表现对象决定的。从实际的广告活动来看，广告表现的对象有以下几种。

1. 产品

产品是商业广告表现对象中的主体。广告中往往表现产品最重要、最能产生良好效果的信息，包括产品的功能、性质、质量、外形、价格以及给消费者的利益等。

2. 服务

随着改革开放的不断深入，我国的服务业在整个社会中所占的比重越来越大，广告也越来越将服务作为自己的表现对象。服务信息一般侧重表现服务的特点、类型、作用、方式、费用以及如何得到这种服务等。

3. 企业(组织)

广告还经常用来表现企业、组织、党派、社团等，目的在于通过广告提高自身的知名度、树立良好的形象。广告表现企业，其信息主要包括企业的名称、风格、传统、业绩、技术、公益活动、理念等。如我国台湾地区"中华航空股份有限公司"(以下简称"华航")广告：

人与人相遇，物与物相聚，无非是缘分的牵引；在华航的天空里，人们深信——一次相逢，就是一次机缘，就是一个机会；从踏进宽敞、舒适的客舱开始，您就会感受到华航的服务，体贴、周到，有如款待好友；也因为珍惜这份天定的机缘，更努力使之成为温馨、友善、令人难忘的飞航经验……华航珍惜机缘，更重视每一次为您服务的机会。

相逢自是有缘，华航以客为尊！(广告语)

现代企业的形象至关重要，它同有形资产一样是企业存在和发展的基石。从某种程度上说，作为无形资产的企业形象甚至比有形资产更为重要。随着社会开放化程度的提高，做广告的社会组织也在不断增多。当然，这种广告更确切地说是公共关系广告。

广告的常用主题有以下几个方面。

（1）愉快。该主题表现产品经消费者使用后的愉快心情或使用时的愉悦场面,适合于食品及其他日常用品的广告表现。

（2）亲情与友情。该主题表现由产品和服务联系起来的家庭、亲友、邻里、朋友等关系,以及社会交往、节日、娶媳嫁女等场面中的浓浓情谊,适合于礼品、节日商品、服饰、化妆品、饮料等产品的表现。如金帝巧克力的广告语:"瑞士最佳风味,只给最爱的人"。

（3）舒适。该主题表现产品给消费者带来的惬意、满足,适用于家具、日用品、装饰用品、耐用消费品等的广告表现。如某牙膏的广告语:"清新一天,从齿开始"。

（4）健康。该主题表现使用产品给消费者的身体带来的结果,适用于营养品、食品、药品、卫生用具、体育器材、旅游等广告的表现。如某洗发水的广告语:"拥有健康,当然亮泽"。

（5）儿童。儿童(baby)可以说是广告表现的永恒主题,适用于儿童用品的广告表现。儿童与美女(beauty)、宠物(beast)并称为西方广告表现的三大要素——3B,被认为是向视听者内心倾诉的秘诀。如"立邦"漆广告(见图4-1)等。

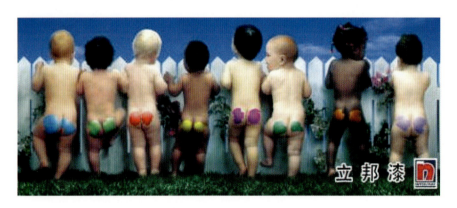

图4-1　立邦漆广告

（6）进取。该主题鼓励人们追求、进取、奋发向上,比较能够引起消费者的心灵共鸣。当然,这个主题要与产品相适应。如柒牌男装的广告语"男人就应该对自己狠一点"。

（7）传统。中华民族是一个很注重传统的民族,随着社会的发展,人们对传统的认识也越来越深刻,越来越依恋。正因如此,传统与现代结合,或用传统反衬现代已成为现代广告表现的一种时尚。如"中华牙膏""南方黑芝麻糊"广告(见图4-2)等。

图4-2　南方黑芝麻糊广告

（8）自尊。广告宣传必须考虑到维护消费者的自尊心，尤其是某些特殊药品的广告，表现主题时更需要注意。如治疗狐臭的药品西施兰夏露的广告语："您的秘密，只有西施兰夏露知道"。该广告语中使用了讳饰、借代等，充分体察患者的苦衷，尊重个人隐私，以情动人，体贴入微。

二、如何确定广告主题

就一件具体的广告作品而言，只要明确了广告目标、广告对象、广告策略，下一步的主要问题就是选择和确定广告的主题，即广告的中心思想。广告主题策划是取得广告对象满意、引起广告对象注意、促成广告目标达成的重要手段。为了达到预期的广告效果，必须在商品或企业中找出最重要的部分来加以诉求发挥。广告主题的好坏、诉求力的强弱，决定了消费者对广告主题思想的共鸣程度高低，从而也决定了广告效果的好坏。因此，人们常常说，广告主题是广告的灵魂。

广告主题是广告目标、信息个性、消费者心理需求三个要素的融合体。它们之间的关系是：广告目标是广告主题的出发点，离开了广告目标，广告主题就会无的放矢，不讲效果；信息个性是广告主题的基础和依据，没有信息个性，广告主题就会没有内容，广告也就没有自己的诉求；消费者是广告主题的角色，没有这个角色，广告主题就调动不了消费者的心理力量，广告也就会像在黑暗中向情人送秋波一样，不会有任何效果。

需要注意的是，广告主题不是广告目标、信息个性、消费者心理需求三者的简单相加或拼凑，而是一个有机的融合点。所以，一个广告既要考虑企业，又要考虑商品，还要考虑消费者，更要富于人情味和联想，这是一件非常困难的事情。

一个好的广告主题必须符合以下五个要求：显著、易懂、刺激、统一、独特。如图4-3所示，这是一则脱毛用品广告，广告采用跨页的形式，把主题独特地展现出来，其视觉效果突出，广告主题明确，让人一目了然。

图4-3　脱毛用品广告

1. 商品与广告主题的确定

充分认识广告商品的优点与特色是进行广告定位的基础，而商品分析实际上就是寻找同类商品或替代品之间的差异。

（1）商品分析一般从以下角度考虑。

①原材料方面的优点或特点。如生产材料是否出自原产地，质量是否优良、正宗等。

②商品的制造过程。如对制造方法及特点介绍，是否全自动流水线生产，或是工匠专家制作等。

③商品的使用价值。如产品的感观效用以及各种用途和使用方法的介绍等。如松下录像机的慢录功能、海信电视机画中画的锁定功能，都是其鲜明的功能特点。

④使用成绩。如"蝙蝠"电扇曾在北京西单商场橱窗内连续不间断地开机运转了半年多,当年冬天就成了抢手货。

⑤用户的社会构成。不失时机地利用名人使用该产品来确定市场位置,有时也是非常有效的。如"派克"笔广告,利用罗斯福总统用派克笔签字的图像,推出"总统用的是派克"的广告语,从而名声大噪;后来又利用里根总统与苏联共产党中央委员会总书记戈尔巴乔夫在签署了《苏联和美国消除两国中程和中短程导弹条约》后互赠签字笔的照片,推出"千军万马,难敌名笔一挥"的广告语,成功地塑造了"派克"笔的形象。

⑥用户对商品的赞扬。只要这种赞扬是可信的,也很容易使广告成功,用新闻报道形式往往很有效。

⑦使用中的方便与乐趣。如博士伦隐形眼镜的广告语:"戴博士伦,舒服极了"。就是体现了这方面的价值。

(2)以商品特点作为广告主题的条件。

由于商品本身的特点可以成为消费者的一个重要的"购买理由",所以在下列情况下它可以作为广告主题。

①当商品差异是企业区割市场的重要依据时。如七喜饮料的广告语:"七喜:非可乐"。七喜作为当时刚上市的饮料,是很难与可口可乐和百事可乐相抗衡的,而"非可乐"的主题则是明确地把市场分成了两部分,使人在购买饮料时立刻想到两种截然不同的种类。

②当消费者对商品特点非常关心时。如婴儿奶粉,由于媒介时有婴儿毒奶粉事件,使广大消费者对产品的安全特点极为关注,所以惠氏启赋奶粉从产品特点切入主题,提出"科技·自然,启赋未来"的广告主题,强调产品的自然、安全品质,让消费者对产品的品质放心。惠氏启赋奶粉广告如图4-4所示。

图4-4 惠氏启赋奶粉广告

③当某些商品特点或优点处于中心位置时。如药品,疗效是广大消费者最关心的问题,因此,在药品广告中,就必须强调药品的疗效,从中提炼广告主题。如999牌皮炎平的广告语"止痒快人一步",强调其产品止痒迅速,效果显著。999牌皮炎平的广告如图4-5所示。

图4-5 999牌皮炎平广告

2. 企业形象与广告主题确定

企业形象在确定广告主题和进行广告定位时有着重要的意义。

所谓企业形象,说到底是消费者对企业的一种评价。不管企业是否自觉地树立企业形象,消费者都会对其有评价。因此,自觉地树立有利于企业长期稳定发展的良好的企业形象,是现代企业的一项重要工作。良好的企业形象本身就有着极强的促销作用。因此,有人把树立企业形象列为推销的手段之一。广告起着树立和宣传企业形象两个方面的作用,由此可见,认真分析企业形象与确定广告主题的关系有着重要的意义。

1)构成企业形象的主要因素

(1)企业的历史。企业悠久的历史往往能给人以可信赖感,如北京同仁堂、长沙九芝堂股份有限公司、山东兰陵美酒股份有限公司、山西杏花村酒厂、烟台张裕集团有限公司等。

(2)企业规模。大规模本身就显示着成功、实力雄厚和可靠等,规模较小的企业就很难做到这一点。

(3)企业生产的产品。在一般情况下,人们更多的是从企业所生产的产品去评价一个企业,因为产品是企业与消费者发生利益关系的最主要因素。一方面商品是企业树立形象的要素;另一方面,企业形象本身也决定了人们对其生产的产品的期望,形象本身也是一种许诺。如海尔集团,人们对它的了解,是从海尔冰箱开始的,由于海尔冰箱的可靠质量,树立起了海尔的企业形象;反过来,由于海尔树立起了良好的企业形象,人们对它所生产的海尔空调器等产品也就有了一定的期盼心理。

(4)企业的服务质量、服务方式和服务态度。这本身也反映着企业的经营管理思想、管理效率和管理水平。如海尔集团的"星级服务",其"真诚到永远"的广告语,早已深入人心。

(5)企业的感观因素。其中最主要的是企业的视觉形象。一切能被消费者看见的因素,如企业的名称、企业的标志、企业的建筑、办公室的装饰、商品的造型与包装设计、营业场所的陈设、员工的着装、办公用品、工作人员的言谈举止等,都会构成企业的视觉形象。

总之,影响企业形象的要素是一个系统,对它的管理也是一个系统。

2)企业形象与广告主题

(1)如果一个企业已有良好的形象,是没有必要经常以形象作为广告主题的。这类企业只有在一些很特殊的情况下以形象为广告主题才有意义,如需要借形象推动新产品销售的时候,在形象受到威胁的时候等。

(2)以形象为主题的广告,一般目的是通过广告树立和扩大企业形象,起到形象促销的作用。这是一种战略性广告,一般不易取得像商品广告那种直接性的效果。因为,良好的形象不是一朝一夕就能树立起来的,而且形象树立是一个系统工程,不是单靠几个广告就能完成的。

(3)大卫·奥格威提出的"品牌形象"的概念,是介于商品与企业形象之间的一种情况,它既包括商品特点的许诺,也包括企业形象的渗透。如万宝路香烟广告(见图4-6)、雀巢咖啡广告、可口可乐广告等。品牌形象的树立:一是要建立在对商品与企业形象分析的基础上;二是,品牌形象本身也包含着许诺,而这也正是商品分析与企业形象分析的结果;三是,品牌形象的延伸与推广不能与企业形象相悖。

3)合格成功的广告

需要注意的是,光有很好的广告主题,未必就能制作出成功的广告。什么样的广告才算是合格成功的广告呢?我们可以从国际推销专家海英兹·姆·戈得曼总结的推销模式——AIDA法则(也称"爱达"公式)中得到启示,AIDA法则是西方推销学中一个重要的公式,它的具体含

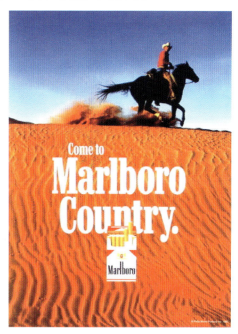

图4-6 万宝路香烟广告

义是指一个成功的推销员必须把顾客的注意力吸引或转变到产品上,使顾客对推销人员所推销的产品产生兴趣,这样顾客欲望也就随之产生,尔后再促使其采取购买行为,达成交易。AIDA法则具体分为以下几个部分。

A —— attention,引起注意,指通过有趣的尽可能具体的形象介绍,引起对方对推销商品的注意力。

I —— interest,发生兴趣,指通过进一步展开已经引起对方注意的内容,以求激起对方对商品的兴趣。

D —— desire,产生欲望,指促使对方希望进一步了解情况,获得启示,激起对商品的占有欲望。

A —— action,促成行动,继续努力,促使对方采取购买商品的行动。

三、广告表现技巧

当我们确定了广告应该"说什么"也就是确定了广告主题之后,接着需要解决的就是广告应该"怎么说"的问题,即如何表现广告的主题。一般常用的广告表现技巧有如下几种。

1. 直陈式表现

直陈式表现即直接在广告中说明产品的品牌、特点、用途、功能、生产厂家、销售价格等。这是最为常见的一种广告表现方法。

2. 实证式表现

实证式表现即通过实际验证产品的性能、质量,或在广告中说明产品在各地、各级评奖中的获奖情况以及消费者使用该产品后反馈回来的赞誉,现身说法,从实际效果上证明广告商品的过硬品质。许多药品、保健品广告经常采用这种表现方法。

3. 示范式表现

示范式表现即通过向消费者展示使用商品的过程以及使用商品以后给消费者带来的好处,以说明商品的作用、功能、用途和效果的表现方法。这种表现方法往往用于表现新产品或改进型产品。

4. 比较式表现

比较式表现即在广告中将自己的产品与同类产品进行比较,或与自身以前的情况相比较,以表明本产品优点、特色的表现方法。如果某产品确实具备了与众不同的功能、特点,采用这种技巧,就能够比较明显地增强消费者的购买信心,在客观效果上提高广告商品的知名度。许多日用品、化妆品、洗涤用品等经常采用这种表现方法,如碧浪洗衣液广告(见图4-7)、舒肤佳香皂广告等。需要注意的是,在运用这种方法时,要讲求比较的技巧,即便有确凿的证据,最好也不要在广告中指名道姓地点出被比较的产品名称,更不能无中生有,搞不正当竞争,贬低他人,抬高自己。

图4-7 碧浪洗衣液广告

5. 悬念式表现

悬念式表现是根据产品或服务的性质,制造出一定的悬念,让消费者在好奇心的驱使下探求广告信息的表现方法。悬念式表现往往有意想不到的效果,但悬念的设计一定要合理,要有一定的分寸,既要出乎人们的意料之外,又要在情理之中,千万不要太过离谱。

6. 幽默式表现

幽默式表现就是通过幽默人物或幽默情节介绍产品或服务的广告表现方法。在广告表现中,采用富于幽默感的表现,易于激发人们的兴趣,产生较好的广告效果。需要注意的是,幽默不等于滑稽,所以切忌出现庸俗、噱头和无理取闹,否则将招致受众的反感。

7. 名人效应式表现

名人效应式表现是利用社会上有地位、有名望的各界人士,尤其是演艺界、体育界名人在广告中推荐商品或证明商品的品质的广告表现方法。自从 20 世纪 20 年代美国烟草公司运用名人为其红光牌(Lucky Strike)香烟做广告以来,这种表现技巧就没有衰退过,而且愈用愈多,如今已成为世界范围内的一种潮流。百事可乐明星代言广告如图 4-8 所示。

图 4-8 百事可乐明星代言广告

第三节 不同类型商品的广告表现

一、广告表现策略

无论是商品广告、服务广告,还是企业形象广告和观念广告,最终的方法不外乎动之以情晓之以理,或是两者的综合运用。

所谓"动之以情"就是指广告诉求定在消费者的情感动机上,通过调动情绪与情感因素来传递广告信息。由于这种广告是以与人为善、以诚待人为出发点的,因而最能扣人心弦。一般都是用温暖、和蔼、甜美、深情的语言,浓烈的气氛,令人回忆的画面和抒情的音乐,引起消费者心灵上的共鸣,从而使消费者由此对广告产品产生好感。如新加坡航空有限公司的形象广告:

> 她将一缕温馨的柔情带给全世界
> 和蔼的空中服务员
> 身着一袭纱笼裙
> 当她和您相逢
> 一绽迷人的笑容
> 一缕温馨的柔情
> 晴空万里,朵朵白云
> 你们相遇在舒适的
> 747B、707或737波音机群上
> 她将以最殷勤的方式招待您
> 我们的女郎
> 是新加坡航空公司的灵魂

这则广告所渲染的气氛和该公司所提供的服务特性是完全一致的,非常和谐,从而有效地加深了受众对其服务特性的认识,留下良好的印象,起到了很好的烘托作用。

需要注意的是,感情不是万金油。一方面,运用感情诉求,必须把握一定的尺度,每个细节必须处理得恰到好处,既不可欠缺火候,也不可过于煽情,能够引导消费者自己下结论,做出购买决定的含蓄做法是最高明的。

另一方面,并不是所有的商品都适合用情感诉求的方式。如许多高价位的商品,仅仅依靠情感因素的调动而不提供充足的理由,是很难指望消费者掏腰包的。一般而言,诉诸感情的广告适用于下面几种情况:

① 在产品没有重要的信息可以传递的时候。
② 为不大引人注意和没有多少新意的信息增加重要性和趣味性的时候。
③ 当产品没有什么独特的优点,但又需要使它与众不同的时候。
④ 当需要使商品胜过别的品牌同类商品,而又缺乏明确证据的时候。
⑤ 要在一则广告中同时向许多消费者传递产品信息的时候。
⑥ 为了使不同的信息联系起来,造成一个统一形象的时候。
⑦ 要树立、保持或改善企业形象,同时又要推销商品的时候。

所谓晓之以理指的是通过向消费者客观、仔细地解释,介绍产品功能、特点或服务的特性,让消费者自己做出判断的表现方法。如我国台湾地区某药房广告:

生病吃药本该对症下药,以收药到病除之效。但据专家表示,国人常服成药,位居世界第一。这种未经合格医师诊断,擅自服药的习惯,往往造成药到"命"除的不幸事件。造成这种危险性的原因是:市面伪药太多。所谓伪药就是指假药、劣药、禁药及其他违法药品。据我国台湾地区卫生处调查,台湾地区每年平均查获伪药案件多达150件(实际存在情形还不止此数);被查获的只是众多伪药中的一小部分。由此可以推断,伪药在台湾地区药品中占有相当高的比例,这实在是太可怕了!

吃了伪药,后果严重:因为伪药毫无药效可言,同时那些缺乏药学常识制造假药的不法之徒,采用廉价类似的原料来做代用品,大多含有致命毒性;即使毒性较轻,也有害于病情,耽误治疗时间,更是戕害健康,甚而贻害子女。有病找医生,不要乱吃药;因为病人体质各异,病情轻重不同,各种药品的治疗效果又不一样,不经诊断而乱服成药,未必可以治疗,何况自己乱吃成药是这样危险,岂可掉以轻心?生病时,还是请到合格医院诊断,按照医生处方,向指定的药房购买,确保自己的健康、幸福!

这则广告通过与人们熟知的成语"药到病除"相反的标题"药到'命'除",给人造成一种悬念,从而吸引读者的注意力,然后通过合理、翔实、层层相扣、不断深入地进行论证,使人看后心悦诚服地接受广告的诉求。

在下列情况下,可以运用理性诉求:

① 新产品上市,为消费者所不知的时候。

② 产品具有明显特征或拥有能击败竞争对手的长处的时候。

③ 产品需要消费者经过深思熟虑之后才能决定购买的时候。

④ 产品针对特定消费者群体的时候。

当然,在实际广告活动中,纯感性的广告与纯理性的广告,都是很少运用的,更多的时候都是综合运用的。一般而言,所有广告都或多或少地带有感情色彩,在动之以情的时候,也并不排斥理性因素。因为现在的消费者在决定购买、实施购买的时候都需要一些理性因素以证明自己的选择是有道理的。就以上述我国台湾地区某药房的广告而言,在理性诉求的同时,也饱含着对广大消费者尤其是病人的深情厚谊。

二、不同商品的广告表现

1. 新产品的广告表现

第一,新产品一般应首先考虑品牌定位的问题。应使广告表现各要素紧密围绕产品的品牌形成一种集合力量,确立品牌的地位,塑造品牌的形象。

第二,新产品的广告表现一方面应充分利用消费者过去的消费经验与心理体验,制造一种熟悉感,另一方面又必须使他们有新鲜感、新体验,使他们明确地感知到新产品带来的新利益,从而对新产品形成新的认识并拥有好感。

第三,新产品首次广告的成败,影响巨大。良好的开端是成功的一半,失败的开始则可能使该新产品夭折在摇篮之中。因此,从广告策划开始就应注意对广告创作的指导。

第四,包装是产品的无声推销员。在开架销售的超级市场等场所,好的产品包装至关重要。这就提醒我们对新产品的包装引起足够的重视。

第五,新产品的名称与型号也应刻意选择,好的名称与实用的型号有利于品牌的定位,甚至可以表明许诺的特点。

第六,由于广大消费者对新产品是陌生的,因此,新产品的广告表现,以示范性的效果为最好。

第七,新产品的说明性广告应尽可能详尽,以使消费者通过广告就可以大体了解产品。

2. 食品的广告表现

食品是广告投入相当多的一类产品。大卫·奥格威曾经说过:"食品广告宣传涉及的特殊问题较多。比如,能不能用黑白电视广告使食品在电视荧屏上表现很引人垂涎?能不能用文字说服你的广告读者帮你宣传你的食品味道很好?营养丰富这种特点的重要性如何?要不要有人示范吃这种产品?"他根据自己的研究,得出了以下制作广告的特点。

1) 印刷广告

(1) 以食欲诉求为中心来创作广告。

(2) 使用的食品插图越大,食欲诉求力越强。

(3) 在食品广告中不要出现人。人会占去大块版面,版面应用于表现食品本身。

(4) 使用彩色,用彩色比用黑白印刷更能引起人的食欲。

(5) 使用照片,照片比图画更具食欲诉求力。

(6) 使用一张照片比使用两三张更醒目,如果非使用几张不可,则应该使其中一张占主导地位。

（7）可能时就提供一些菜谱或食用法，家庭主妇总是在寻找新的烹调方法以调剂家人的饮食。

（8）不要把烹调方法写在广告正文里，把它独立出来，要引人注目。

（9）在主要照片上表现出烹调方法来。

（10）不要把烹调方法印刷在以线条或花纹为底的地方，把它印在白底的版面上会吸引更多的家庭主妇阅读它。

（11）只要有可能就在广告中加进新的商业信息：新产品信息、老产品的改进，或是老产品的新用法等。

（12）标题要写得有针对性，不要一般化。

（13）把品牌名称写进标题里。

（14）把广告标题和正文都排印在插图之下。

（15）突出包装，但包装的醒目程度不要盖过引起读者食欲的照片。

（16）要严肃，不要用幽默和幻想。标题里不要耍小聪明，对绝大多数家庭主妇来说，操持家人的膳食是很严肃的事情。

2）电视广告

（1）示范如何使用你的产品。

（2）只要不牵强，就用自问自答的方法。

（3）如果可以拿出新闻类有说服力的佐证的情况下，在播报时声音要大，吐字要清晰。

（4）尽早让产品在电视广告中亮相。

（5）不要因音响效果而使用音响，只在和产品有关时才使用音响效果——咖啡倒进杯里的声音、炸猪排的吱吱声和玉米花的爆裂声。

（6）电视广告是用来推销产品的，不要让娱乐性占上风。

这些是大卫·奥格威的经验之谈，对我们进行食品广告的表现有着指导意义。在电视广告方面，除了大卫·奥格威提出的这六点之外，以下几点也是需要注意的。

① 给食品及其细部以足够的表现时间，让观众看得足够清楚，如"南方"黑芝麻糊广告中黑芝麻糊翻滚状态的特写，大铜勺提得老高的细节展示，还有那缭绕的香气等，都能很传神地突出了产品的品质。

② 与印刷广告一样，画面的主体应是食品，而不要喧宾夺主。

③ 不要出现人物大嚼特嚼食品的镜头，因为这样的镜头没有任何美感可言，不会引起观众的食欲。

④ 不要在电视广告中耍小聪明，搞一些玄妙的情节或噱头，因为这样只会招致观众的反感。

另外，食品广告在包装和说明上应有详细的成分、生产日期与保质期及使用说明等。

3. 饮料的广告表现

从广义上来说，饮料也属于食品，所以，在引起受众的食欲方面，食品广告的表现方法同样适用于饮料的广告表现。但是，由于饮料的市场销售有一定的季节性，因此，在创作饮料广告时，还必须考虑这些因素，注意以下几个方面的问题。

（1）可以表现饮料消费给人带来的欢愉与畅快，如可口可乐电视系列广告中提到的："挡不住，就要冲出真舒畅；喝一口，忍不住地唱……挡不住，挡不住的欢畅，挡不住的感觉！"这种紧紧围绕产品的欢快表现所烘托出来的气氛，具有无穷的魅力。

（2）可以强调饮料的特质与新信息。如今的饮料品种繁多，人们的欣赏口味也千差万别，突出产品的特质，有利于确立细分市场，有利于争取到固定的消费群体。

（3）尽量使用能表现饮料质感的镜头或照片，如张裕葡萄酒电视广告、雪碧电视广告、美国樱桃可乐广告等。

（4）广告中的人物饮用饮料时可以狂喝豪饮，但要注意美感。

（5）在饮料广告中进行情感诉求有时非常见效。如日本"可尔必思"饮料的广告语"像初恋般的滋味"，某酸梅汁的广告语"小别意酸酸,欢聚心甜甜"等,都取得了很好的广告效果。

(6)广告语中最好有产品的名称,如"甘凉清热夏桑菊""雀巢咖啡,味道好极了"等。

(7)要尽量突出健康、活泼、温馨、浪漫的主题,而不要故作深沉。

4. 化妆品的广告表现

化妆品广告是近些年来我国广告业中增长最快的几种广告之一。尤其是电视广告,化妆品所占的比重极高。结合成功广告的经验,具体而言,在创作化妆品广告时要注意以下原则和方法。

第一,以产品为中心。突出化妆品质地的细腻、幼滑、纯净,以及由此而来的健康、年轻。如日本资生堂化妆品的系列平面广告;也可以年轻貌美的模特为中心,现身说法,显示商品带给人们的利益或好处,从而影响人们的审美观和消费行为,提高产品的印象与销售地位,树立品牌的可信度,以增强说服力。

第二,找出一个说服消费者购买你的产品的理由。如法国"娇兰"化妆品广告:

纯金美容 肌肤瞬间漆艳彩(标题)

天然艳光 璀璨持久(副标题)

欧洲从远古时期开始,人们已致力于追求恒久之美。天然纯金散发的永恒光芒,从那时起已令仕女们趋之若鹜。她们相信璀璨的黄金,具有令青春不灭的神奇力量。法国娇兰以现代美容护肤科技实现这个美的传说,运用多年研究成果,创制最新Divinora美化容颜用品,让你经常拥有天然艳光。

Divinora蕴含点点天然金箔,具神奇修复功能,能有效促进细胞活动,令肌肤紧滑细柔。金箔的柔润光泽为肌肤添上动人光彩。

第三,广告目标要明确。由于不同的年龄、地位、时间及场合的女性对美容化妆品,往往有着不同的要求,因此,必须根据其不同需求和心理特点,采用不同的方式及语言,达到有的放矢的目的。如巴黎欧莱雅化妆品公司的一则唇膏及指甲油广告,专以年轻爱美的女士作为目标对象,广告的画面为一发型时髦的青春女性的形象。广告标题着力强调巴黎的时尚潮流:"纯巴黎色彩接触!"广告文案鲜明简洁,目标明确:"法国ARCANCIL色彩唇膏及指甲油系列,将巴黎少女的时尚姿采,带给青春的你。"而兰嘉斯汀化妆品公司的新雪肌护肤广告,则选择四十岁左右的中年女性作为销售对象。广告画面是一位微笑的极有风韵的中年女性,广告标题是:"新雪细凝滑冰肌,四十桃花尚娇妍。"广告正文更是充满关切之情,温馨感人:"岁月催人,年纪渐长,皮肤会变得干燥疲倦,而皱纹亦会相继出现。这时你所需要的,是特别的皮肤护理。兰嘉斯汀'新雪肌护肤'系列,能将高度活跃的营养成分,运送你身体的各个皮层,让你的肌肤永葆青春,就算已年过四十,凝凝雪肌还是一般的娇妍欲滴,充满柔情美态。"

第四,广告的诉求信息要单一。如上述兰嘉斯汀新雪肌护肤,在广告中只突出了润肤、去皱的功能(润肤与去皱是相辅相成的)。而现在的许多化妆品广告,往往宣称产品既能嫩肤去皱,又能去除黑斑,还能增添美白,这种大而全的诉求,人们不但记不住,也很难让人信服。

第五,要注重主题构思。在化妆品广告中需要刻意追求新颖而富有价值的创意,抓住商品的特性和功效,通过丰富的形象与联想,运用对比、夸张、幽默等艺术手法揭示商品的内涵,造成一种生机勃勃、富有情趣的意境,达到引人入胜的目的,从而使广告具有较好的表现力与说服力,给消费者留下深刻的印象。

第六,渲染感情色彩,注重营造气氛。尤其是针对女性消费者的广告,更应注意设计中的感情因素,加强心理攻势。女性的心理特点是感情丰富细腻,有较强的自我意识与自尊心,经常以感情来决定其购买行为。在广告中以情为诱导因素,赋予商品以人的感情色彩,烘托商品给人们带来精神上美的享受,以此唤起人们的潜意识,使其沉醉于商品形象给予的欢愉之中,人们就比较容易接受广告的诉求。

第七,广告文案要新颖别致。既要写得目标明确,符合消费者的心理需求,真实可信,具有说服力,又要富于文采,亲切动人,有鲜明的感情色彩,使人乐于接受。

第八,画面与图片作用重大,应该突出细部或表现气氛。

5. 药品的广告表现

药品广告是一种特殊的广告，我国的有关法规对药品广告做了许多特殊的规定。从广告表现的角度而言，以下原则与方法是药品的广告表现必须遵循和注意的。

① 利用电视、广播、报纸、杂志和其他印刷品以及路牌发布药品广告，药品的宣传批准文号应列为广告内容，同时发布。

② 利用大众媒介发布推荐给个人使用的药品广告，广告内容必须标明对患者的忠告性语言"请在医生指导下使用"。

③ 广告中不得利用医药科技单位、学术机构、医院或儿童、医生、患者的名义和形象推荐药品。

④ 广告语言中不得出现"疗效最佳""药到病除""根治""完全预防""完全无副作用"等语句或隐含保证。

⑤ 广告语言中不得出现"最高技术""最高科学""最进步制法""药之王"等语句。

⑥ 药品的广告表现不得令人产生自己已患某种疾病的疑虑。

⑦ 广告中不应出现病症或感染、患病部位的特写镜头和图片以恐吓观众和读者。

大卫·奥格威提出的六项基本方法与原则，对我们也有很大的启发意义。

（1）宣传成药的好广告要抓住这种品牌和其他与之竞争的品牌之间的"独有的差异"。

（2）宣传成药的好广告要含有的新信息：它可以是新产品，可以是已经推出的产品某方面的新的改进，可以是新的处方，也可以是一种大家熟悉的讨厌的毛病（比如口臭）的名字。

（3）宣传成药的好广告要使人产生严肃的感觉，身体不适对患者来说绝不是开玩笑的事，他需要的是对他身体不适的关怀。

（4）宣传成药的好广告给人以权威感，这是医生和病人之间的关系在药物方面的表现，并不是简单的销售人员与买主的关系。

（5）广告不应该只停留在夸药的优点上，还应该讲清病情，患者看广告应该让其对自己的病情有所了解。

（6）不要忽略病人相信药品的心情，一个身染疾病的人希望你能帮助他，他愿意相信药品就是药品疗效的积极成分。

第四节 广告文体结构与广告语言

语言是人类最重要的交际工具。在广告中，语言及其记录符号文字，也是最重要的传播工具。在各类广告中，语言、文字几乎是必不可少的。一个广告可以没有图形、照片，也可以没有音乐，但一般来说却不能没有语言、文字。即便是以实物或图片为主的广告，如橱窗、展示会等，仍然需要用语言、文字把整幅广告串联、统摄起来。

从广告效果来看，在构成广告的诸因素中，语言、文字也是最重要和最有效的。在一幅广告作品中，某些词语或句子往往能起到画龙点睛的作用，起到一字千金的效果。很多广告心理学家认为，广告中精练的语言、文字比形象更便于人们记忆。有调查表明，广告效果的50%～70%来自于语言、文字构成的标题。要知道，标题仅仅是广告语言、文字的一个组成部分，若再加上其他内容，广告语言、文字的作用也就可想而知了。正因如此，美国杰出的广告学家大卫·奥格威曾深有体会地指出:"广告是词语的生涯。"由此可见广告语言的重要性。

一、广告文体的结构

1. 标题

一般认为标题就是广告正文的题目。例如:威廉·伯恩巴克为奥尔巴赫百货公司所制作的广告,标题为"慷慨的旧货换新";科龙空调系列广告,其标题分别是"赏心悦目的科龙空调""宁静和谐的科龙空调""勤俭持家的科龙空调"。标题在报纸、刊物等语言、文字内容比较多的广告里,往往就是广告的题目,而在有些语言、文字内容比较少的广告里,则往往是该广告中唯一的主体语句。如以色列航空公司喷气式飞机航班广告,它采用了一张波涛汹涌的大西洋图片,图片的一边被撕去20%,而在撕坏的空白处写了这样一句话:"从12月23日起,大西洋将缩短20%。"这唯一的一句,就是广告的标题。

有效的标题可以迅速吸引受众,引起注意,将受众引向广告的正文。人们常说:"题好一半文。"由于标题往往处在广告作品最显要的位置,或者用最大的字体来加以强调,所以,设计好广告标题,是广告作品能够引人注目并发生兴趣的关键。

一般而言,标题可以分为引题、正题、副题三种,有的广告只有引题和正题,有的只有正题和副题,有的三者齐备。如:

① 都市里的风景诗!(引题)
　　SANYO(正题)
　　　　　　——三洋空调器广告
② SIEMENS(正题)
　　儿行千里母不忧(副题)
　　　　　　——SIEMENS通信设备广告
③ 典藏隽永品味,凝聚创意菁华!(引题)
　　TEAC第一音响(正题)
　　艺术与科技相结合(副题)
　　　　　　——香港TEAC音响广告

2. 口号

广告口号,又叫广告标语、广告语,是指广告主为了维持广告宣传的连续性,共同运用同一商品或服务的一系列广告中的一个带有强烈鼓动性的简短语句。它是企业长期使用的一种特定宣传用语,借以表现企业相对不变的广告宣传基本概念或主题。口号的基本功能是将广告信息战略压缩成精练的、便于重复、便于记忆的定位声明,并为系列广告提供连贯性,如:

① 只要青春不要"痘"!
　　　　　　——我国台湾地区某护肤霜广告
② 携带派克笔,将使你泰然自若!
　　　　　　——美国派克金笔广告
③ 挺身而出,展露女性最美的曲线!
　　　　　　——我国台湾地区某孕妇装广告
④ 让我们做得更好!
　　　　　　——飞利浦公司广告

由于广告口号能够使一系列广告宣传构成某种连续性,通过口号可以把众多的有关广告联系起来,从而形成强大的声势,在一定程度上使单个广告起到多个广告的作用,能够引起消费者的永久记忆并保留印象;更由于广告具有长期的稳定性和反复的宣传性,在某种程度上来说,它又像产品的商标一样,具有标记、识别的功能,人们只要一看到或一听到该口号,马上就会联想到使用该广告口号的广告及其宣传的商品。因此,广告口号是一种吸引消费者注意、强调广告主题或经营宗旨的"语言的标志"和"文章的商标",成为一种在消费者心目中立刻引起识别的特殊的语言符号。在即兴推销中能发挥最佳效力,对树立企业和产品形象具有不可忽视的重要作用。

3. 正文

正文是广告的主体语言、文字,它是广告的中心,以说明商品或服务为主要内容。它的作用是进一步解释、论证广告标题,更加充分地表现出广告的主题,从而进一步吸引读者,激发起他们的购买欲望。标题、口号虽然醒目突出,但信息容量是有限的,广告所要宣传的许多更为具体的思想内容只有通过正文来表达。

在内容上,正文有详有略,视具体的媒介、产品及其生命周期而定。从媒介的角度来说,如霓虹灯广告、灯箱广告、文体场地广告牌、铁道两旁墙体广告等,由于受媒介条件的限制,无法使用正文;广播广告、电视广告等,尤其是后者,一般只有 30 秒钟,有的更短,只有 15 秒钟,按普通的发音速度,每秒钟只能说 3~4 个字,可见也不可能有长篇大论式的广告正文;报纸广告、杂志广告、样本广告等,只要有足够的版面空间,就可以安排相应长度的广告正文。

从产品的角度而言,日常用品广告,如小食品、牙膏、牙刷、香皂、洗衣粉等,由于它们的价格比较便宜,并且随意购买的情况比较多,人们要做出购买决定,并不需要对产品有深入的了解,因此,这类广告的正文就没有必要搞得太过烦琐;而那些家用电器广告,如摄像机、轿车等,由于它们的价格比较高,对广大普通消费者来说,要拿出较多的钱来购买,消费者在做出购买决定之前,总是希望对该产品有更多的了解,所以,这类广告的正文,尤其是报纸、杂志广告,就可以写得更详尽、更周到些。

从产品的生命周期而言,有些广告是为新产品进入市场期间所做的开拓性广告,由于人们对该产品是陌生的,广告正文就应尽量全面细致地介绍商品;有些广告所宣传的商品已经进入成熟期或衰退期,人们对该商品的介绍说明如性能、用途等,已在此前的有关广告宣传中了解、掌握了,现在更要紧的是强调商品的商标、生产厂家等内容,以加深人们对商品的印象,增强人们对商品的偏爱,因此,这种广告的语言也十分简练,往往以图像、音乐等内容取代广告的正文,以加强广告的感性诉求力度。

正文的结构也要视广告的具体情况而定。那些只有一两句话的广告,其结构比较简单,无须赘述。而那些洋洋洒洒的正文,俨然是一篇完整的短文,其结构就比较复杂,可以分为开头、中心、结尾三个部分。开头和结尾可能各自独立成段,也可能与中心部分连为一体。开头的主要作用是承接标题,引导下文。中心部分是整篇广告真正的重点,它要对广告所宣传的主题进行详细有力的说明和凿凿有据的论证,具有解释、说服的作用。结尾的作用则是总结全文,回应主题。

4. 附文

附文是指广告中那些较次要的、备查备用的信息,一般包括企业及其销售点的名称、地址、电话、传真、邮政编码、开户银行、户头、账号、联系人等。其作用是为消费者提供一些必要的线索和资料。这就要求附文必须具有资料性和实用性。

由于与广告中其他部分相比,附文是比较次要的内容,所以,一般都以不醒目的方式,把附文放在广告的末尾或是次要的位置,而不能将它同标题、正文等内容同样处理,以免喧宾夺主,影响其他主要信息的有效传播。

二、广告语言的基本要求

1. 简明

所谓简明,就是要用最少的语言符号,表达出最多、最明确的信息。这看似矛盾的要求,其实是一种最基本的要求,也是一种广告语言的境界。

简明有两个方面的内容:简短,明白。那些认为内容多多益善的广告,那些滥用专业术语、滥用模糊语言或用语用字不规范的广告,都是对这一原则的违背。

2. 醒目

醒目指的是广告作品要引人注目,给人留下深刻的印象。这可以说是对广告最为基本的要求。日本广告心理学家川胜久说过:"要捉住大众的眼睛和耳朵,是广告的第一步作用。"而要捉住大众的眼睛和耳朵,首先就要求广告作品要醒目。

广告语言的醒目,主要体现在以下几个方面。

第一,广告的主要信息要显著、突出,能使人迅速抓住重点,了解主要内容。如我国台湾地区爱迪达运动鞋广告:

鞋子,就是路!

穿一双不好的鞋子,在一条平坦的路上跑,结果,感觉上还是等于在一条坏路上跑;穿一双爱迪达的鞋子,在一条坏路上跑,结果就等于跑在一条平坦的路上。

这则广告用非常浅显易懂的语言,从穿鞋走路的体验入手,写出了一双好鞋对行路的重要性,讲述了一个非常浅显而又实在的道理:路的好坏,个人是无能为力的,是无法选择的;穿好的鞋子可以弥补坏路的缺陷,而鞋子则可以由个人决定。"鞋子,就是路"的创意十分新颖,其妙语启发的寓意十分明确——爱迪达就是这样一双能够弥补路的缺陷的好鞋。

第二,版面安排,包括视听广告、广播广告的外在形式,要清新明快,一目了然,要顺应广大受众的视听习惯。如"999感冒灵"的报纸广告。这是一则整版广告,上方接近天头处,是广告的标题:"风雨无常世间知冷暖"。寓意非常深刻,似乎已经超出了药品本身的范畴。其主体画面是按人体坐姿摆放的从帽子、夹克、皮裤到厚袜子和皮手套的一整套服饰,膝上放着"999感冒灵"。广告正文只有一行字:"999感冒灵功能主治:解热、镇痛、消炎。用于各型感冒引起的头痛发热、鼻塞、流涕、咽喉肿痛等。"广告口号是"健康生命,三九的承诺"。重点突出,清新怡人,给人留下了深刻的印象。

第三,广告语言的内容与表现形式要新颖奇特,与众不同,具有独创性。如前所述,广告的生命力,就在于它的独创性,标新立异是其较量的焦点。如王致和臭豆腐的广告语"臭名远扬,香飘万里",梁新记牙刷广告语"一毛不拔",真是化腐朽为神奇,堪称神来之笔。再如美国伊利诺伊州的交通安全广告语:"开慢点吧,我们已经忙不过来了!——棺材匠。"美国某州交通安全广告语:"如果您的车会游泳,那就照直往前开吧!"真是振聋发聩,相信任何一个人看了这样的广告语言,都会感到一股强大的震撼力,直透心灵深处。某法国香水广告语:"火药味与少女的气息并存!"美国某美容院广告语:"不要对刚刚从我们这里出来的姑娘使眼色,她很可能是您的奶奶!"德国西门子公司广告语:"本公司负责产品维修的人,是世界上最孤独的人。"如此充满智慧、幽默生动的广告语言,在使人会心一笑的同时,谁都会愉快地接受广告的诉求。

3. 生动

生动是指广告的语言鲜明形象,活泼有趣,优美动人,引人入胜,能够给人以强烈的鼓动性和感染力,从而留下深刻的印象。这是在简明、醒目的基础之上对广告语言的一种更高层次的要求。

随着社会经济的飞速发展,市场的日益繁荣,人们购买商品已有了较大的选择余地,随着社会文化的发展,人们的鉴赏能力与欣赏品位已日益提高。因此,在当今社会,一则广告作品,以其简洁明快、清新醒目的语言内容与形式引起人们的注意后,能否使他们真正对它发生兴趣,接受广告的诉求,进而购买你所推荐的商品,关键的问题就在于广告作品是否具有生动有趣的特点。尤其是大众传播媒介刊播的广告,由于在广告的前后左右都充满了人们关心的新闻性、知识性与娱乐性节目,如果广告作品不能具有比节目更强烈、更特殊的艺术魅力,就很难打动受众的心。

三、广告语言的修辞

广告语言要做到简明、醒目、生动,广告文案创作者往往是殚精竭虑,"语不惊人死不休",有人形象地称广告语言写作是往外"挤脑浆",可见,广告语言写作是一件非常艰苦的工作。确实,广告语言的设计、创作和表达,是一个十分复杂的系统工程,除了语言、文字运用本身的规律以外,还涉及广告定位、创意、商品或劳务的特点、媒介、受众、目标市场等多方面的因素。一幅好的广告作品,除了必须根据产品或服务的特点,把内容清楚地表达出来,还必须能够引起目标消费者的浓厚兴趣,激发其产生购买欲望,直至产生购买行为。这就需要文案创作人员在落笔之前进行一些必要的设计,对文稿的语言进行调整与修饰,而这就是广告语言的修辞。

需要注意的是,修辞服从并服务于内容,内容是修辞的基础。广告文稿的修辞并不是创作者凭空加上去的东西,而是根据广告文稿的内容,根据商品或劳务的特征,做出恰当的、科学的艺术处理。总之,广告文稿的修辞手段是由创作者所反映的商品与劳务决定的,也可以说是商品与劳务的特征提供了对广告文稿进行修辞的可能性。创作人员只能根据这种可能性,来考虑和研究可能采取的修辞手段,而不能脱离商品与劳务,片面追求所谓的"妙语惊人"。

1. 比喻

比喻也就是常说的"打比方"。它是利用人们认识上的联想规律,通过不同事物之间的相似点,用甲事物来描写或说明乙事物的一种修辞手段。

比喻是广告最重要的修辞手段之一。有人说"比喻是语言形象化的第一要素",这绝不是夸张。比喻也是广告语言最常用的修辞手法。比喻有明喻、暗喻、借喻三种形式。在广告语言中,明喻一般都省略本体,即广告所宣传的商品或服务。因为典型的明喻比喻关系很明显,而过分明显、直观的比喻会给人一种不好的印象,会使广告所宣传的思想显得不真实。省却了本体,就使这种比喻不是那么直接。例如:

① 像妈妈在呼唤
——某儿童音响广告

② 走进机舱,宛如来到印度王宫
——印度航空公司广告

③ 就像打水漂儿一样……
切入点比劲道更重要!
——太一广告股份有限公司广告

④ 流利似飞箭
——美国派克金笔广告

暗喻也是广告语言中常用的比喻方式。暗喻虽然实际上也是一种比喻,但在形式上由于用了"是""有""成为""等于"等喻辞来连接本体与喻体,其比喻形式是"甲就是乙",这就与明喻的"甲如同乙"不一样。有时为了使暗喻表达得更含蓄、更委婉,有些暗喻把喻辞都省略了。由于广告中暗喻的本体往往是商标名称、产品名称或企业名称等广告宣传的对象,是不言自明的,因此不少广告语言中的暗喻连本体和喻辞都省去了,只出现喻体。如:

① 标准时间的发言人
——精工手表广告

② 闲妻良母
——海龙洗衣机广告

③ 百惠红菱艳
——日本丰田汽车公司新型轿车广告

这样的广告容易使人产生一种错觉,即喻体表示的意思是本体本身具备的,而这种错觉正是广告主所求之不得的。

借喻比暗喻更进一层。借喻之中,正文和比喻的关系更加密切,它全然不写正文,而是直接把比喻当作正文的代表。如:

① 新雪细凝滑冰肌,四十桃花尚娇妍
　　　　　　——新肌雪护肤系列广告
② 你猜,法国的"第一夫人"是谁？
　　　　　　——法国雪铁龙轿车广告

例①巧妙地借"桃花"来比喻人到四十岁仍娇妍可人的形象,例②则大胆地借法国"第一夫人"的形象来比喻"雪铁龙"轿车的高贵典雅。但是,由于借喻过于晦涩,光从广告语言的角度来看,受众很难接受广告的诉求,不符合简明、醒目的原则,所以,在广告语言中这种手法不太常用。

运用比喻的手法做广告,"以切至为当",也就是说,最关键的是选择的喻体要准确,要能符合商品的特点而又有相似点,千万不能为比喻而比喻,给人造成晦涩生硬之感。

2. 比拟

比拟有两种,一种是将人比物,即拟物;一种是将物比人,即拟人。广告语言常用拟人的手法,因为拟人可以使所宣传的商品具有人的言语和动作,使它具备人的思想感情,使之具有人的性格特点、音容笑貌,能够把商品形象描绘得富有生命感和人情味,从而缩短了商品与消费者的距离,增加了亲切感。

广告语言运用拟人的手法,最直接的办法就是让商品自己说话,进行自我宣传。如下面几则经过拟人手法处理的广告:

① 你只要摁一下快门,余下的一切由我来做
　　　　　　——柯达全自动照相机广告
② 我叫肥城桃,这次来香港,还是平生第一次,所以也就难怪各位看见我就直叫"啊呀"了……
　　　　　　——山东特产肥城桃广告

让商品或跟商品有关的事物具有人的动作行为,也是广告语言常用的拟人手法,比如以下几则广告:

① 日晒后,让你的皮肤也来杯饮料吧!
　　　　　　——某婴儿润肤油广告
② 奥琪没有忘记男士们
　　　　　　——奥琪男士化妆品广告

如果用本应用于描写人的词语来描述商品或与其相关的事物,则尤其显得生动活泼,富有吸引力。如:

① 买车要看三围
　　上下围　前后围　左右围
　　　　　　——福特六合汽车广告
② 我们熟悉太平洋的脉搏
　　　　　　——美国总统航运公司广告
③ 塞车的时候,替它刮一下胡子
　　　　　　——某轻巧型吸尘器广告

在广告语言中,拟物的手法不太常用。但只要运用得自然恰当,也能收到很好的表达效果。如新加坡钟安蒂露美容院广告:

掌握分寸,避重就轻。

钟安蒂露轻松达到每位肥胖者的标准体重。

上帝创造女人,钟安蒂露雕琢女人。钟安蒂露以细致的心、专业的手,29年来,创造了上万个减胖实例,保证她们轻松达到标准的体重和完美的曲线。

分寸之间,细细掌握;

轻重之间,斤斤计较。

钟安蒂露以信赖创实力,以实力创实例。加入钟安蒂露,让你掌握分寸,避重就轻。

在这则广告作品中,把人神奇地当作可"雕琢"的事物来描写,却并没有使人感到突兀,相反,倒是让人觉得非常自然,非常贴切。这样的广告语言,看似平常却不平常,是最能征服受众的语言。

3. 夸张

说话时为了表达某种主观情感而对客观事实做某种程度的夸张,这种修辞方式就叫作夸张。

在广告宣传时,广告主总是希望广告设计、创作人员能够尽力宣传其商品或服务的优点,因此,在各类广告中,夸张也是常用的修辞手段之一。广告创作人员如果能够抓住广告商品或服务的特点,进行恰如其分的夸张,确实能够更加强烈地表达出广告的主题思想,体现出厂家与商品或服务的豪迈、自信的气概,使所宣传的企业形象、商品形象与服务形象更鲜明,特点更突出,从而给人以感染力、鼓动力,并留下深刻的印象。如:

① 一片入口,永志难忘

——比尔食品厂广告

② 我们用甜美的声音赢得整个世界

——美国电话公司广告

③ 克夫人没有遮不住的遗憾

——克夫人珍珠美颜膏广告

④ 除了钞票,承印一切

——法国某印刷公司广告

需要注意的是,由于广告是一种明显的诉求行为,广告文是一种宣传性极强的文体,受众本来就对它怀有某种戒备心理,尤其是当前的消费者往往受到伪劣产品虚假广告的欺骗,人们对广告多多少少都有某种程度的不信任感,这时再使用十分明显的、离事实太远的夸张语言,很容易引起受众的怀疑甚至反感。

夸张并不等于浮夸,不是说假话、说空话、说大话,也不是无中生有,而是必须立足于真实,必须符合人们的感受心理,既要出乎人们的意料,又要在情理之中。在广告语言中如果夸张被误认为事实,那就有虚假广告之嫌了。

4. 双关

双关是语言中一种很重要的修辞手法,在字面上它只用了一个语词,而实际上却同时关系着两种不同的事物,言在此而意在彼,从而造成一种含蓄的美,深沉委婉,耐人寻味,增强了语言的表达效果。

在广告语言中,双关也是一种重要的表现手法。如上海某电梯广告语:"上上下下的关怀"。在这里,"上上下下"既具有它的表面意义——上下楼,同时又具有深层意义,因为在汉语里,它又具有代表不同年龄、不同地位、不同阶层的所有的人的词汇意义。这样这句广告语深层含意就是:它能给每一位乘坐电梯的人以关怀和照顾。可谓一箭双雕。

双关的表现形式有两种:语义双关和语音双关。虽然从纯语言的角度而言,只要运用巧妙,无所谓高下之分,但从广告的效果和对社会的影响而言,这两种表现形式还有一些细微的差别,有必要做出辨别和分析。

语义双关指的是利用语词的多义性,使它在一定的语言环境里,同时实现两种语义,从而构成双关。如某发胶广告语:"塑造自我,从头做起。"在这里,"头"的表面含义是其引申义——起始、开端,而其深层含义则已返璞归真,回归到它的本义——人的头部。塑造自我,要从头部做起。再如天仙牌电风扇广告语:"实不相瞒,天仙的名气是吹出来的。"电风扇的名气可不正是"吹"出来的吗?像这样的广告语,既紧扣产品的主题,又诙谐幽默,生动有趣,真是让人耳目一新。

谐音双关是指利用词语的音同音近关系构成的双关。在广告中除了纯粹靠语音传递信息的广播广告外,众多以文字为主的广告,为了突出产品,广告主往往直接以谐音字替代本字。如某电饭锅广告语是"烧胜一筹",直接以"烧"代替"稍"。

在这类广告语中,不乏优秀之作。如台湾"雅歌"牌钢琴广告语:"培养'琴'操,选择雅歌"。因"琴""情"音近而构成双关。由于是钢琴广告,所以字面上用"琴操",就与所宣传的商品紧密结合起来;而用钢琴弹奏优美的乐曲,自然能陶冶人的思想情操。可见两者之间还存在着一定的因果关系。

再如某眼药水广告语:"点到为止,愈满全球"。两句均为双关语,上句和下句中的"全球"是语义双关,而以"愈"代"誉",则是谐音双关。正因为该眼药水质量过硬,只要点上一点点儿,就可以治愈眼疾,所以才能够誉满全球,也是合情合理的。

从语言学的角度来看,语义双关因不改变文字的形体,只是赋予或临时赋予某词一种新的词义,结合具体的语言环境,非但不会使人产生误解,相反地只会使人钦佩汉语丰富、精确的表达能力;从广告的效果来看,由于受众面对这种充满智慧的广告语言,会不由得对广告主产生一种好感,所以也就比较容易接受广告的诉求,效果自然也就比较好。

5. 仿拟

在修辞学中,仿拟是一种为讽刺、嘲弄而故意模仿某种既成形式的修辞格式。在广告语言中,仿拟指的是在现成词句的基础上,改变其中的个别字词,或仿照现成词句的结构,对原词语进行大幅度的改动,以创造出一个受众似曾相识而又全新的词句。如前所述,做广告的目的就是为了促进销售。在广告语言方面,由于有时直接引用原话不能有效地表达出某一广告的思想内容,于是就将人人熟知的诗文名句、格言俗语、成语典故等加以某些改动,以使其能够满足这一广告特定表达的需要。由于这种仿改是对现行语言成分大胆创新性使用,所以常常能够令人耳目一新;而这种感觉恰恰又是简明、醒目、生动的广告语言所期望出现的。因此,在不失自然的前提下,仿拟的手法可以使人产生新鲜感,并容易引起人们的回味与联想。正因如此,这种手法在广告语言中得到了广泛的运用。

① 梦回天府千百度,一品情牵老转村。

——济南老转村美食娱乐有限公司广告

② 只要您比我住得舒适幽雅——美丽空间正在等待着您

——文华新都别墅广告

③ 百闻不如一印

——佳能复印机广告

例①首句乃从辛弃疾的《青玉案·元夕》词"众里寻他千百度"句引用而来,结合下句,很好地突出了"老转村"的"一品情牵"的川味特点,使人看后怦然心动,具有很强的促动力。

例②仿用流行歌曲《只要你过得比我好》的歌名,把广告主奉献的深情、美好的愿望,以及对消费者切身利益和迫切要求的关心都蕴含其中,突出了情感投资,无形中消除了消费者对商家的戒备心理,使目标受众的购买行动有了良好的感情基础。

例③仿拟的是成语"百闻不如一见",虽然只有一字之别,却是非常突出地体现了产品的特色。

需要注意的是,由于仿拟是对人们世代沿用的某些语言习惯的改变,所以要特别小心谨慎,千万不要随心所欲,粗制滥造,否则,只会弄巧成拙,适得其反。

6. 引用

作为一种修辞方式,引用是在广告语言中运用过一种修辞手法,直接或间接地援引、借用诗文典故、名言警句、格言俗语,以及名人推荐和用户反映等内容,为我所用,目的是为了突出广告宣传的主旨,以及增强广告宣传的说服力和可信度,增强受众对广告语言的亲近感,以此引起受众的共鸣,强化记忆。例如:

①"兰陵美酒郁金香,玉碗盛来琥珀光。但使主人能醉客,不知何处是他乡。"李白绝句千古流传,兰陵美酒历代流芳……

——兰陵美酒广告

②国际影星娜塔莎·金丝姬拥有迷人的气质和细嫩的肌肤。和其他国际影星一样,她只用"力士"香皂。因为只有"力士"的丰富泡沫和怡人的幽香,才能使她的肌肤更加细嫩迷人。

"我只用力士!"

——力士香皂广告

例①引用的是被誉为"诗圣酒仙"的唐代大诗人李白的诗《客中行》。在这首诗中,作者用形象而抒情的语言,热情洋溢地盛赞兰陵美酒,其色、其香、其味,令每一位读此诗的人都不禁口舌生津。

例②则是利用受众对国际影星娜塔莎·金丝姬高超的表演技巧与超凡的姿容仪表的崇拜、艳羡心理,紧紧地抓住受众的心;再加上一句"我只用力士"的感召,这则广告不知吸引了多少年轻的姑娘。

运用之妙,存乎一心。运用引用的修辞手法,最需要注意的是要自然贴切,要使被引用的句子与其他的广告语言、广告内容融为一体。那些牵强附会的所谓引用,就像是硬贴上去的膏药,是不会产生什么好的效果的。

7. 借代

借代是借相关事物来代替本体的一种修辞方式。如曹操《短歌行》:慨当以慷,忧思难忘。何以解忧?惟有杜康。杜康本是人名,相传是酒的发明者,故用它来作为酒名。

在广告语言中,借代最常用的手法是借所宣传商品的商标名称来代替商品本身。例如:"常备安得备,安枕无忧!"(德国安得备止痛胶贴广告),"春光明媚,处处有芳草"(芳草牙膏广告)。因为广告宣传的目的,从某种程度上来说,是为了让消费者实行认牌购买,商标是广告宣传中一个很重要的因素。当然,这类广告所宣传的商品必须是在消费者中已有一定的影响,其商标名称已有了一定的知名度的产品。否则,即便你的广告立意新颖,表现突出,受众还是不知所云,自然也就达不到预期的效果。

利用商标名称替代本体的借代方式,如果能够充分发掘商标名称本身的丰富内涵,使整个广告语言表现得更自然、更生动,广告宣传的效果将会更好。如:

① 使用西施兰,将恢复您的尊严。

——西施兰夏露广告

② 爱迪达从来不自比第一,但是其他厂牌总是说爱迪达就是世界第一。

——德国爱迪达公司运动鞋广告

③ 华姿的未来,是瞄准每一个向往、追求艺术和美的人。

——华姿化妆品广告

例① 将借代的商标名称拟人化,使它具备了一种超凡的能力——这也正是产品的功能(消除狐臭),然后巧妙地同消费者的人格相结合,具有极强的感召力。

例② 表现得极其委婉含蓄,它不直接说出爱迪达产品是世界第一,而是巧妙地用其他品牌的推崇,点出爱迪达产品独一无二的市场优势。

例③ 则是把产品的功能提升为对艺术、对美的追求与向往,在宣传商品的同时,更是巧妙地宣传了企业的精神理念。

8. 押韵

押韵是指在具体的语言环境如诗词歌赋、韵文、唱词中,在句子的末一字用韵母相同或相近的字。押韵是提升语言声音美的重要手段,适当押韵,可以使语言的声音和谐,顿挫分明,读起来朗朗上口,听起来悦耳动听。

在广告语言中,适当运用押韵,可以强化广告语言的声音美,尤其是在广播广告、电视广告等需要直接通过语音形式来传达信息的广告,可以有效地增强广告语言的感染力。如:

① 晶晶亮,透心凉。
——雪碧饮料广告

② 一杯饮进全身爽,一滴点唇口中香。
——某葡萄酒广告

③ 青翠纷披景物芳,岛环万顷海天长。
　啤花泉水成佳酿,酒自清清味自芳。
——青岛啤酒广告

④ 绍兴品味制来高,江米桃仁软若膏;
　甘淡养脾疗胃弱,进场宜买水晶糕。
——绍兴水晶糕广告

押韵是表达广告主题的一种极好的修辞方式。作者可以运用韵脚的重复相应、回环跌宕的特点,增强广告语言的感染力,受众则可以通过音韵形成的韵律美,产生丰富的联想,从而牢牢地记住广告的内容。

第五节 广告设计艺术

一、广告作品的设计原则

广告作家罗伊·保罗·内尔森指出,设计原则之于布局美工就如同语法规则之于作家。由此我们不难理解设计原则对设计与制作的重要性。

广告设计的基本原则有以下八个方面。

1. 平衡

一般而言,光心是决定布局平衡的参照点。光心一般位于页面物理中心以上八分之一处,通过在页面上对不同元素的合理安排而形成平衡——光心左边的图像与右边对称,上面的图像与下面的对称。平衡又可以分为标准平衡与非标准平衡两种。

1)标准平衡

标准平衡的关键在于绝对对称:广告两边的元素对称,视觉分量完全相等。这种技法给人一种高贵、稳重、保守的印象。

2)非标准平衡

在视觉上平衡的广告同样可以由各种不同形状、大小、色彩浓度,以及距光心不同距离的深色元素构成。像跷跷板一样,位于光心附近,显得厚重的物体可以通过离光心较远的一个较轻薄的物体来达到平衡。许多广告运用非标准平衡法使广告更生动、更活泼、更刺激。

2. 动态

动态是引导读者按创作人员设计的程序阅读材料的重要因素,可以通过几种技法表现画面的动态。

(1)人物或动物眼睛的位置自然移向下一个重要元素。

(2)带指向性的手指、盒子、线条或箭头(或移动演员或摄影机或改变场景)也可以使读者的注意力由一个元素转向另一个元素。

(3)画面设计可以利用读者习惯于从左上角开始阅读,然后Z字形移动目光,再转向右下方的自然定势。

(4)带说明文的连环画或图片会迫使读者从头开始阅读并按照设定的顺序往下阅读,以便领会信息。

(5)空白和色彩的运用可以突出字体或插图,眼睛习惯于从暗色转向亮色,从彩色转向非彩色。

(6)版面的大小本身也可以吸引读者的注意力,读者的目光会自然从版面上最大、最占重要位置的元素过渡到较小的元素。

3. 比例

广告中的各元素应该按其在整个广告中的重要性来安排,引起注意的元素一般占的空间也更大,要避免每个元素都占用相等的空间。

4. 空白(间隔)

空白是广告中未被其他元素占据的空白部分(空白也可以有颜色,并非绝对是白色),空白有助于将读者的注意力集中在某一独立元素上——可以使文案像处于聚光灯下一样,空白对广告的整体形象非常有帮助。

5. 反差

吸引读者注意某一特定元素的有效方法是运用色彩、大小或风格形成反差,例如,反差广告(黑底白字)或黑白广告使用红色边框。

6. 简洁

如果将某一元素省略而不损坏广告的整体效果,那么,这个元素就应该去掉。字体花样太多、字号太小、反差太多、图案太多、用边框围起来的东西太多,以及不必要的文案都会使广告布局显得过于杂乱无章,妨碍人们的阅读和理解。

7. 和谐

和谐是指广告中众多的不同元素彼此相关,使广告在整体上具有一种单纯、和谐的感觉。平衡、动态、比例、反差和色彩均有助于和谐的设计。此外,还可以利用其他技法:采用同一系列的字体,利用边框将各种元素集中在一起;将一个图形或元素叠加在另一个上面;巧妙地运用空白、边框、箭头或色彩。

8. 持续性

持续性是指广告中某一广告与该系列其余广告的关系,采用同样的设计格式、风格、基调,同一个代言人或同样的平面元素、标志、卡通形象或口号,均可以达到这个目的。

二、平面广告设计艺术

平面广告的构成要素包括文案、图形、色彩、空间编排(布局)等。

1. 文案

文案是平面广告设计的开端。在广告创作的过程中,文案先行是行业作业的特征之一。由文案到图形再到色彩搭配、布局编排,几乎是平面广告设计的基本程序。

在平面广告设计与制作中,文案的编排主要指文字形式。文字形式指的是字体、字号以及文字编排。

字体一般分为印刷体、手写体和美术体三种。常用的印刷体主要有宋体(平易朴实,一般用于正文)、仿宋体(轻灵秀美,一半用作小标题或正文)、楷体(庄重,一般用于轻松性标题,不宜用于长文案)和黑体(凝重有力,多用于广告标题)。手写体常见的有篆体、隶体、碑体、草体、行体、楷体等,轻松随意,富有人性化色彩。美术体包括宋体、黑体等变体,具有较强的装饰性,深受人们的喜爱。

字号是度量字体大小的标准单位。国际字号标准单位是"点",每点0.35毫米,根据点数的多少一般分1~6号字体。

文字编排是指文字的位置、线条形式和方向动态。常见的编排形式有横排、竖排、斜排、左对齐、右对齐、居中等。

2. 图形

广告图形设计使广告的主题视觉形象化,给消费者真实的生活感和美的感染力,往往能够表达出语言文字无法表达的意境,能够有效地传递广告信息,使人一目了然,留下深刻的印象,其作用是语言文字无法替代的,已经逐渐成为一种重要的设计趋势。

广告图形一般包括广告摄影、绘画、卡通画、绘图等,总体上可归纳为广告摄影和广告绘画两大类。

1)广告摄影

广告摄影是艺术设计与艺术摄影相结合的实用性商业造型艺术,凭借其效果逼真、表现手段多样、可信度高、印象深刻等特点,对企业、产品或服务的形象塑造具有良好的作用,因而被广泛地运用于平面印刷广告中。

一幅优秀的广告摄影照片,必须具备构思巧妙、制作精良两大特点。构思巧妙指的是要善于运用色彩对比、节奏变化、背景选择等手段,在画面中突出广告的主题,把消费者的目光最终引向商品。制作精良指的是要充分利用光线、暗房技术把商品的质感表现出来。

2)广告绘画

绘画是一种运用线条、色彩、形象等造型要素来表达意念和情感的造型艺术手段。与广告摄影相比,绘画最大的特点是抽象性、象征性,可以将产品概括提炼为形式简单、寓意深刻、富有艺术感染力的抽象形态,增强广告作品的吸引力。

美国广告学者咸廉·阿伦斯在其《当代广告学》一书中归纳了几条设计广告图形的原则:

① 抓住读者的注意力。

② 表明文案做出的承诺。

③ 表明广告对象。

④ 展示产品在实际使用中的情景。

⑤ 通过抓住恰当的潜在对象的注意力,划分出自己的读者。

⑥ 协助说服读者相信文案承诺的真实性。

⑦ 激起读者对标题的兴趣。

⑧ 突出产品的独有特征。

⑨ 为产品或广告主创造有利的印象。

⑩ 在每条广告中都采用统一的图形,保持广告的前后连贯。

任何视觉广告都离不开构图。在电视广告或平面印刷广告中,画面越来越成为整个广告的主体部分,它可以将产品及其他信息真实、形象地传播给广大消费者。正因如此,在世界广告发展趋势中,广告表现越来越重视画面的作用。

(1)构图的视觉平衡。

构图必须达到视觉平衡,这是构图首先要注意的问题。构图的视觉平衡不同于物理平衡。由于构图中力场(或重力)的存在,同一画面上,上边的要"重"于下边的,中间的要"轻"于两侧的,因此,只有当上边或两侧的小于下边或中间的物体时,一幅构图才能达到视觉的平衡。

从心理学的角度来讲,平衡能使人愉快,而人总是会避免不愉快的事。不平衡的构图看上去具有偶然的、短暂的、病弱的感觉。这种构图会给人带来因视觉不稳而造成的紧张感,为信息内容的传达带来阻碍,使作品变得不可理解、模糊或不知所云,会有创作突然中断的感觉。因此,广告的构图必须尽量避免不平衡构图的出现。

从心理学的角度来讲,平衡能使人心情愉快,而人总是避免不愉快的事。因此,广告的构图必须尽量避免不平衡构图的出现。

(2)构图的比例。

任何一个构图都要确定长与宽的比例,不同的长宽比例会形成不同的感觉。最具古典美,最易布置构图要素的比例是黄金分割比例,也就是1:1.618(见图4-10)。这种比例在自然界到处存在,最易披人们接受和感到自然。正方形一般会给人朴素、公正、客观的感觉,不过,由于"力场"的原因,视觉的正方形不同于几何的正方形,只有当高略大于宽时,才显得像一个正方形。3:4的比例显得坚固、舒适、可靠。2:1的比例显得文雅高尚。而比例关系不明确的构图一般会缺乏明确的性格和表现力。

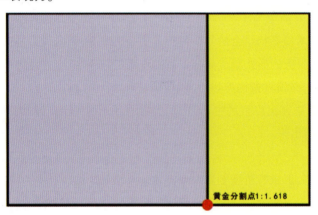

图4-10 黄金分割示意图

(3)构图的力场。

心理学的研究表明,由于物理上的引力关系,特别是地心引力,对人的视觉有着不可忽视的影响。正是因为存在着这种影响,才产生了与之相适应的构图平衡法则。

① 构图要素的"重量",是由它在构图中所处的位置决定的。如在中轴线上的物体,重力小于远离中轴线的物体;相反,一个物体越远离平衡中心,或越靠近构图的边缘,重力越大。

② 重力取决于物体的大小,大的重,小的轻。

③ 重力与色彩有关,白的颜色重力要大于黑的颜色重力。

④ 重力与兴趣有关,事物越重要,重力越大。

⑤ 孤立独处的物体,重力比杂处的物体要重。

⑥ 形状规则的物体会显得重一些。

需要注意的是,重力并不等于重要性,它只是保持构图平衡的一种应注意的因素。只不过重力问题与心理因素有着密切的关系,重要的物体即使它的"面积"不大,其重力也会显得比较重。

(4)构图中不同部位的心理感觉。

在同一构图中,不同的部位放置相同的物体会造成不同的感觉。如上半部会有一种轻松、飘动和自由想象的感觉,下半部则会有受压抑、束缚和受限制、稳定的感觉。这与天空和地面给人的感觉是相同的。再如左边与右边,其感觉也不同。一般来说,左半部会给人轻松、流动和自由的感觉,而右半部会有比较紧密、沉重和固定的感觉,这可能与人们长期读写的方向有关。

(5)构图的对称法则。

对称是一种最常用的传统构图法则。对称有上下对称、左右对称、移动对称、扩大对称等形式。对称构图一般能给人以严肃、庄重、秩序的感觉。当然,绝对的对称构图又往往显得过分庄重、过于死板,缺乏生动与灵气。

(6)构图的均衡法则。

均衡是一种不依据中轴线或中心点来配置,等量而不等形的构图形式。如一杆秤,一个小小的秤花,可以与一大堆东西保持平衡。这就是力学平衡。构图均衡就是根据"重力"原理制造的一种视觉平衡。构图平衡是一种矛盾的统一。它起初的安排是从不均衡开始的,然后通过虚、实、气、势等各种反向力,达到一种呼应与协调,使构图均衡。均衡可使构图富于变化,显得活跃、灵动,充满生气,可形成新颖、别致、醒目和具有现代气息的感觉,因而也是现代广告构图中常用的手法。

(7)构图空白的运用。

从美学的观点来看,空白与图文等实体具有同样重要的作用和意义,有人形容空白是被限制了的自然,实体是被占据了的空白,没有空白就没有实体。有人说,"在构图中空白的形状、大小、方向和运动的比例关系在某种程度上决定着构图的质量和格调的高低",是一点儿也不过分的。如图4-11所示,整个单色的背景上,只有一个开瓶器,配上鲜红色的酒渍,看起来整个构图简洁明朗,留白处理背景很好地烘托了主题,达到了无物胜有物的作用。

当然,那种以为空白越大越好的做法,也是对这一原理的误解。如果我们把广告构图中的图、文当作"黑",把空白当作"白",黑白大小比例的不同,产生的效果也会有所不同:当画面白多于黑时,受众会感到宽敞、明亮,有一种轻松感,但若白太多,就会觉得空旷、冷清,不实在,没东西;当画面黑大于白时,画面会让人感到充实、饱满、温暖,但太多的黑又会使人产生压抑、沉重、烦闷的感觉;黑白平分时,一般会觉得安详、平稳,但也会有平淡的感觉。

图 4-11 广告构图中的空白应用

3. 色彩

色彩也是广告表现的要素之一,在广告表现中具有特殊的作用。在众多的形式美中,色彩是视觉神经反应最快的一种。在广告宣传中,运用不同颜色的色光效果、波长和频率,形成不同的视觉冲击,还能够利用色彩体现产品的属性,满足消费者的心理需求等。因此,色彩对广告表现来说,是一个不可或缺的要素。

冷色与暖色除去给我们温度上的不同感觉以外,还会带来其他的一些感受,例如,重量感、湿度感等。暖色偏重,冷色偏轻;暖色有密度强的感觉,冷色有稀薄的感觉;两者相比较,冷色的透明感更强,暖色的透明感较弱;冷色显得湿润,暖色显得干燥;冷色有很远的感觉,暖色则有迫近感。

一般来说,在狭窄的空间中,若想使它变得宽敞,应该使用明亮的冷调。由于暖色有前进感,冷色有后退感,可在细长的空间中的两壁涂以暖色,近处的两壁涂以冷色,空间就会从心理上感到更接近方形。

除去寒暖色系具有明显的心理区别以外,色彩的明度与纯度也会引起对色彩物理印象的错觉。一般来说,颜色的重量感主要取决于色彩的明度,暗色给人以重的感觉,明色给人以轻的感觉。纯度与明度的变化给人以色彩软硬的印象,如淡的亮色使人觉得柔软,暗的纯色则有强硬的感觉。

由此可见,色彩对人的视觉心理存在着极大的影响。在 CI 设计中,企业的标准色(识别色)非常重要。在今天商品、人群、环境、媒介和广告的汪洋大海中,要使一个企业容易被识别,并在识别中充分表现企业的个性,色彩是最重要的因素之一,长期一样的和统一的企业识别色是最基本的传达方式。当然,在这个过程中,也存在着色彩"个性"与企业"个性"的一致性问题。如尼康的logo，金、黑，有高级、可靠的感觉(见图4-12)；柯达的logo，黄、红，有辉煌、热烈的感觉(见图4-13)；可口可乐的logo，红、白，有味美、可爱、快乐的感觉，等等，都是非常贴切的(见图4-14)。企业识别色的确定将直接影响、制约广告的用色标准，一般而言，不允许广告在色彩识别上造成不一致。

图4-12 尼康logo

图4-13 柯达logo

图4-14 可口可乐logo

4. 布局

布局就是关于广告作品所有组成部分的整体安排，主要包括图像、文字、标志等视觉元素和文字元素。良好的布局设计不仅可以引起注意，而且可以保持注意，并在最短的时间内传递最多的信息，使受众更轻松地理解信息。

在设计广告画面布局时要把重要信息(如标题、商品名称等)放在画面引人注目的位置；要遵循从左到右、从上到下，由动到静、由大到小、由密到疏的视觉空间流程规律，以及趋利避害、喜乐恶忧的视觉心理流程；要巧妙地利用对比、空白、均衡、统一等构图布局规律，突出主体。

三、电波广告设计艺术

随着科学技术的迅猛发展，新技术、新媒介不断涌现，广播、电视、电影、互联网等新型媒体层出不穷，这极大地丰富了广告表现的手段。下面我们主要介绍广播广告和电视广告的设计与制作。

1. 广播广告的设计艺术

广播是通过电波来传递声音的一种现代化传播媒介。

1) 广播广告的三要素

(1) 人声。

人声是指人的声音(语言)，是广播广告最重要的构成要素。

广播广告的语言设计要注意以下几点。

①符合广播特性，遵循听觉规律。广告用语尽量口语化，多用结构简单的短句，适当时用合辙押韵、反复等手法强化、巩固记忆效果；避免使用深奥的书面用语及容易引起误解的同音字，追求通俗易懂、深入浅出的语言风格。

②充分利用独特的声音来表现产品个性，塑造品牌形象。

(2) 音响。

特殊、传神的音响不仅能引起受众丰富的联想与感觉，而且上口，极易被记忆。如日本寿司饭店的广告，在向人们描绘了饭店环境后，以"百人音乐会"的形式进行宣传，从而获得了巨大的成功。

播音员：各位晚安。"百人音乐会"这个节目是由制造洋酒具有60年历史的寿司饭店向您提供的，欢迎收听。

【这时奏出肖邦的音乐作品，潺潺的溪流声和小鸟啼叫声使听众恍如身临美好的大自然。】

播音员：人生短暂，艺术长久，优秀的作品经得起悠久岁月的考验。同样，发挥杰出创造力而产生的优秀威士忌，也经得起悠久岁月的考验。具有60年传统的世界名酒"SANTORY"是在日本适宜酿造洋酒的地方山崎出品。在木桶内无声透明的东西，夜以继日地沉睡着，10年、20年、30年，随着时间的流逝，越陈越香。

【这时伴着开木桶的声音。】

播音员：朋友们，酒桶已经打开了，满室都飘荡着一股"SANTORY"的芳香。看一滴一滴像琥珀一样发出光芒，陈年的好酒就像一曲优雅的音乐。

【斟酒的声音，酒倒在酒杯中、冰块落入酒杯中清亮的声音，加水的声音，与此同时，轻柔缓慢，充满田园感觉的乐曲声依然伴随。】

播音员：您现在最好的伴侣，是喝放一块冰的世界名酒"SANTORY"，听一曲世界名曲，让自己完全沉浸在美妙的境界里。

听了如此优美迷人的广告，即便是滴酒不沾的人，也忍不住要一品佳酿了。这则广播广告曾获得日本第八届民间电台大会最佳奖。而它之所以能有如此巨大的效果，除了美妙迷人的文案，恐怕得归功于动听的音乐与传神的音响效果。

（3）音乐。

在广播广告中，音乐可以引起听众的兴趣，突出广告的主题，创造抒情的氛围，通过艺术感染力加深听众对企业、产品或服务的印象，具有不可忽视的作用。

如可口可乐电视系列广告中的广告歌：

劲舞篇：

> 挡不住，
> 美好的感觉是可口可乐，
> 挡不住的感觉！
> 舞不尽，热情清凉留住；
> 说不出，觉得好舒服；
> 不不不，挡不住，
> 美好的感觉是可口可乐，
> 挡不住的感觉！

闲情篇：

> 挡不住，就要冲出，真舒畅；
> 喝一口，忍不住地唱。
> 挡不住，藏不住，
> 美好的感觉是可口可乐，
> 挡不住，挡不住的欢畅，
> 挡不住的感觉！

解渴巨星篇：

> 挡不了，挡不住，
> 最精彩的时刻……1、2、3、4……
> 唱不停，舞不尽，
> 最精彩的时刻都有可口可乐。
> 挡不了，挡不住的感觉，
> 挡不住的感觉！

"美好的感觉是可口可乐，挡不住的感觉！"那带有爵士乐风格的旋律，真是具有一种神奇的诱惑力，观众听了之后，精神都会为之一振，从而产生强烈的品尝欲望。

由此可见，选择或创作反映广告商品、主题个性的广告音乐与广告歌曲，也是广告创作的一个重要组成部分。动听、上口的广告歌曲甚至能够起到"二次广告"的作用。

2）广播广告的表现形式

威廉·阿伦斯在其《当代广告学》一书中归纳了下列广播广告中行之有效的创意方法。

① 产品演示。广告向消费者演示产品的使用方法或告之产品的用途。

② 噪音魅力。独特的嗓音会赋予广告更强的魅力。

③ 电子音响。合成音响制作系统能产生令人难忘的产品与音响的联系。

④ 顾客访谈。主持人和顾客共同探讨产品的优点。

⑤ 幽默即席采访。以一种轻松的格调采访顾客。

⑥ 夸张陈述。夸张是指通过幽默讽刺的形式使人们对平常易被人忽略的常规性产品产生兴趣。

⑦ 第四维空间。将时间和事件压缩进一个简要的场景中，使之反映听众未来的活动。

⑧ 抢手货。采用流行轰动的事物——如热门节目、表演、歌曲等。

⑨ 喜剧演员的魅力。著名的喜剧演员用独特的风格来表演广告，相当于名人推荐。

⑩ 历史遗迹。利用复苏的历史人物背景，传递产品信息。

⑪ 音响画面。易于识别的音响会启发听众的想象力，促使他们参与广告活动。

⑫ 人口因素。特定的音乐或参照物会打动某一特定人口细分群，如某一年龄或兴趣的人群。

⑬ 影像移植。利用音乐标志或其他音响巩固人们对电视广告的印象。

⑭ 名人采访。著名人物以轻松悠闲的姿态推荐产品。

⑮ 产品歌曲。利用音乐与文字的组合创作音乐标志，以流行音乐的风格推销产品。

⑯ 剪辑特点。用一连串快速切换将众多不同的场景、人声、各类音乐和音效组合在一起。

⑰ 即兴发挥。表演者按照规定的情景进行即兴创作，在后期剪辑中进行处理。

2. 电视广告的设计艺术

电视广告是最重要、最完美、最具表现力的广告类型之一。由于电视是一种高度现代化、专业化的传播媒介，因此，电视广告的设计和制作比其他类型的广告要复杂、精细。

1）电视广告的三要素

（1）图像。

图像，即呈现在电视屏幕上的影像，包括人物、背景、字幕等。

① 人物（演员）：电视广告片中角色的扮演者，可以是人、是物，甚至是动物。

② 背景：电视广告片中事件发生的具体环境，包括实景（自然环境）和布景。

③ 字幕：广告片中出现的文字。

日本的田木相在其《电视文化学》一书中指出："看电视新闻明显地要比广播新闻多掌握900倍以上的信息。"美国广告代理商协会的调查报告显示：广告中如果没有图片，将减少75%的效果，但如果广告词中没有声音配合说明，效果将减少25%。著名电影理论家欧纳斯特·林格伦指出："无论如何，对绝大部分观众来说，印象最深和最持久的东西，还是电影中的视觉部分，而且那些最有效果的影片都是先满足眼睛，其次才满足耳朵。"以上论述的根据在于：人们获取信息的渠道，80%借助视觉，20%借助听觉等其他感觉器官。

（2）声音。

包括人声、音乐和音响（见广播广告）。

（3）时间。

时间是电视广告的第三个构成要素。一般情况下，人们需要1秒钟以上的时间才能看清一个画面并留下印象，所以，电视广告和主要画面的时间不能少于1秒钟。电视广告的片长一般分为15秒钟、30秒钟、40秒钟、45秒钟和 60 秒钟。15 秒钟的电视广告片主要起提醒的作用,没有时间去展开情节,叙述故事;30 秒钟的电视广告片可以表达一个简单的主题;40 秒钟和 45 秒钟的电视广告片不仅可以表达一个主题,而且能够深化和巩固受众的记忆;60 秒钟的电视广告片可以表达两个主题。

2)电视广告的语言特性

电视媒介是依靠摄像机(或摄影机)的记录功能(光波与声波),通过画面、声音来展现故事情节,表达主题。

电视广告片的语言属于视听语言,是由镜头画面和声音构成的,其中最主要的是镜头画面。马尔丹在其《电影语言》一书中说道:"画面是电影语言基本的元素。它是电影的原材料。"由此可见,镜头画面的特性决定了电视广告的语言特性。

(1)镜头画面的相关概念。

① 画格与画帧:分别为电影与电视的最小构成单位。电影每秒钟 24 格,电视每秒钟 25 帧,如果单独地静止地来看都是一幅完整的画面。

② 镜头:一是指摄影(像)机上的光学镜头;二是指摄影(像)机每拍一次所拍摄的镜头画面(每一次从开机到关机所摄取的那一段连续画面)。镜头是由画面构成的,镜头大于等于画面。

③ 机位与景别:机位就是摄影(像)机与被摄体的相对位置,也就是将来的观众观点所处的位置;景别则是摄影(像)机与被摄体的相对距离,包括远景、全景、中景、近景、特写。

④ 镜头运动:镜头运动是影视艺术的优势和根本属性。它可以使画面显得特别真实,身临其境。镜头运动的方式主要有推、拉、摇、移、跟等。

⑤ 拍摄角度:角度是画面构成的重要因素,机位相同而角度不同,所得到的画面情感和心理含义也将不同。拍摄角度一般分为:平角、仰角、俯角、倾斜角、主观拍摄角度、客观拍摄角度、长镜头等。

⑥ 光线与照明:影视的画面完全是靠光线来创造,画面中影像的造型(质感、立体感、空间感等)、色彩的最终效果(光影、明暗、光色配合等)、人物和环境的渲染等,都取决于如何为被摄体照明。用于照明的光有两种基本类型:自然光和人工光。若按光的不同性质,还可分为直射光、散射光,按光源位置的不同则可分为顺光、侧光、侧逆光、逆光、脚光、顶光等;按光的造型作用不同还可分为主光、副光、过渡光、轮廓光、修饰光、背景光、眼神光、环境光、效果光等。

(2)镜头组接。

镜头的组接就是剪接,也就是将分散、零碎的镜头连接在一起。它既是一道技术性很强的工艺活动,也是一项按照一定的思想原则和逻辑进行的艺术创作形式。镜头连接的方式主要有以下几种。

⑦ 分切:把两个有内在联系的镜头直接衔接在一起,前一个镜头叫作切出,后一个镜头叫作切入。对比强烈,节奏紧凑,简洁朴素。

⑧ 叠化:将两个或两个以上不同时空中不同景物与有内在联系的人物、画面重叠起来,复印在一条胶片上,以简化的时空段使人物的潜在意识形象化,表现出人物情感纷繁时的精神状态。

⑨ 渐隐渐显:也称"淡入淡出"或"渐明渐暗",即前一场景的画面逐渐暗淡直至完全消失(渐隐)和后一场景的画面逐渐显露直到十分清楚(渐显)。表现情节之间的起承转合,节奏舒缓、平稳。

⑩ 划入划出:也称"划变",表现形式是滑移,即后一个镜头从前一个镜头画面上渐渐划过,前后交替。

第五章
广告的基本媒介
GUANGGAO DE JIBEN MEIJIE

广告媒介是广告的四大要素之一,任何广告都必须通过一定的媒介或载体送达广告对象的视听感觉器官。由于现代社会的媒介众多,由于不同的产品有不同的消费对象,即便是同一种商品,在不同的时期也往往有不同的销售区域,所以,广告媒介的选择和确定,在广告运作过程中有着十分重要的意义。选择的广告媒介适当,广告主需要宣传的广告信息就能够顺利地传递到目标受众那里去;反之,即便投入了大量的广告费用,也很难取得预期的广告效果。因此,我们可以毫不夸张地说,广告媒介是广告取得成功的利器。想要取得广告最终传达效果的成功,就必须事先研究媒介。

第一节
广告媒介的基本功能与特点

一、广告媒介的定义

媒介就是把信息传输给社会大众的工具。从广告信息传播的角度而言,广告媒介是运载广告信息,达成广告目标的一种物质技术手段,是传播广告信息的载体。也就是说,凡是能在广告主与广告对象之间起媒介作用的物质都可以称之为广告媒介。

广告媒介是随着社会的发展、随着科学技术的进步而日益丰富的。近百年来的发展,尤其是近几十年来,随着科学技术的飞速发展,广告媒介也是日新月异,不断推陈出新,随着电子化、现代化和艺术空间化的方向发展。目前,广告媒介有数百种,常用的也有几十种。

1. 电子媒介

电子媒介有电视广告、广播广告、电影广告、电子显示大屏幕、电动广告牌、扩音机、幻灯广告、有线电视、闭路电视、激光广告、卫星广告、投影广告、录像广告、电子报纸、光导纤维、电话广告、传真广告、网络广告。

2. 印刷媒介

印刷媒介有报纸广告、杂志广告、电话簿、画册、样本、火车时刻表、标证、标签、商品目录、商品说明书、宣传小册子、明信片、广告扩页、挂历广告。

3. 展示广告

展示广告有陈列广告、橱窗广告、门面广告、立式广告、人体广告、展销会(也应当作一种媒介形式)。

4. 户外广告

户外广告有广告牌、霓虹灯、海报、招贴、车厢广告、旗帜广告、气球广告、飞艇、飞机、书云广告即烟雾广告、模型(大型)、灯箱广告、广告车(专用)。

5. 其他媒介

其他媒介有火柴盒、手提袋、包装纸、购物袋、香味广告、实物馈赠广告、礼品广告、服饰广告、自行车前筐广告。

尽管现代广告媒介越来越多样化,但总的来说,报纸、杂志、广播、电视仍然是主导媒介。互联网有取代传统媒介成为强势广告媒介的发展趋势。

二、广告媒介的基本功能

广告媒介常常利用一般的大众传播媒介,因此在某种程度上来说,两者具有一定的重合性;同时,由于广告信息的传播与一般社会信息、文化信息等的传播存在着一定的差异,两者又有着各自的特点。概括言之,广告媒介有如下几个基本功能。

1. 传播功能

传播功能是大众媒介的一般功能。广告的基本功能就是传递商品信息,这也就决定了广告媒介必须具备大众媒介的传播功能。广告媒介只有能够适时、准确地传达广告信息,广告主或广告从业人员才能根据广告计划来安排广告的发布时间与场所,才能使目标受众接触,实现广告活动的预期目标。

2. 吸引功能

任何广告都必须通过一定的媒介才能得以广泛传播,而当今社会的媒介又是如此众多,任何人都不可能接触所有的媒介,因此,人们在接触媒介的时候总是要根据自己的需要做出必要的选择。这种选择的标准非常明白具体,那就是要看这种媒介对他是否具有吸引力;同时,由于任何产品都有它特定的消费群体,它的广告也就都有其特定的目标受众,而这特定的目标受众总是或多或少地有着与其他一般群体不同的关注目标和欣赏品位。所以,这就要求广告媒介必须具有一定的吸引力,通过媒介自身的吸引力,把广告信息送到目标受众的视听范围。

3. 服务功能

广告媒介一方面要根据自身的特点为广告主、广告经营单位提供优质的服务,向广大受众提供真实有用的信息;另一方面还要适应广告主的不同目的和要求,具有一定的机动性和灵活性,在发布的时间、版面的安排、时间的长短、速度的快慢等方面,尽量满足客户的要求。

不同的广告媒介有不同的属性,因而也就具有各自不同的功能。正是不同媒介功能上的这些差异,形成了各种广告媒介自身的特点。如电视,视听兼备,图文并茂,但不便于记忆和保存、查找;报纸便于阅读、记忆、理解和保存,却不具备动感,又不能直接诉诸受众的听觉……广告主正是根据其特殊需要来选择适合于其产品的广告媒介。

三、常用广告媒介的特点

1. 电视广告媒介

从广告的角度而言,由于电视不但可以向受众详尽地介绍产品的各种性能,而且能形象、直观地将产品的各种性能及包装特点等展现在受众的面前,可以最大限度地起到诱导购买的作用,所以,它也越来越受到广告主和广告经营部门的重视,如今已经成为重要的广告媒介。

2)电视广告媒介的优势

① 能直观、生动地介绍产品和服务,这是电视媒介所具备的最大特点。各种信息都可以通过电视的制码转换为直观的、具体的图像、声音、文字和色彩,传真度高,表现力丰富。广告主借助它就可以对产品或服务进行有形的描述,受众则可以通过有声有影的信息对产品与服务有直观的了解,从而引发对商品与服务的需求。

② 有较强的渗透力。电视是一种无所不在的广告媒介形式,能接触大面积受众。只要受众打开电视机,由电视台发出的信号就可以将各种信息及时发送到覆盖区域之内的每一个角落,直接进入各个家庭。它可以不受空间的限制,在同一时间,迅速传播。

③ 有较强的感染力。电视的内容丰富多彩,电视的表现手法多种多样,有较强的艺术性。电视广告充分利用了电视媒介的特点,巧妙地将广告信息融入感人的形象和真挚的情节,通过清新的画面、优美的音乐、独特的技巧,用艺术的形式营造富有戏剧性的效果,同时诉诸受众的视觉和听觉,具有较强的吸引力和艺术感染力,容易被记忆和

留下深刻的印象,积累性效果明显。

④ 有较高的被注意率。由于电视有声有影,人们在看电视时,即使在干别的事情,也有可能听到电视的声音而接受一部分广告信息。因此电视广告的被注意率比较高。同时,看电视是一种家庭性的行为,一家人往往围坐在一起看电视,所以电视广告有利于家庭共同购买意识的形成,有利于促进家庭购买决策的形成。

2)电视广告的缺陷与不足

① 信息生命周期短。电视信息是在时间的流逝过程中不断发送传播的,它具有稍纵即逝性与不可重复性。

② 信息容量小。在有限的时间内,电视广告所能传播的内容是极其有限的:一则 15 秒钟广告有声语言的播出时间为 13 秒钟 78 个音节;一则 20 秒钟广告有声语言的播出时间为 18 秒钟 108 个音节;一则 30 秒钟广告有声语言的播出时间为 28 秒钟 168 个音节;一则 40 秒钟广告有声语言的播出时间为 38 秒钟 228 个音节;一则 45 秒钟广告有声语言的播出时间为 43 秒钟 258 个音节;一则 60 秒钟广告有声语言的播出时间为 58 秒钟 348 个音节。

③ 收视率很难保证。在广大电视观众心目中,广告信息是电视媒介所发出的所有信息中地位最轻、最次要的信息,有时甚至被当作是一个不受欢迎的"插足者",电视观众对电视广告存有某种程度的抵触心理。不仅如此,由于如今的电视频道特别多,许多大中城市都安装了有线电视,往往有几十个频道可供选择,电视遥控器又为换台带来了极大的方便,许多观众一看广告,手中轻轻一摁,广告信息就被排斥在外,所以收视率很难保证。

④ 电视节目质量的高低、广告播出时段的前后,都直接影响广告效果的好坏。

⑤ 广告费用高。在所有媒介中,电视广告的费用是最高的。一是制作、拍摄、模特费用高,二是播出费用高;尤其是全国性电视媒介,黄金时间的播出费用更是不菲。

2. 广播广告媒介

广播是一种声音媒介,广播广告是把广告信息变成各种声音(语言、音乐、音响等)的组合,由电台通过有线广播或无线广播进行宣传的广告形式。

1)广播广告媒介的特点

① 广播节目的听众明确。广播电台的节目大都会考虑覆盖区域内各个年龄及层次听众的需求,在不同的时间段,指出有针对性的节目。广告主只需根据自己产品的消费对象的欣赏习惯与需求选择合适的播出时间,就可以将广告信息传达给目标受众。

② 广播广告的制作比较简单,播出的方式又比较灵活,所以能够尽快宣传广告信息,传播速度快,时效性强。

③ 广播广告的费用低。一方面是广播广告的制作成本低,另一方面是广播广告的播出费用低。

④ 在没有电视节目或电视收视率低的时段,广播收听率比较高;一些特殊的行业人员,如出租汽车司机,广播是他们最喜爱的媒介;尤其是在电视普及率低的地区,如经济欠发达地区和广大的农村,广播往往是他们接收外界信息的唯一媒介。因此,根据产品的特点,有针对性地选择合适的广播电台与播出时间,效果是比较理想的。

⑤ 由于广播节目的随身收听现象较为普通,收听地点不受限制,所以广播广告的到达率相对较高。

2)广播广告的缺点与不足

① 与电视媒介相似,广播广告的信息传递也具有不可重复性,时效极短。

② 与电视媒介不同,广播广告缺少形象支持。

③ 广播广告很少被听众主动接受。一方面是许多听众只要一听到广告就会换台,另一方面,在很多场合下广播只是作为一种背景媒介,人们往往是在干其他工作如开车、做家务时收听广播节目。因此,广告信息难以产生应有的效应。

④ 随着我国经济的飞速发展,城乡的电视普及率日益提高;同时,随着有线电视的发展,电视频道越来越多,电视节目的可视性得到了很大程度的提高;再加上许多电视台实行了 24 小时连续播放,没有电视节目的时间段日趋减少,所以广播节目的收听率越来越难以掌握。

3. 报纸广告媒介

在平面广告尤其是印刷媒介的广告中,报纸广告是最重要的,也是最常用的。在报纸媒介中有各种各样的具体媒介物。根据报纸发行地区来分类,有国际性报纸、全国性报纸、区域性报纸、地方性报纸等四大类;根据报道的内容来分类,有一般报纸、经济性报纸、体育报、专业报、行业报、学生报、英文报等几种。根据报纸的发行时间,又有日报、晚报、周报等类型。

在一份报纸上,广告的种类也是多种多样的。根据版面的大小与位置来分类,有整版广告、半版广告、1/4版广告、通栏广告、大通栏广告、双通栏广告、半通栏广告、单栏广告、二栏广告、三栏广告、四栏广告、头版广告、报耳广告、报眼广告、中缝广告等;根据广告的印刷情况来分类,有黑白广告、套红广告、彩色广告等类型。

1) 报纸广告的优势

① 传播范围广,可保存。报纸的发行量比较大,如《新民晚报》《羊城晚报》《扬子晚报》等,发行量都在一百万份以上,读者众多,订户又相对稳定,而且读者的数量远远超出它的发行量。

② 传播速度快,信息准确,阅读方便。报纸是一种新闻传播媒介,时效性很强。同时,由于它是一种印刷媒介,其"白纸黑字""有案可稽"的形式,不仅可以准确地把广告信息表述给受众,而且还可以增强受众对广告信息的信任度。

③ 对报纸广告所传播的信息,接受与否的主动权掌握在读者手中,不受时间的限制。只要能够引起读者的注意、激发起他的兴趣和一定程度的购买欲望,受众或许还会剪贴留存,便于以后查找。

④ 地区选择性强。除少量报纸如国际性报纸、全国性报纸以外,报纸媒介的发行地区和发行对象都比较明确,有较强的地理选择性。由于现代商业具有分区销售和分阶层销售的特点,报纸在发行上的这一优点完全可为广告主所利用。广告主在对各种报纸的发行量、读者范围等情况加以充分了解之后,再结合既定的广告目标,就可以有选择地确立适合自身的媒介。

⑤ 报纸媒介的版面大,篇幅多,种类多样,版面安排灵活,可供广告主充分地进行选择和利用。凡是要向消费者做详细介绍的广告,利用报纸做广告是极为有利的。

⑥ 报纸广告版面的选择容易得到编辑的支持。一方面是报纸广告的设计制作不像电视广告的摄制那样复杂,广告文案可以根据宣传的需要随时加以变换;另一方面,由于报纸的各个版面在内容上往往相对固定、有所分工,刊登广告的时候,广告主可以根据商品或服务的消费目标的欣赏口味进行对口的选择。如体育用品选择体育版,时装、化妆品选择社会版或生活版等,这样就可以最大限度地吸引潜在消费者,取得较好的广告效果。

2) 报纸广告媒介的不足

① 由于大多数报纸都是日报或晚报,每日一期,所以报纸广告的时效性都较短,一般报纸的媒介生命周期只有一天。

② 许多报纸的印刷质量还不够精美,从而在一定程度上影响了广告宣传的质量。

③ 如果报纸的张数较多(现在许多报纸都已扩至20多版,有的甚至扩到了40版或更多),其有效信息量就较大,而广告往往又是分版印刷的,通常又刊登在次要的版面或次要的位置,这就造成了人们注意力的分散,广告极易被忽视。

④ 报纸广告作为一种平面广告,不但缺乏电视广告那样的动感,难以全面展示商品的形体特征和质感,也缺乏广播广告那种可以借助有声语言和特殊音响以增强广告的可感知性的特点。

4. 杂志广告媒介

杂志是视觉媒介中比较重要的媒介,也是一种人们司空见惯的出版广告媒介形式。随着国民文化素质不断提高,随着人们生活质量不断改善,杂志在人们生活中的地位已变得越来越重要。如今全世界每年出版的杂志种类难以计数;单就我国而言,也有上千种杂志。

按杂志的规格来分类,国内的杂志大致有32开、大32开、16开、大15开及8开等多种,其中大16开是国际流行的开本规格。按杂志的出版周期来分类,有周刊、半月刊、月刊、双月刊、季刊、半年刊、年刊(年度报告)等。按杂志内容来分类,大致可分为综合性杂志、专业性杂志和生活杂志三种。按杂志的发行范围来分类,又可分为国际性杂志、全国性杂志和地区性杂志三种。

1)杂志广告媒介的优点

作为印刷媒介的平面广告,杂志广告与报纸广告的特点非常近似。它与报纸广告的不同点体现在如下几个方面。

①编辑精细,印刷精美。杂志广告能够较好地表现商品的色彩和质感。

②保存期长,传阅率高。

③可以采用连续页广告,效果更佳。

④广告费用相对而言比较少。

⑤专业杂志专业性强,读者对象明确,如果能够根据商品的特色和消费对象的阅读习惯,选择合适的杂志发布广告,例如,在医学杂志上刊登药品、医疗器械广告,在体育杂志上刊登体育用品、运动服装广告,就能取得较为理想的宣传效果。

2)杂志广告的缺点

①时效性不强。一方面是由于杂志的出版周期比较长,不能刊载具有时间性要求的广告;另一方面是由于杂志的截稿日期比较早,时间性强的应急性广告策略很难在杂志上实现。连续性强的系列广告也很难在杂志上形成强有力的攻势。

②杂志的发行量有限,直接订户不多,尤其是许多专业性杂志,集体订阅往往要高于个人订阅,所以很难把握消费者的接受情况。虽然广告费用较少,但千人成本仍然比较高。

③广告效果不均衡。在杂志上刊登的广告,封面、封底、封二(目录前面)与特殊插页,效果比较好,而其他位置的广告就很容易被忽略,如封三和黑白广告页,难以取得预期的广告效果。

④许多综合性杂志由于不具备专业化特色,又缺乏广泛的影响力,因而常常为广告主所忽视,广告的宣传效果不是很突出。就目前我国杂志的现状而言,像《读者》《女友》这样具有广泛影响的杂志为数甚少。

5. 户外广告媒介

户外广告媒介如店铺招牌、户外招牌等,是历史悠久的一种广告媒介形式。

现如今,户外广告媒介的种类越来越多,其作用也越来越受到广告主的重视。

1)户外广告媒介的优势

①户外广告一般都是设置在商业区、主要街道、交通要道及车站、码头、机场等公共场所,它有与地区紧密结合、长期固定等特点,具有良好的市场选择性。

② 人们对户外广告的接触形式,决定了它的面积一般都比较大,语言简洁,画面独特,注意度比较高。

③ 户外广告的有效期限,短则一个季度,长则两年。特别是那些设置在重要交通路口的广告牌,对长年从此经过的人而言,长年累月潜移默化的影响,容易造成印象积累效果。

④ 广告费用相对低廉。与大众传播媒介日益膨胀的广告费用相比较,户外广告的收费标准相对较低;而且它是一次投入,长期受益。因此,从广告费用的角度来考虑,户外广告是一种颇具吸引力的广告媒介形式。

2)户外广告媒介的不足

户外广告媒介的不足,主要表现在信息容量太小这一点上。

首先,由于户外广告的设置位置与高度决定了人们在接触它的时候必须保持一定的距离,因此,为使过往行人能够清楚地了解广告信息的内容,画面中的文字就不能太小,字体增大了,有限空间内的信息容量自然就减少了。

其次,人们接触户外广告,往往是在运动的过程之中,大都是从它面前匆匆而过时不经意地一瞥,所以广告中信息越多,就越难以对广告内容有一个全面的把握。美国广告专家曾指出:户外广告中的广告语不能超过7个词(英语),因为人的眼睛在匆匆一瞥时最多只能看清7个词。据测算,只有行人能在5秒钟内读完全部信息内容的户外广告,才能产生良好的效果。由此可见,户外广告媒介一般都只能简明扼要地标明企业名称和产品的品牌名称,适合于做企业形象广告与产品形象广告。

由于户外广告具有长期固定的特点,所以,缺乏机动性也是它的一个不足之处。为了弥补这一不足,许多户外广告公司都在努力采取一些补救措施,如采用电动三翻板以使其具备一定的动态感觉,研制电子电视显示屏以加强其表现力,随时更换招贴画以增添新鲜感等,取得了较好的广告效果。

许多场所的户外广告缺乏有序的组织安排,以致显得杂乱无章,也是当前户外广告的一个不足之处。

6. 交通广告媒介

交通广告是设置或张贴在各种交通工具或交通场所(如候车室、候车亭、车站)的广告。由于人们的生活与交通工具和交通场所的关系越来越密切,大众交通工具的流动性较大,上下的人数众多,站点又是人群集中的地方,因此,交通广告的作用已经越来越受到人们的重视。

1)交通广告的类型

① 设置或张贴在交通工具内部的体内广告。

② 设置或张贴在交通工具外部的体外广告。

③ 设置或张站在交通场所的固定型广告。

④ 站牌广告与车船票广告。

2)交通广告媒介的优势

① 能够给人留下较深的印象。人们在等车船、坐车船的时候,百无聊赖,为了打发无聊的时间,往往有意无意地关心身边的事物。这时,创意新颖、制作精美的广告就能给人留下深刻的印象;当人们初到某地的时候,走出出站口,第一眼映入眼帘的清新明快、温馨怡人的车站广告,也能给人以强烈的视觉刺激,从而留下美好的印象。

② 可以根据目标市场的需要进行合理的选择。尽管大众交通工具的乘客层次复杂,但乘坐一定线路的汽车、火车、轮船和飞机的旅客,总有一定的规律性。因此,根据目标市场的需要选择相应的交通工具发布广告,可以比较好地将广告信息送达目标消费者的视听范围,在规模较大的城市中,广告主还可以根据自己产品的具体性能和目标受众的类型,选择合适的公交线路。

③ 在交通工具外面设置或张贴的广告,如公共汽车车体广告,虽然在某种程度上与户外广告相类似,但由于它是流动的,不是被动地等待人们进入它的辐射范围,而是主动地进入特定区域受众的视野,所以,能够在一定程度上弥补户外广告的不足。

④ 广告费用低廉。交通广告的不足也与户外广告相似,主要表现在广告信息量有限这一点上。如汽车车体广告,一辆公共汽车的可利用面积是极为有限的,在这有限的面积里,广告所能宣传的主要信息只能是企业名称或商品名称,最多再加上一句广告语。

交通广告的接受者范围也有很大的限制。因为从总体上来看,流动人口毕竟是有限的,交通工具的行驶路线也基本上是固定的,对于那些深居简出的人来说,那些远离交通干线的人来说,交通广告是难以发挥作用的。

7. 售点(POP)广告媒介

售点广告就是POP广告,英语全称为"point of purchase advertising",又称现场广告或导买点广告。这是一种在商品及劳务的出售场所周围、入口、内部等设置的广告类型。

售点广告是一种陈列式广告,可分为立式、悬挂式、柜台式和墙壁式四种类型。

售点广告不同于常规传统媒介的广告。常规媒介的广告都是远离商品的销售现场,远距离地向消费者传递商品信息,多注重长期效果和心理效果。售点广告是设立在商品的销售现场,直接、近距离地将广告信息传递给消费者,注重即时效果和行为效果。它的主要功能是利用商品销售点的便利,强烈地吸引顾客,促进消费者产生购买动机。因为售点是消费者最后实施购买行为的场所,如果他们在这里看到了平时在其他媒介广告宣传中所熟悉的商品的精美的售点广告,就很容易接受广告的诉求,购买所宣传的商品;相反,如果另外商品的售点广告做得特别精美,引起广告消费者的浓厚兴趣,虽然在此以前不曾看到过其他媒介的广告,也往往能够激发起消费者强烈的购买欲望。因此,售点广告从面世之日起,就默默地充当起"购物导向"和"无声推销员"的角色,被称为是"促销活动的尖兵"。随着超级市场的日益普及和各种百货商店、专卖店及开放型陈列购物销售范围的不断扩大,售点广告在迅猛发展中日臻完善。

售点广告的优势主要表现在如下几个方面。

① 可以提醒消费者购买已有印象的商品,并进行指牌认购。尤其是电视、报纸等大众化媒介对产品进行广告宣传之后,更能发挥其配合宣传的作用。

② 可以美化商店环境,增加销售点对顾客的吸引力,并能够烘托销售气氛,提高顾客的购物兴趣,促使其购买欲望及时转化为购买行为。

③ 可以使顾客近距离地观察商品,尤其是实物陈列型的售点广告,加橱窗、柜台、货架等场所设置的广告,大多是将商品实物衬以相应的装饰,与顾客的距离很近,有助于仔细观察甚至触摸;即便是彩旗、条旗、海报等,由于商品就在眼前,广告中的某些承诺,消费者可以轻易地得到检验和确认,消费者比较容易接受广告的诉求。

售点广告的运用能否成功,首先在于广告画面的设计与商品的陈列是否具有独创性,能否简洁、醒目地传达商品信息,塑造优美的产品形象,使之具有较强的感染力。其次在于它的印制是否精美,是否能够保持整洁。最后,还要看与周围其他商品售点广告的搭配关系,如果在一个并不太大的空间里,有很多售点广告,拥挤而凌乱,那么即使广告设计得比较新颖,也往往会被这繁杂的信息所淹没,从而影响广告的效果。

8. 直接邮递广告(DM)媒介

DM 即文 direct mail advertising 的缩写,称为直接邮递广告,指通过邮政系统将广告直接寄送给受众。其主要形式有随报刊加送、由专业邮递广告公司寄送、根据顾客资料采用信件寄送、雇用人员派送。

直接邮递广告媒介有如下优势。

① 针对性强。广告主可以根据产品的功能、特点,对广告活动进行自我控制,有针对性地选择广告对象。虽然广告主不可能对受众逐一加以选择,但却可以参照企业分类资料、人口统计资料或经济、文化、民族等因素,以保证广告信息能够最大限度地为受众所接受,从而达到预期的广告效果。

② 广告信息的容量较大,生命周期较长。内容的多少、版面的大小,广告主都可根据自己产品的特点与宣传的需要自由地安排。在具体的广告物上,广告主可以详尽地介绍产品的功能、特点、性质、用途、价格等。由于它直接送达目标受众手中,受众对广告信息的接收也不受时间的限制,只要其对产品有兴趣,随时都可以翻阅。

③ 有较强的灵活性。直接广告可以采取一些很灵活的手段进行独特的宣传,如化妆品的直接广告,有的采取随寄样品的宣传广告;香水广告则往往经过特殊的技术处理,寄去香型,例如邮寄通过真空技术处理之后的试香片,或者直接赠送试用装,以此让消费者可以直观地感受香水的味道和香型。目标受众在试用过之后,如果效果明显,就很容易接受广告的诉求,产生购买欲望。

④ 容易增强与消费者的情感交流。由于直接广告是针对具体的个人或具体的单位的,所以它与受众的关系就往往有一种"私交"的性质。如果广告主选的时机合适(如某些特殊的节日或纪念日),措辞亲切得体,并保持长期性,就可以同消费者建立起亲切感。

⑤ 可以进行征答活动,从而促成真实可行的广告信息的反馈,便于广告主了解有关消费者的信息,为企业决策提供强有力的支持。

⑥ 可为顾客安排最为简便的购买方式。尤其是一些大公司,它们的销售与服务网点较广,在直接广告上,广告主可以将各网点的地址、电话等印在宣传品上,极大地方便了消费者。

如今我国的直接邮递广告还存在着一些缺陷。首先,许多广告主不遵守《中华人民共和国广告法》,在直接广告中无原则地夸大了产品的功能与作用,许多直接广告都有虚假广告之嫌;其次,种类较少,设计、制作水平较差,很多直接广告粗制滥造。这就使广告受众对它们兴味索然,有的甚至未拆封,就已进了废纸篓。

9. 其他广告媒介

如今的广告可以说已经充斥社会的每一个角落,任何事物也都可以用来当作传播广告的载体。这里所说的其他广告媒介,指的就是那些用得较少、很难归类的媒介,如命名权广告、展销会广告、体育广告、电影广告、电话簿广告、火车时刻表广告、赠品广告、工商名录广告、包装广告、票据广告、日历广告、火柴盒广告、打火机广告、圆珠笔广告、手帕广告、帽子广告、餐具广告、T恤衫广告、气球广告、飞艇广告、厕所广告、宣传车广告、活人广告等,不下数百种。虽然这给刚刚接触媒介的人员带来很大的困难,但这些媒介都有一些自身的特点,起到其他媒介所起不到的作用,为媒介组合和媒介创意带来了很多有利的条件,为各种类型的广告主扩大了更多的媒介选择的范围。而且这些媒介的广告多属于综合利用,广告费用很低,如餐厅里的餐巾、筷子纸袋、餐具,即使不做广告,购买的费用也是不能免的,花极少的印制费用,就可以使它们成为传播广告信息的媒介。所以,如今的许多广告公司都在努力开发利用这些媒介,许多广告主也都日益认识到这些媒介对消费者潜移默化的影响作用,这就使这些媒介的广告更加丰富多彩。

第二节 制订广告媒介计划的基本因素

现代企业要开展广告活动,必须根据企业的经营目标,从产品的功能特点出发,针对产品的特定消费群体的心理特征及其与媒介的关系,利用多种媒介的有机组合,使广告信息有效地传递给目标消费者。制订广告媒介计划的目的,就在于以最少的广告费用达到最佳的广告效果,从而使广告主获取最大的商业利润。

单纯从广告运作程序的角度而言,我们总是把完善的广告策略规划与杰出的广告创意当作制胜的法宝,这是无可厚非的。但是如果没有理想的媒介选择和安排,没有完善的媒介计划,也很难取得预期的广告效果。

如前所述,广告是通过媒介进行传播的,离开了媒介,广告活动就无法开展;同时,现代的媒介是复杂多样的,不同的媒介有不同的覆盖区域和接受对象。因此,做广告而不细致地研究媒介,是要冒很大的风险的。正因如此,国外广告公司奉为圭臬的媒介计划,如今已成为我国许多广告公司媒介人员的黄金定律。

所谓广告媒介的最佳效益,是指媒介的质与量的价值与广告费用之比。广告媒介质的价值,指的是媒介的影响力和心理效能;广告媒介量的价值,指的是媒介的覆盖范围和视听人数。

在制订科学、合理的广告媒介计划的时候,应当考虑如下几个方面的因素。

一、广告目标

广告活动是广告主总体经营策略与整个经营活动的一个重要组成部分,任何一位广告主之所以愿意拿出巨额款项发布广告,都是为了实现其特定的目标。因此,制订广告计划,尤其是媒介选择与时间安排,必须依据广告目标的要求来确定,看其是否能与广告主的经营策略与经营活动紧密配合。例如:广告主为了与市场上林林总总的化妆品竞争,研制了一种高级护肤化妆用品,准备投放市场,其广告目标就是在短期内迅速扩大该产品的影响,因此,媒介选择就应以时效性强、接触面广的电视、报纸和广播等为主。假如广告主是一家已经有一定知名度的酒店,其广告的目标就是维持企业在公众心目中的形象,展示企业的实力与饭菜的优良品质,强化和进一步提高美誉度,由于这是一项长期的工作,不可能一蹴而就,所以选择诸如路牌、灯箱、霓虹灯之类的广告媒介配合电视、报纸广告进行持久的宣传是不错的选择。

在时机选择与频度安排上,也应紧密结合广告目标来进行选择。如旅游区,广告宣传的目的就是为了能够在旅游旺季吸引更多的游客,海滨城市的旅游旺季是夏天,北国雪域的旅游旺季则是冬天和夏天。所以对于海滨城市而言,其旅游宣传广告的时间安排应以春末夏初为主,而对于北国雪城来说则有春末夏初与秋末冬初两个时间来宣传广告。

二、广告预算

广告主必须根据自身的经济实力和经营策略来制订广告计划、安排广告媒介。广告费用包括广告作品设计、制作费用和广告媒介发布费用。由于不同的广告媒介有不同的收费标准,同一媒介也会因为不同的刊播时间或版面位置而有不同的收费标准,同一时段有长短之不同,同一版面又有面积大小的区别,所以在选择广告媒介时,必须进行科学合理的评估,做出适合自己经营策略的媒介选择与布局。在广告预算充裕时,可采用多种媒介的组合运用,形成一种强大的、立体交叉的宣传攻势,在报纸上刊登整版成半版广告,在广播、电视上播出长度较大的广告,在交通要道与某些特殊地段设置路牌广告、霓虹灯广告、灯箱广告,在某些特殊场所悬挂、张贴售点广告等。在广告预算比较紧张的时候,则可以选择较为单一的媒介,在较短的时间内集中发布,重点突破,迅速占领特定的市场。

三、商品特性

商品特性也就是商品的信息个性,各种商品都因其具有不同的特性,而拥有不同的消费对象。这就是说,广告的诉求对象必将随着市场的细分化而细分。同样的,各种媒介和媒介栏目也都有不同的适应对象。如果某商品是一种高科技产品,功能多,使用方法较为复杂,需要用较多的文字内容进行讲解与说明,就应以平面媒介如报纸、杂志和样本等为主;如果商品是技术含量不太高的大众化产品,功能单纯,使用方法简单,无须用较多文字进行介绍,就可以选择广播、电视媒介。再如适合老年人使用的保健用品,因为许多老年人喜欢一边听广播一边晨练,选择早间广播就可以取得较高的收听效果;而儿童用品,因为大多数少年儿童都喜爱观看电视动画片和收听广播故事,广告在电视台与广播电台的儿童节目前后播出,视听率就比较高。

四、诉求对象

在现代社会,谁也不要指望所有的社会大众都来购买你的产品,任何商品的消费者和潜在消费者都有一个相对固定的群体。所以,广告主选择广告媒介和刊播时机,都必须针对这一相对固定的群体的生活习惯和欣赏品位,做出合理的判断。广告媒介对象与广告诉求对象愈接近,广告的效果自然也就越好。因此,选择怎样的时机,选择怎样的时间段刊播广告,就得要根据诉求对象的职业、兴趣、爱好、文化程度及生活习惯特点来确定。如出租汽车司机,往往早出晚归,一天十几个小时都在汽车上,他们的职业特点,决定了他们不可能有太多的时间和精力去阅读报纸和收看电视。为了给枯燥单调的驾车生活增加一点乐趣,也为了舒缓一下紧张的大脑神经,他们往往一边收听广播,一边驾车。如果你的产品的消费对象正好是这一群体,那么广播媒介就是不错的选择。

五、市场竞争状况

纵观近几年来的市场竞争状况，不难发现，如今的竞争已从营销战扩大到广告战、媒介战。许多企业尤其是大型企业之间为了显示自己的实力，往往与同类企业展开白热化的媒介竞争，尤其是那些一次性的媒介，企业之间更是纷纷竞价，各不相让，中小型企业则往往采取追随策略，大企业的大量广告投向哪里，它的小量广告也跟向哪里，以期从大企业那里分得一杯羹。

根据市场竞争状况来安排广告媒介、决定刊播频度，在现代企业的广告策略中，是一条极为重要的法则。

六、市场区别策略

企业的市场策略，往往要根据企业的实力与商品的特点来决定。有的是从大到小，从面到点，采取先包围、后各个击破的策略；有的则是从小到大，从点到面，采取稳扎稳打、步步为营的方针。不同的策略决定了各自的媒介选择角度。前者多选择覆盖面广、收视率高、发行量大全国性媒介；后者则多选择地方性、区域性媒介。

由于媒介的收费标准的高低取决于媒介覆盖范围的大小、收视率的高低与发行量的多少，越是大型的媒介，收费也就越高。所以，地区性的商品，或商品以区域性销售为主时，应选择地区性媒介，而不宜采用全国性媒介；企业刚刚起步，生产能力有限，销售渠道和销售网点不健全时，不宜采用全国性媒介，新制作的广告作品，对其创意未有很大把握时，应在一定的区域范围内进行检测，方可拿到全国性的媒介进行全面的宣传。

七、媒介特点

任何媒介都具有一定的性质与特点，具有特定的社会文化地位，拥有相对固定的视听人数。我们选择广告媒介就必须考虑媒介的社会文化地位是否与商品的性质相吻合，考虑媒介的视听者是否是商品的消费者与潜在消费者。例如：高档家具、高级家用电器、高级轿车等，它们的消费者群体在城市以及某些经济发达地区的城镇，我们选择媒介就应以城市居民经常接触的有线电视、晚报等为主，服装、鞋帽、食品等日常用品，应以普通大众整天接触的电视、广播、路牌、招贴等为主；化妆品、卫生用品等妇女用品，就应以电视、妇女杂志等为主。许多大型企业生产的高档用品，适合选择社会文化地位较高的媒介进行广告宣传，因为媒介的社会威望对广告的影响力与可信度都有重要影响，如果它们的广告只刊播在小型媒介上，将会使人产生某种程度的不信任感。

八、国家的法律法规

绝大多数国家和地区，都有一定的广告法律与法规。了解这些法律法规在选择广告媒介时是极为重要的。因为在某些国家与地区，广播、电视等直接进入家庭的电子媒介，根本不准做广告；而有些国家和地区则规定有的媒介不准发布某些商品的广告。如法国政府规定，国营电视台每天播放广告的时间不得超过24分钟；广告节目不得影响固定节目，每一组广告节目开始前和结束后都要播放一个特殊的、易于辨认的电视广告标志；烟草与烟草有关的产品以及酒类，禁止做电视广告，在名胜古迹地区，禁止设置户外广告。自1993年1月1日起，法国政府进一步规定：在全国境内禁止出现香烟广告，烟草公司不得以任何形式赞助体育比赛，所有赛车场、体育场、体育馆均不得有烟草广告，其他公共场所也禁止烟草广告宣传；酒类广告只能采用限定的载体和在限定的场合宣传，限定的载体为供成年人阅读的刊物或私营电台和青少年收听率最低的时间段，限定的场所是与酒或酒类饮料生产相关的工厂、展览会期间的展览场地和庆祝传统节日的庆祝会上等，而且在任何情况下，酒类广告只能介绍产品的酒精含量、品名、产地、特性和伴以一小段正面宣传的评论。

我国的广告法第十八条规定："禁止利用广播、电影、电视、报纸、期刊发布烟草广告。禁止在各类等候室、影剧院、会议厅堂、体育比赛场馆等公共场所设置烟草广告。烟草广告中必须标明'吸烟有害健康'。"

第三节 广告媒介评价的内容和方法

一、媒体评价的主要内容

1. 媒介的传播范围与对象及其分布

任何媒介都有特定的传播范围,如国际性的、全国性的、区域性的、地方性的等。分辨这些不同传播区域的媒介类型容易,但弄清楚媒介传播范围的分布及分布范围内的主要传播对象却并不简单。如《羊城晚报》,是全国最具公信力和影响力的品牌传媒之一。从传播的范围上来说,它虽然属于地方性媒介,但其影响面却不仅仅局限于广州市,也不仅仅局限于广东省,而是在全国各地都拥有不少读者,因此,在某种程度上来讲,它又具有一定的全国性。它的这一特点,是其他地方性晚报所无可比拟的。从传播的对象上来说,晚报的读者群主要是城市居民,广东省外的广大地区,主要是集中在城市的知识阶层。只要我们掌握了《羊城晚报》的这些特点,就可以明了我们的产品是否可以选择它作为广告媒介。再如杂志,绝大多数都可以说是全国性的,但杂志的分布一般比较特殊,很多杂志在发行地的发行数量要占总发行量的70%左右,而分散在全国各地的却只有很少一部分,而且以分布在交通发达的地区为主。因此,如果有人认为只要在杂志上刊登广告就是开展了全国性广告,那是错误的。再说杂志的一般目标对象也非常明确,经济学杂志的读者对象是经济界人士,语言学杂志的读者对象是语言学研究人员,妇女杂志的读者对象是广大女性,青年杂志的读者对象是青年人⋯⋯可以毫不夸张地说,在所有媒介中,杂志是指向性最明确的媒介之一。如果一个广告选错了杂志,也就找错了广告对象,这个广告就会一事无成。由此可以看出,广告媒介的范围、分布、对象三者是不可分割的。

媒介虽然有高下之分,但这"高下"是相对的。公认的好媒介,针对某一具体商品而言,也未必就合适;同样的,一个不被大家看好的媒介,对某一具体商品而言,却又可能是一个上好的广告媒介。因为就一个广告活动而言,媒介是为实现广告目标服务的,一个媒介的"高"与"下"、"好"与"坏"并不能单从媒介本身去评论,而要把广告欲达到的目标与媒介特点进行比较才能得出结论。现在通行的方法,一般要分析媒介的质量参数与相交程度。

$$质量参数 = 广告目标人数 \div 媒介传播对象人数$$

当媒介质量参数小于1时,就是"好"媒介;如果媒介质量参数大于1时,除非在媒介组合中有特殊的作用,一般就不能采纳。

广告目标对象与媒介传播对象完全相交的情况是很少的,只有个别媒介可能真正做到,如杂志和邮政媒介。一般而言,只要相交部分人数或户数能够达到或接近广告目标人数,就可以被认为是"好"的媒介。

媒介传播范围、对象及其分布情况分析在媒介评价中具有非常重要的意义。如果这项分析出现了错误判断,就会导致根本性的失败,造成不可挽回的损失。

2. 媒介被收视、收听情况

一个媒介,虽然它的传播范围比较广,但如果收视、收看率低,则仍被看作是无效的。因为如今的媒介发展非常迅速,消费者与媒介的接触,无论在数量上还是在频率上,都比过去有了较大幅度的增加。媒介数量增加了,而人们接触媒介的时间和精力,则大体上是一个定量:在同一时间,人们只能收看或收听一个频道的电视或广播节目;在同一天里,只要买了某种报纸,一般就不会再买别的报纸。

这种现象本身就使得每一种媒介的被注意率、被视、收听率的下降。我们再也不能用过去的老眼光来看待原来的媒介。这些迅速增加的媒介打破了原来的视听格局,挖走了原有媒介很多的视听众,原来认为好的媒介,现在未必还是那么好。如电视,有线电视的发展,专业化频道如体育频道、电影频道、综艺频道等的设置,使原来的较为混沌的观众自然而然地分化为若干个观众群。如果广告媒介选择失当,广告信息就无法传递到目标受众的视听范围,广告效果就有可能很差,广告目标也就无从实现了。

因此,确定一个媒介收视、收看率的高低,是一件十分复杂而又十分重要的工作。常见的方法是抽样调查,或是根据有关专家的预测。

收视、收看效果的研究还包括以下几个方面的内容。

1)反复性

如电视连续剧、长篇小说连播或连载,许多人都是每集必看,每回必听,每章必读,广告安排在它们的前后、左右,被收视、收听的机会就大大增加。反复次数越多,效果也就越好。

2)注意率

任何媒介的内部,都要分成若干的栏目或版面。有的人关心时事,有的人喜爱文艺,有的人热衷体育……如果广告宣传能够根据商品的特点与目标消费者的欣赏品位与生活习惯有针对性地安排发布广告的时间与版面,广告的被注意程度就会比较高。

3)传阅率

有的报刊,一人订阅或购买,多人阅读,如《文摘报》《体育报》《读者》《女友》等,具有较高的传阅性。传阅性高等于扩大了发行量。选择这样的媒介刊登广告,效果自然也就比较好。

4)保存性与可使用性

有的媒介或载体具有较高的保存价值和使用价值,如书籍、杂志、年历、纪念品、提包、雨伞、钥匙链、打火机等,一般都不会随意丢弃,在这些媒介或载体上发布广告信息,能够在较长的时间内发挥作用。

3. 媒介费用

如前所述,不同的媒介的收费标准是不一样的,有的甚至存在着巨大的悬殊,所以,"量入为出"也是选择媒介时必须考虑的一个重要因素,广告主必须根据自身的财力和经营策略来制订广告计划、安排广告媒介。

媒介费用分绝对费用和相对费用两类。绝对费用指的是使用媒介费用的总额。不同媒介或同一媒介的不同时间与版面的绝对费用是不同的。在现代四大媒介中,电视最高,其次是报纸、杂志和广播。在户外广告中,霓虹灯广告较高,电子翻板广告、灯箱广告次之,路牌广告、墙体广告则较低。

相对费用指的是向每千人传递广告信息所需支出的费用,俗称"千人成本"。其计算公式如下:

$$千人成本 = 广告媒介的绝对费用 \div 预计传播对象人数 \times 1000$$

在考虑媒介费用时,研究一下媒介之间相对费用的高低,具有特别重要的意义。因为广告的绝对费用高,并不等于相对费用高。如《人民日报》与省报,从绝对费用的角度来说,差距很大,但前者的发行量和覆盖区域是省报的若干倍,所以,从相对费用的角度而言,《人民日报》的费用反而比省报的费用要低得多。

4. 媒介的威信

任何媒介都有自身的形象,如日报的端庄肃穆,严谨稳健;晚报的清新明丽,贴近生活,中央电视台的雍容大度,地方有线电视台的灵活多变,等等,这不同的风格造就了它们的形象,而这形象又赋予它们不同的威信。国家级媒介发布的信息,具有绝对的权威性;地方媒介发布的信息,其内容的可信度就会大大降低。从广告的角度而言,媒介的威信对广告效果同样存在着巨大的影响,这就是平常人们所说的"光环效应"。因为人们普遍认为,由于大媒介的广告审查制度比较严格,且收费较高,所以,伪劣产品广告、不真实的广告、不健康的广告等,很难通过这些媒介得到发布,而且实力不雄厚的企业也很难在这些大媒介上做广告;而那些小媒介,尤其是招贴、传单、小报等,则是虚假广告泛滥。因此,在媒介选择过程中,应了解人们对媒介的评价,尤其是广告商品的目标受众对媒介的评价。一般来说,除了特殊需要,大中型企业的中高档商品,不宜在那些本身还在树立信誉过程中的媒介上刊播广告,尽管它们的收费可能要低得多。一个从来不曾在大媒介做过广告的企业,人们很难相信它会是一个实力雄厚的大企业。

5. 媒介的传播质量

大众传播理论告诉我们,在"传者—信息—媒介—受众—反馈"这一传播活动过程中,任何两个环节之间都有可能出现干扰,从而影响传播的质量。在广告宣传中,信息、受众、反馈等环节可以由广告主、广告代理公司自己去操作运行,而在媒介方面,广告主、广告代理公司虽然拥有选择的权利,但传播的质量并不完全取决于你的工作。媒介的传播质量指的是媒介对广告信息的传真程度。虽然媒介的传播质量有一定的偶然性,但这个偶然之中总是包含着某些必然的成分。如果某一媒介经常出现同一问题,其质量就可以由此做出评价。

6. 媒介的适用性

媒介的好坏是相对于具体的商品而言的,甲商品适用的媒介,乙商品就未必适用。媒介的适用性有两个方面的含义:一是指媒介适合进行哪种类型的广告,如报纸、杂志、传单、招贴、样本等适用说明性和印象性广告,电视、广播、路牌、灯箱、霓虹灯等更适合印象性广告;二是指媒介适合哪种商品的广告,如各级机关都必须订阅的机关报,适合诸如办公自动化设备、高级交通工具、中央空调、大型机械等商品的广告,生活类报纸,适合家用电器、化妆用品、服装鞋帽、酒水饮料、医药保健用品、日常生活用品等广告。

7. 媒介的使用条件

现代商战,其竞争激烈程度绝不亚于战场。企业的营销活动需要广告宣传的快捷密切配合。媒介的使用条件,主要指购买媒介广告版面或广告时段的难易程度,手续的简便程度,媒介的服务质量及信誉等方面。在特定的时机与场所,比如为了应付突发事件而需要进行危机公关广告宣传活动,越是快捷,就越是能够争取宝贵的时间,有效防止事态的扩大,化消极为积极,变被动为主动;如果某一媒介不能急企业之所急,这一媒介就不是一个理想的合作伙伴。

8. 媒介的效果性

媒介的效果性是指根据媒介上述各方面情况对媒介进行综合对比与分析评价。媒介的效果性包括两个方面:一是各种媒介之间的相互比较分析;二是与广告主预期达到的广告目标进行比较分析,看哪种媒介或哪几种媒介能够比较理想地实现广告目标。

二、评价媒介的主要指标

1. 视听率

视听率又称覆盖率,主要是指媒介或某一媒介的特定节目在某一特定时间内,特定对象占总量的百分比。这本是媒介单位在测定其受众范围时评价节目或栏目普及状况的一个重要术语。广告公司与广告主将这一概念引入广告领域,目的就是为了使用视听率去计算广告信息的接受率。同样,媒介也将视听率作为广告作品刊播费率的判断标准之一,在通常情况下,视听率越高,广告发布费用也就越高。

2. 毛评点

毛评点又称总视听率,指某媒介在一定时期覆盖率的总和,是刊播次效和每次覆盖率的乘积。通过这个指标,我们就可以测量出媒介计划中的总强度和总压力。例如,一个媒介或媒介栏目的视听率为15%,发布7次,其毛评点就是15%×7=105%;如果广告发布20次,毛评点则为300%。如果在同一媒介的不同栏目中发布广告,毛评点的计算就需要分别计算,然后相加。

需要注意的是,我们用"毛评点"这一概念,是因为它说明的只是送达的总视听众,而不考虑重叠或重复暴露于个别广告媒介之下的因素。对于具体的个人而言,其暴露于广告下多少次就计算多少次数。

3. 视听众暴露度

它指的是某一特定时期内收听、收视某一媒介或某一媒介特定节目的人数或户数的总和,也就是毛评点的绝对值。其计算方式如下:

$$视听众暴露度=视听总数\times视听率\times刊播次数$$

4. 到达率

到达率又称累积视听众、净量视听众或无重复视听众,是指在某一时间段的媒介计划中广告信息经媒介到达某一特定地区的人数,一般以百分比表示。它与毛评点和视听众暴露度的不同之处在于,它不重叠计算,在到达率计算的人数中,每人至少有一次接触该广告信息。

到达率适用于任何媒介。不过在不同媒介之间,由于存在着各自的特点,所以其计算方法在时间周期上有所不同。一般而言,电视、广播、报纸、户外广告等媒介,通常用一个月的时间作为一个周期计算到达率;杂志等媒介则以特定发行期经过全部读者阅读的寿命周期作为计算标准。到达率多在需要进行媒介的组合分析时运用。

5. 暴露频次

它是指在一定时期内,每个人或家庭接触同一广告信息的平均次数。暴露频次的计算公式如下:

$$暴露频次=毛评点\div到达率$$

6. 有效到达率

有效到达率又称有效暴露频次,它是指有多少人接受足够的广告频次,才能知晓广告的信息,了解其内容,并付诸购买行为,真正使广告起到促销的作用。有效到达率要帮助我们解决的是"做多少广告才够"的问题。

受众到底要接触广告多少次才能产生最好的效果?广告心理学家斯坦涅特在研究中发现,某一产品虽然广告播出了8次之多,消费者的学习曲线仍在上升之中,但另一种产品,广告重复4次,即产生了负效果,这是什么原因呢?是产品本身不同,还是所采用的广告策略不一样?确实,有效到达率依赖许多因素,如产品购买周期、信息复杂程度、市场竞争状况与竞争对手的宣传力度、品牌知名度、广告媒介的传播特点等。

一般认为,除非是那些时效性极强、功利性比较弱的速效性广告,如招聘广告、招生广告等,对于绝大多数商业广告而言,到达一次没有什么价值,第二次加上一些价值,第三次才能产生作用。到达某一程度的频度后,其价值递减,并可能产生负面效果。国外广告界一般认为到达6次为最佳,超过8次就可能会使人感到厌倦。

第四节 广告媒介策略

广告媒介策略是广告整体策划的重要组成部分,是成功广告必不可少的环节。它所要解决的问题就是根据广告活动的目标选择"最佳"的媒介与媒介组合,在最合适的时候,用尽可能少的广告费用实现广告目标。这一工作是在完成市场调研和对企业、对产品的分析研究,进行广告宣传主题定位的同时就应开展的。在广告创意、设计及发布、实施过程中,媒介策略也是创意、策划及实施人员时刻不能忘记的重要因素之一。在某种程度上来说,媒介策略是贯穿于整个广告活动的又一条主线。

媒介策略的确定与媒介计划的拟订,需要充分分析上述各个因素,然后进行假设。在假设的前提下,得出一个结论。也可以这样说,媒介计划是媒介计划者在综合了所有的广告知识和对媒介充分了解之后的判断。由于这个判断往往直接决定广告主要花费几十万元、上百万元甚至上亿元的广告费,也在某种程度上决定了广告活动的效果,所以,媒介策略与媒介计划的确定在整个广告活动中就显得特别重要。

广告媒介策略制定的流程:确定媒介目标和任务、解决向谁做广告(广告的目标对象),何时做广告(广告的时机及频次)的问题;选择和规划媒介策略;研究和选择具体媒介,拟订发布日程表。

一、媒介选择策略

1. 媒介策略所要解决的问题

媒介策略所要解决的问题,一般包括如下几个方面。

① 使用哪种媒介或同时使用哪几种媒介进行组合。

② 每种媒介使用多少次。

③ 每种媒介应投入多少费用。

④ 在一年中或某一具体广告活动过程中的什么时机使用哪种媒介。

⑤ 单一媒介的连续运用在不同的时机应采取怎样的递进措施,以使广告主题得以深入。

⑥ 多种媒介的组合运用应如何根据媒介的特点进行有效的组合,以使它们的效用得到最大限度的发挥。

⑦ 如何进行对媒介的调查与联系。

2. 选择广告媒介应注意的问题

在对广告媒介进行选择与确定的时候必须做到以下几点。

① 确定广告的目标市场范围,对产品与劳务的销售市场范围进行细分,力求达到广告目标对象与媒介对象最大限度的重合。

② 要了解媒介传播信息的速度。如报纸有日报、晚报、周二报、周三报、周报、旬报,电视有24小时制、18小时制、12小时制、6小时制、4小时制……不同的媒介有不同的传播速度,时效性强的广告信息就应选用发行周期短的媒介,时效性不强的广告信息则可以选择保存期比较长的媒介。

③ 要考虑所采用媒介千人成本的高低,了解哪种媒介所需费用最低而效果最佳。

④ 要考虑何时采用哪种媒介,设计实施广告和计划广告的媒介进度。市场竞争在某种程度上可以说是广告的竞争,出击的时机至关紧要,出击太早,市场的火候未到,就需要很高的投入才能保持一定的温度;出击过晚,其他品牌已经先声夺人,抢占了有利"地形",就容易陷入被动。媒介进度处理不当,忽紧忽松,忽冷忽热,目标受众就很难对广告商品形成清晰的整体印象,不利于品牌形象的建立。

从现代广告学的角度来研究媒介的进度问题,通常采用如下三种方法。

一是,水平支出法。这种方法适用于经常性购买的产品与消费量较大的产品,如化妆品、服饰、药品、日常生活用品等。采用这种方法选择媒介做广告,每次广告活动所投入的媒介费用大体上基本相同。广告心理学的研究告诉我们,广告经过一段时间不暴露,受众就会出现遗忘现象,时间延长,记忆就会渐渐消失。运用这种方法实施广告,就能够经常对目标受众起到"提醒"注意的作用。选择媒介的具体方法是,人们可能在何时、何处实施购买行为,就在何时和某特定范围利用媒介发布广告信息。

二是，先多后少法。采用这种方法选择和运用媒介，在开始阶段投入较多的广告媒介费用，租用或选定发布广告的场地或时段与版面，在一个时期内展开强烈的广告攻势，当产品或劳务在市场享有一定的知名度以后，再逐步减少广告支出。由于这种方法的前段需要投入较大的费用，所以它主要用于新产品或劳务刚刚投放市场这一特殊阶段，目的在于帮助企业开拓市场，在消费者群中创造新的需要观念和新的生产、生活方式，一旦在消费者心目中确立了良好的形象，潜在的需求量已成定势之后，广告随着多角化、全方位竞争策略的改变而转向"提醒"注意式策略。像空调、电风扇、电暖器等季节性特别强的产品，也常常采用这种策略，在销售旺季到来前夕，利用多种媒介发动强大的宣传攻势，以期在尽可能短的时间内引起人们的注意，建立美誉度，促进销售；而在销售旺季行将消退的时候，逐步减少广告的投入，转入品牌"提醒"注意式的策略。

三是，滚雪球式渐次加强法。由于现代传播媒介的传播速度与传播范围是非常迅速而广泛，又由于现代媒介的广告收费标准是非常之高，一则广告活动的效应往往直接影响甚至决定一个企业的命运，因此，广告主开展广告活动就不能不慎之又慎。采用这种方法选择媒介做广告，开始时是试探性地先在某一小的范围内运用几种易接近目标受众的媒介，将产品或劳务的特点逐一、渐次进行广告诉求认知，以加深人们对其市场竞争能力及其在同类产品中差异性的了解。在探清市场不同层次的消费需要及其特点后，逐渐扩大广告媒介的影响范围，采用的媒介逐渐增多，使广告信息的影响范围越来越广，声势越来越大，直至产品随着需求量与日俱增、生产规模日益扩大，从单一品种生产发展到系列产品生产，由地方市场扩展到区域市场，由区域市场扩展到全国市场，由国内市场扩展到国际市场为止。可见采用这种方法，由于是循序渐进、由小到大地开展与进行广告投入的，所以，能够尽可能地降低广告投入的风险。

对于那些对市场需求状况和发展趋势把握性不大的工商企业或广告人来说，运用这种方法选择媒介，不仅有利于随机应变、稳扎稳打地开展广告活动，而且还能够有效地防止盲目生产、盲目经营、盲目广告、盲目消费，有利于充分提高广告的社会效益与经济效益。正因如此，这种方法的运用范围极其广泛，例如，刚建成投产的企业广告；刚刚引进的某种国外新产品或劳务的品牌、商标广告；在维持与巩固原有市场销售基础上逐步开辟未来市场的产品促销广告；正在试制或研究过程中，先向人们预告某些能引起消费兴趣的知识性、趣味性的资料，待产品大批量投产后需要不断扩大市场范围的广告，等等，都可以采用这种方法扩大媒介的信息传播范围，不断增加广告预算费用的投入比重。

二、媒介组合运用

在现代社会，随着信息量的不断增加，媒介的发展极为迅速，如今我们能够接触的媒介类型与数量是前所未有的。正是因为如此，人们对媒介的接触也已经由过去的被动接受转化为主动选择，从而自然而然地形成了许多相对固定的视听群体，他们大都只关心他们所关心的，对其他的信息往往有某种程度的排他心理。

任何商品或劳务的广告都有它的目标对象，我们选择广告媒介的原则，就是要与目标对象大体吻合。而目标对象的视听习惯及其视听对象又是千差万别的。因此，要想利用单一的媒介把广告信息送达目标消费者的视听范围里，是绝对不可能的。

不同的媒介有其不同的传播特点，也决定了广告不能利用单一的媒介开展声势浩大的广告活动。电视、广播等在时间的流动中展开的、稍纵即逝的媒介广告，适合言简意赅地强调一种感觉，以感性诉求为主；而在报纸、杂志等可保留的媒介上，就可以进行理性的诉求；路牌、灯箱等户外广告媒介，它们自身的特点与人们对它们的接触特点，决定了它们只能做一些印象性广告。

所谓媒介组合就是同时利用两种或两种以上的媒介进行广告的活动。进行媒介组合的最主要的原因是出于以下需要：一是在短期内增强广告效果，如推出新产品，或想取得领导者位置；二是平衡暴露频次，利用多种媒介可使平均频次的分布趋于平衡,增强广告强度。

在媒介组合时,一般应以某一媒介作为主体,然后配以辅助媒介。如果不分主次地完全平均分配,就会使广告活动的相对费用大幅度上升。

一般而言,媒介组合比较好的搭配有如下几个方面。

① 报纸与广播搭配,视觉与听觉的组合,可使各种不同文化程度的消费者都能接受广告的信息传播。

② 电视与广播搭配,利用电视在城市、广播在乡村的普及率,可使城市和乡村的消费者都能接受广告的信息传播。

③ 报纸、电视与售点广告的搭配,有利于在最终实施购买行为的场所提醒消费者购买通过电视、报纸广告已有印象或已有购买欲望的商品,尽量避免消费者随意购买。

④ 报纸与电视的搭配运用,应该以报纸广告做先导,对产品进行全面详细的解释,使消费者对商品或劳务有了初步的了解之后,再运用电视广告进攻市场,这样可使产品销售逐步稳固地发展,或做强力推销。

⑤ 报纸与杂志的搭配,可利用报纸广告的连续性、高频率做强力推销,而用杂志广告的长期渗透来维持与稳定市场,也可把报纸广告作为战术性广告进行地区性的宣传,而把杂志作为战略性广告进行更大范围的宣传。

⑥ 报纸或电视等大众传播媒介与邮寄广告搭配,应先利用大众传播媒介进行印象性宣传,使消费者对广告商品或劳务具备初步的了解,产生初级需求以后,再利用邮寄广告进行强力推销,促使消费者尽快实施购买行为。

⑦ 电视、报纸、广播等大众传播媒介广告与直达广告、售点广告、户外广告的搭配,可以在比较短的时间内,在某一特定的地区掀起一股强烈的宣传攻势,且可以巩固和发展市场。

三、媒介发布计划

一是确定广告发布的频次。考虑有效暴露频次范围、分布状况,尽量以最低成本实现有效到达率的最大化。

二是对媒介发布的集中与分散做出决策。一定量的广告,可以在相对较长的时期内分散播出,也可以集中在较短时期内播出。要充分考虑广告发布的起始时机、时间跨度、发布频次和发布间隔以及购买者的情况等制约因素。

三是选择媒介发布的日程形式。常见媒介发布模式有集中式、连续式、间隙式。发布日程安排模式有均衡型、递增型、递减型、波动型……可根据实际情况选择安排。

当媒介策略制定者进行媒介的各种选择、组合时,媒介计划就已经开始成形。媒介发布计划表一般以一年为期,也可能是某一季度的突击式广告。这一切都要根据预算以及产品销售的季节性、产品的竞争力等因素来决定。知名品牌采用间隙式排期更合理,新品牌采用集中、连续的方式无疑效果会更好。

英国广告学者罗德里克·怀特在《公司广告运作——如何做好你的广告》一书中指出:进行媒介决策时,第一个要做出的决定是使用何种媒介或媒介组合。做出此决定时要考虑的主要是资金、制作组的偏好及经验、客户的偏好及经验、目标受众、产品类型、竞争对手、零售商以及媒介的相对有效性等制约因素。媒介策略及制订媒介发布计划的目的是确保目标受众中的大部分人能够看到足够频度的广告,如果资金有保障,覆盖率是考虑的重点。在选定的媒介或媒介组合里进行媒介决策,主要考虑的是广告刊播的精确位置、大小、长短以及媒介费用排序。广告需要自己一整套的技巧,而媒介则是其中复杂且专业性很强的部分。这需要分析和计算方面的智慧来制订成本效率高的计划,需要策划、创意人员彼此和谐融洽以达到资源和媒介的最佳配合,需要积极的谈判技巧以获得最佳的位置和折扣。

由此可见,制订媒介计划对广告人来说是一种挑战,更是一种必备的职业素质。

第六章

广告的执行过程
GUANGGAO DE ZHIXING GUOCHENG

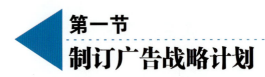
第一节 制订广告战略计划

广告战略计划是通过广告活动促进企业目标的达成,具有全局性、长远性、抗衡性和指导性的计划,而不是着眼于局部的、单项的广告活动,短期的广告行为或眼前利益所做的具体安排。广告战略计划包括广告目标、战略、预算等。广告目标的确定是制订广告战略计划的基础,目标不同,战略也不同。广告战略由基本战略、表现战略、媒体战略构成。

一、营销与广告

营销一词来自英文 marketing,营销、市场营销、市场学都是同一个概念。按照美国市场营销学者菲利普·科特勒的定义,营销是"个人和集体通过创造并同别人交换产品和价值,以获得其所需所欲的一种社会过程"。由此可见,市场营销是以满足人的各种需要和欲望为目的,通过市场将潜在的交换转化为现实的交换。也就是说,开发出一定的产品和服务,提供给消费者。但是,人的潜在需要和欲望必须转化为具有现实购买能力的需求,才能获得某些产品或服务来满足自己。某种产品或服务是否有价值,则主要取决于它满足消费者的程度,满足程度越高,价值就越大。

1. 营销组合

任何一个以营销观念为导向的企业或组织,在制定其营销策略时,首先要解决的一个问题就是如何决定营销组合。营销组合是企业用于追求目标市场预期销售量水平的可控制的营销变量的组合。

在企业的营销活动中,存在两类制约因素:一类是企业自身无法控制的营销环境,如政治因素、经济因素、法律因素、文化因素等;另一类是企业可以控制和调节的变量,即营销组合。

营销组合包括几十个要素。通常将这些变量分为四大类,就是产品(product)、价格(price)、渠道(place)和促销(promotion)。由于这四项要素的英文开头字母均是 P,因此,营销组合也被称为 4P 营销理论。

1)产品

任何能满足人的某种需要或欲望的东西,都可以称为产品。产品既可以是有形的物,也可以是无形的服务。以消费者的需要为中心,产品的开发包括质量、特色、功能、式样、品牌、包装、保证、退货等内容。产品包括三个层次:核心产品、有形产品和附加产品。

第一层是核心产品,解决购买者真正想要获得的利益是什么这一问题。每一产品实质上都是为了解决人们特定的问题提供的。正如查尔斯·雷弗森就化妆品营销所指出的那样:"在厂里,我们生产化妆品,在商店里,我们出售希望。"

第二层是有形产品,包括质量、品牌、特点、式样和包装五个方面。通过有形产品,可以为消费者提供更多选择的可能性。

第三层是附加产品。产品设计者可以提供附加服务和附加利益,进一步打动消费者。附加产品可以通过售后服务和保证获得,也可以通过暗示消费者的心理利益而获得。如"金利来"服饰,就是事业成功的男性形象来影响消费者,获得自己的附加值。

2)价格

价格即定价策略,它是现代市场营销的一个重要因素。价格的制定一般要经过以下几个步骤。

（1）建立企业营销的各种目标。
（2）确定消费者对产品的需求情况。
（3）估计成本的变化。
（4）考察竞争者的价格策略。
（5）选择定价的具体方法。
（6）完成最终的产品定价。

在一些特殊情况下，企业还必须对已经制定好的价格进行适当变动，加以折扣的方式给中间商或经销商以一定的利益，推动其销售的积极性，或为对付竞争而采取降价策略等。

3）渠道

渠道要素包括营销地点、产品覆盖、存货和运输方式等。通常，生产者往往不是将其产品直接出售给最终消费者，而是通过许多执行着不同功能的营销中介机构，形成一定的销售渠道。例如，生产者经常先找一家经销代理商，代理商再将产品批发给零售商，有时代理商和零售商之间还存在二级代理甚至更多环节。

对不同的产品，要求的覆盖程度也不同。消费者日常的消费品，如饮料、牙膏、肥皂等通常是细密覆盖，将产品铺到最小一级的零售商那里。而一些大宗商品，或者是高档次的产品，则往往覆盖那些大商场或专卖店，以提高档次。

4）促销

促销是指为产品被消费者所接受并产生购买行为所做的信息沟通和促进手段。促销包括广告、人员推销和公共关系活动等内容。其中，广告是最重要的促销手段。通过广告，告诉消费者产品的存在以及利益，并说服消费者最终接受并购买产品。

营销组合中的四大要素相互作用，构成一个完整的营销体系。为了正确地认识和摆正广告与营销的关系，必须注意以下两个基本问题。

① 必须明确广告是企业营销的一个组成部分。广告要和其他促销手段配合，与产品、价格和渠道等要素一起实现企业的营销目标，即应将广告置于整个市场营销背景下来探讨其规律。舒尔茨针对这点写道："从事广告的人员似乎忽视，事实上他们不过是企图通过大众媒介推销产品与劳务的推销员而已。他们也似乎忘记，广告之目的只是替产品或劳务对大量潜在顾客或现有顾客在同一时间送达销售信息。公司之使用广告而不用面对面推销的唯一原因，是以时间及成本而论，广告远超过人员推销的效率。"

广告的目的就是促销，因而广告的策略要和整个营销目标相结合，围绕营销目标，配合其他营销手段，以达到更好的效果。脱离企业的营销目标，去运作广告，肯定会遭到失败。只有通过营销的视角认识广告，才能做到有的放矢。

② 广告也有自己特有的规律和运作程序。广告的传播规律、广告的创意和策略、广告媒介的特点等，都有自己特殊的性质，不同于营销的其他要素。也就是说，广告在营销的背景下有着相对的独立性。

广告策略的形成，固然需要对产品和市场的研究，但要将"说什么"变为"怎么说"，从而更好地与消费者进行信息沟通，这就需要创意。因此，广告从市场营销中分离出来，形成一门独立的学科，也证明它需要专门的研究和专门的运作人员。广告还要结合运用多种学科的知识，使其更加有效，除了市场营销学外，还须从传播学、心理学、社会学等学科中吸收营养。那种因为广告是营销的一部分，因而轻视广告自身运作规律的观念，只会损害市场营销的效果。

2. 营销计划和广告计划

在实施广告战略计划之前，必须先了解企业的营销计划。营销计划是指界定和描述企业的全部营销活动，并包括为各种不同产品所做的定价、营销渠道及促销活动等决策与计划的文件。它是一个企业其他行动计划如产品计划、财务计划和人事计划等的起点。因为企业的计划工作总是围绕着利润展开的，而这只有通过营销分析和制订营销计划才能解决。

关于营销计划的内容，美国全国广告主协会曾为其会员制定过一份规范大纲，主要包括企业当年业绩、建议及损益影响、背景分析、机会与问题、营销策略、测定和调查研究等内容。

具体而言，一份营销计划主要应包括以下内容。

① 经理摘要。经理摘要是指为使管理当局迅速了解而提供所建议计划的简略概要。

② 当前营销状况。当前营销状况是指提供与市场、产品、竞争、分配和宏观环境有关的背景数据。

③ 机会和问题分析。机会和问题分析是指概述主要的机会和威胁、优势和劣势，以及在计划中必须要处理的产品所面临的问题。

④ 目标。目标是指确定计划中想要达到的关于销售量的目标。

⑤ 营销战略。营销战略是指描述为实现计划目标而采用的主要营销方法。

⑥ 行动方案。行动方案是指回答该做什么、谁来做、何时做以及所需的成本等问题。

⑦ 预计的损益情况。预计的损益情况是指概述计划所预期的财务收益情况。

⑧ 控制。控制是指说明将如何监控该项营销计划。

通常来说，一份营销计划最详细的部分，是达成目标所要实行的具体活动的描述。其中包括推销、服务、促销、定价、渠道等活动，这些都是与整个营销计划成功与否密切相关的部分。

对于广告计划者而言，营销计划中与其关系最密切的部分应该是其中整个促销和推广计划，即"营销传播"计划。

促销推广计划包括支持产品销售的战略和战术，以及与此相关的人员推销、广告、促销活动和公共关系等内容。对于以广告等为主要促销手段的消费品而言，促销推广计划在整个营销计划中尤为重要。该计划必须将促销各要素有机地整合到一起，根据企业的营销目标，达成传播销售信息的目的。

由于促销推广实施常由不同的部门或人员进行，虽然原则上应该协调一致，围绕营销目标向消费者传达共同的销售信息，但实际操作上则常常会出现错位现象，各干各事，没能集中各要素的优势完成促销目标。因此，对各促销部门和人员进行统一规划和协调是至关重要的工作。

广告计划是促销推广计划而发展出来的一项更为具体、操作性更强的计划。广告计划：一要服从于促销推广计划所定的目标，也即服从于企业的整体营销目标，广告计划虽然可以单独形成，但通常均为营销计划特定的分支部分；二要有自身特定的内容。舒尔茨认为，一份广告计划至少应包括以下四个方面的内容。

① 广告计划应包括这个品牌的背景、历史，以及过去为此品牌所拟订的广告计划的执行情况。

② 广告计划是解释及阐述怎样发展成为计划的逻辑及理由的良好机会，即如何解决问题点和利用机会点。

③ 广告计划是广告运作的行动文件，包括广告的日程表以及协同进行的活动。

④ 广告计划是提供企业管理当局说明为某一产品或品牌的广告预算的纲要。

根据这四项内容，广告计划具体应包括如下七个组成要素：市场分析、营销目标、广告创意策略、媒介策略、促销活动策略、广告预算、广告效果评估方案。

因此，广告策划者必须了解和结合一切必要的营销资料与信息，并将其用于广告计划，否则，广告运作必将达不到应有的效果。

3. 营销目标与广告目标

广告目标是广告运作所要达成的目的。

从最终的结果来看，营销目标和广告目标也存在差别。营销目标通常以具体的形式表述，如销售量、销售金额或利润金额、配销达成量、商店货架陈列空间等，是有形的；广告目标常常不具体，它涉及对消费者心理的影响，如知名、好感、购买欲望等，是无形的，因而用数据来测定广告效果就比较困难。

1961 年美国 R.H.科利在题名为"测定广告效果所规定的广告目标"(Defining Advertising Goals for Measured Advertising Results, 简称 DAGMAR)中，将广告对消费者影响的心理过程描述如下：从未觉察到觉察(指的是首先觉察该商标或公司)—了解(了解该产品是什么,它可以为他们做什么)—信任(引起购买该商品的心理意向或愿望)—行动(掏钱买它)。这一模型也是制定广告目标的最常用方法。

R.H.科利强调,以传播效果衡量广告是合理的。他认为,一次广告运作,首先要建立广告目标,然后针对广告目标来测定广告运作的效果。同时,他还明确指出:"广告工作纯粹是对限定的视、听众传播资讯以及刺激其行动的心情。广告成败与否,应看它能否有效地把想要传达的资讯与态度在正确的时候、花费正确的成本、传达给正确的人。"

R.H.科利提出了制定广告目标的六个要求。

① 广告目标是记载对营销行为中有关传播方面的简明表述,它表明只有广告才具备这种资格去完成这项特定工作,而不包含联合其他营销手段而产生的结果。

② 广告目标是用简洁、可测定的语句表述出来的。

③ 广告的各种目标要得到广告策划者与执行者的一致同意才能确定。

④ 广告目标的制定,应当以对市场及消费者购买动机等方面的详尽掌握为基础,并非毫无事实根据的空想。

⑤ 基准点的决定是依据其所完成的事项能够测定。

⑥ 用来测定广告效果的方法,在建立广告目标时即应制定。

R.H.科利进一步提出"6M"法来界定所要达成的广告目标,即商品(merchandise)、市场(market)、动机(motive)、信息(message)、媒介(media)和测定(measurement)。

按照 R.H.科利制定广告目标的方法,广告目标由以下四个阶段构成。

① 知名。潜在消费者首先一定要知晓某品牌或企业的存在。

② 了解。潜在消费者一定要了解这个产品是什么,能为其做什么。

③ 信服。潜在消费者一定要达到心理倾向并产生购买欲望。

④ 行动。最后,潜在消费者要采取购买行动。

上述四个阶段其实就是前面我们所说的广告对消费者影响的心理过程:"从未觉察到觉察—了解—信任—行动"四个阶段模式。这样,就将广告目标分解为有阶段、有层次的渐进过程,而且是可以测定的。

二、广告战略的制定

广告战略最能体现广告主战略思想,符合广告产品及企业的实际,适应市场营销需要的广告方案。

1. 根据广告信息制定广告战略

根据广告信息,可选择企业形象广告战略和产品信息广告战略。

1)企业形象广告战略

企业形象广告战略是以提高企业知名度,树立企业形象,宣传企业信誉为主要内容的广告战略。一般来说,企业形象广告战略的重点不是直接宣传其产品,而是通过对企业的规模、业绩、历史、实力、精神等特点的介绍来宣传企业,提高企业的知名度和美誉度。

采用企业形象广告战略,有的侧重于提高企业的知名度,有的侧重于提高企业的美誉度。提高企业知名度的广告战略,要注重广告受众对企业的初识度、清晰度和记忆度。例如,某企业通过一次广告活动,目标市场上如有30%的人初识广告主体的话,那么包括以前对广告主体有清晰了解的人不少于20%,而能有效记忆广告主体的人不少于10%。这是通过广告来提高受众对企业的初识度、清晰度和记忆度,进而提高企业的知名度。

提高企业美誉度的广告战略,要注重广告受众对广告主体的认识度、品牌识别度和市场忠诚度。侧重于消费者对企业的好感和信任,在消费者心中树立企业的良好形象,从而对产品的销售起到间接的推动作用,例如,广州白云山制药厂不但频频在报纸、电视上亮相,而且还承包了广州市足球队,举办"白云杯"国际足球赛,赞助《羊城晚报》"佳作评选"活动等,使企业名声大振,美誉度大增。广州白云山制药厂生产的各种药品也畅销全国。

2）产品信息广告战略

产品信息广告战略是以推销产品为目的,向消费者提供产品信息,劝说消费者购买其产品的广告战略。一般来说,产品信息广告战略的重点是宣传该产品独有的特点、功能,以及给消费者带来的好处等。

产品信息广告战略又可分为品牌战略、差别战略和系列战略。下面介绍前两者。

(1)品牌战略。

品牌战略就是在广告活动中统一品牌的战略。美国李奥贝纳广告公司现任董事长菲利龙说:"世界愈来愈小,品牌一致性就相当重要,以免消费者从一个市场到另一个市场时会搞乱。"这就说明,消费者在选择产品时易购买名牌产品。从现代广告学的角度来看,商品生产者、商品经营者以及商品的消费者是以不同的牌子来区别商品质量、性能、用途的。所以在广告传播中,可传递名牌商品,以名牌商品的知名度扩大企业的知名度。其实,统一名牌还可以扩大企业知名度,带动非名牌产品的销售。这种战略的优点是计划性强,立足于眼前,着眼于未来,将名牌产品的销售优势带到非名牌产品中,进而带动非名牌产品的销售,提高企业的知名度。

(2)差别战略。

就是在广告活动中侧重宣传广告产品的特点,强调产品差别的广告战略。采用这种广告战略可以从该产品与同类产品的差别入手进行广告宣传。如果产品质优,可侧重宣传产品的质量优势;产品独特,可侧重宣传产品的与众不同;产品新潮,可侧重宣传产品体现了时代潮流。采用产品差别广告战略还可以通过宣传产品在原材料上、设计上、性能上、价格上的变更来劝说消费者购买,从而占领市场。

2. 根据市场状况制定广告战略

根据市场状况制定广告战略,可选择目标市场广告战略、市场渗透战广告略、市场开发广告战略。

1)目标市场广告战略

目标市场广告战略是企业把广告宣传的重点集中在目标市场上的一种广告战略。市场本身是一个抽象概念,目标市场是对市场的具体细分。市场细分就是以消费者为对象,根据消费者的欲望和需求的差异性,把市场区分为若干个消费者群体,每一个消费者群体就组成一个细分市场。对整个市场进行细分后,就形成了企业的目标市场,针对企业的目标市场设计的广告战略就是目标市场战略。这种广告战略必须反映目标市场的特点,表现不同市场面和层次的差别。

目标市场广告战略主要有两种类型。一种是整体性市场广告战略,即以整体市场为目标市场,仅推出一种产品,使用一种市场广告战略。其关键是在较大的市场中占有较大的份额。另一种是集中性市场战略。即将广告力量集中对准细分市场中的特定市场,争取在较小的细分市场中占有较大的份额。

2)市场渗透广告战略

市场渗透是指拥有老产品的老企业在扩大经营规模和提高生产的基础上,积极利用原有市场的优势,充分发挥自己的特长,不断提高原有产品在市场上的销售增长率和市场占有率,向市场的广度和深度进军。市场渗透广告战略是一种占领巩固原有市场,并采取稳扎稳打的方式逐渐开辟新市场的战略。市场渗透广告战略主要包括两个方面的内容。

① 尽可能挖掘原有老主顾的购买潜力。稳定原有的消费者,保持老主顾购买老产品的数量。这些消费者对老产品的性能比较了解和信赖,在一定条件下形成了习惯性购买行为,要想办法力争让原有的消费者更多地购买原有产品。

② 在稳定原有市场占有率的基础上,大力发展利用原有的产品及市场去争取更多的消费者,开辟新的市场,从同行业竞争对手的市场范围内把消费者争取过来。这就要求企业不断扩大自身产品的销售范围,以产品的独特优势击败竞争对手。要做到这一点,就必须抓好老产品的更新,新产品的开发,发挥原有市场的优势,争取潜在消费者,把产品卖给新客户,努力使潜在的消费者变为现实的消费者。

一般跨地区、跨国家经营的商品,可考虑采用这种广告战略。一是它能最大限度地合理使用广告资金;二是它能利用成熟市场对新市场的号召力,使商品在跨市场间的流动更合理,而且能够减少促销成本。

3)市场开发广告战略

市场开发广告战略是指企业在原有的市场基础上,巩固其产品在原有市场上的占有率,同时将未改变的原有产品打入新市场的战略。通常把这种市场开发战略作为"现有的产品"与"待开拓市场"的组合方式。这一战略的实质是向市场广度进军。

从市场的广度来说,既包括地区性的空间概念,又包含产品的实体概念。前者是指通过市场开发,开辟新的市场,后者是指使产品进入新的销售渠道。采取市场开发战略的企业,通常是老产品在原有的市场上趋于饱和状况,只有开发新市场,向市场的广度进军,找到销售产品的新的途径,企业的产品才有出路。

三、广告预算

预算广告经费是提高广告宣传活动经济效益和工作水平的重要途径。按照广告目标和活动方案所需的费用分成若干项目,列出经费清单,准确地预算出单项活动和全年活动的成本,有利于企业统筹安排、事后核对和考查绩效。

广告经费的预算主要是指项目开支预算,即企业开展某项广告活动所需的经费。预算年度广告项目开支时,除了推算出计划方案中各项活动费用外,还要事先设置应付突发事件的广告活动开支,从资金上保证广告工作的应变能力。

1. 广告预算的内容

广告预算的内容包含两大类:一是直接的广告费用,如市场调研费、广告设计费、广告制作费、媒介租用费等;二是间接的广告费用,如广告机构的办公费用、工资收入和广告工作的杂费等。

在预算和使用广告投入时,可从以下几个方面考虑。

1)预测

通过对市场变化趋势的预测、消费者需求的预测、市场竞争性发展的预测和市场环境变化的预测,对广告任务和目标提出具体的要求,制定相应的策略,从而较合理地确定广告预算的总额。

2)协调

把广告活动和市场营销活动结合起来,以取得更好的广告效果。同时,完善广告计划,实施媒介搭配组合,使各种广告活动紧密配合,有主有次,合理地分配广告费用。

3)控制

根据广告计划的要求,合理地、有控制地使用广告费用,及时检查广告活动的进度,发现问题,及时调整广告计划。

4)效率

广告直接为商品销售服务。因此,要研究广告效率,及时研究广告费使用是否得当,有无浪费,以便及时调整广告预算计划。

2. 广告预算的方法

确定广告预算总额的方法有很多种,每种方法都有各自的长处和短处,没有一种方法被公认是科学的。因此,有些企业在编制广告预算时,往往采取两种以上的方法。

企业常用的确定广告预算总额的方法主要有以下七种。

1)销售额百分比法

销售额百分比法是将销售额的百分比作为广告预算总额。采用这种方法,主要考虑两个因素。一是销售额的高低。通常是根据上年度销售额的多少来确定广告预算总额的多少,有时候是根据下一年度预计的产品销售额来确定。二是广告预算总额占销售额比例的大小。究竟将销售额的百分之多少作为广告费,应视情况而定。不同的产品,不同的市场环境,不同的营销战略,都决定这一比例的变化。

由于销售额百分比法确定广告预算总额简单可靠,因此,被很多企业采用。这种方法的最大缺点是比较死板,不能适应市场环境和竞争状况的变化,不能适应开拓新市场的需要。

不过,在竞争环境比较稳定、能够较为准确地预测未来市场动向和销售额的情况下,采用销售额百分比法是比较适宜的。

2)利润额百分比法

利润额百分比法是将利润额的一定比例作为广告预算总额。由于利润额又分为毛利润、净利润、广告费扣除前利润等几种,其计算方法也各有差别。

利润百分比法既可以用前一年的利润额或前几年的平均利润额乘以一定比例计算,也可以用下一年度的预计利润额乘以一定比例计算出广告费预算总额。

利润额百分比法的缺点也是不能适应环境条件的变化。比如,一个新产品问世,要开拓市场就需要投入较多的广告费,采用利润额百分比法,显然不能适应这种需要。同销售额百分比法相比,利润额与广告费之间的关系更为间接,因而采用利润额百分比法的企业要比采用销售额百分比法的企业多。

3)销售单位法

销售单位,指商品销售数量的基本单位,如一个、一台、一辆、一瓶等。销售单位法规定每一个销售单位上有一定数额的广告费,然后根据商品的预计销售量计算出广告预算总额。这种方法实际是销售额百分比法的一种变形。

采用销售单位法主要有以下两种类型的商品:一种是价格较高的耐用消费品,如机械设备、汽车、冰箱、电视机等;另一种是水果、酒类、化妆品等销售单位明确的商品。销售单位法的优点、缺点同销售额百分比法的优点、缺点是一样的。

4)目标达成法

目标达成法,首先是根据企业的营销目标确定广告的目标,然后再考虑为了实现广告目标应该采取的广告活动计划,如广告媒介的选择、广告表现内容的确定、广告发布的时间、频率的安排等。最后逐项计算实施广告计划所需的费用,累加起来就是广告预算总额。

从理论上来说,目标达成法是比较科学的。但在具体实施中也有很多问题。广告目标通常分为四个阶段,即知名—了解—确信—行为。越到后面的阶段,广告的目标实现起来困难越大。特别是广告影响消费者的购买行为方面,二者关系比例比较复杂,通常企业在宣传新产品时往往采用目标达成法。因为这时的广告目标主要是提高商品的知名度,而这种广告目标与广告发布时间与数量的关系比较明确,因而很容易推算出广告预算的总额。

5)竞争对抗法

竞争对抗法,是根据竞争企业的广告费来确定本企业能与之对抗的广告预算总额。即整个行业广告费用数额越大,本企业的广告费也越大;反之,则越小。竞争对抗法是把广告作为商品竞争的武器,因而需要企业有雄厚的实力做后盾。

6)支出可能额法

支出可能额法,是一种适应企业财政支出状况的方法。要按照企业财政上可能支付的余额,来设定广告预算总额。企业投入的广告费越多,广告活动越容易开展,而且在推销新产品时,采用支出可能额法效果往往比较明显。

7)任意增减法

任意增减法,是以前一时期的广告费为基础,考虑市场动向、竞争情况、企业财务能力等综合因素,根据经验将广告预算总额适当增加或减少。任意增减法虽不够科学,但计算简单,因而仍为一些企业采用。在运用任意增减法时,要求企业负责人具有丰富的经验和较强的判断力。

3. 广告预算的分配

广告预算确定后,则应根据广告计划,将广告费用分解到各个项目,组织、协调、控制广告计划的实施。

1)广告预算分配的项目

广告费用包括市场调研费、广告设计费、广告制作费、广告媒介租金,广告机构的办公费用、人员的工资、促销与公关活动费用、其他广告活动过程中的杂费等。

2)广告预算分配的范围

广告费的分配,即把广告费按一定的标准分解,以保证各部分工作的开展。分配的标准有以下几种。

① 按媒介来分。哪种媒介占多少比例,然后各媒介再来细分。

② 按地域来分。广告对象处在不同地区,由于各地区广告对象有多有少,市场容量也有大有小,对广告费的分配也有差别。

③ 按时间来分。根据广告计划,分阶段划定广告费。

④ 按产品来分。这在多元化生产企业中是常用的方法,不同产品有不同的广告,不同的广告有不同的广告费。

3)影响广告费预算分配的因素

影响广告预算分配的因素是多方面的,在符合企业整体营销活动的前提下,制定广告费用应考虑以下几个因素。

① 产品的生命周期。产品在不同的生命周期应有不同的广告费,导入期、成长期的广告费用应高于成熟期、衰退期的广告费用。

② 产品的销售量。市场容量越大,销售前景越好,则广告费用相对偏高;反之,则偏低。

③ 市场的竞争。市场竞争,关系到企业的生死,任何企业都不敢掉以轻心。因此,竞争越激烈,对广告费的投入相对增加;竞争的激烈程度不高,则广告费可以减少。

④ 市场范围。在局部地区做广告,广告投入量不大即可覆盖;如果市场范围扩大,从一地一市扩大到省,再到几个省乃至全国,其广告覆盖区域越大,投入的广告费就越多。

⑤ 企业的经营状况。如果经济发展顺畅,市场兴旺,商品畅销,则广告费相对较少;如果经济发展不够顺利,商品销售不畅时,往往需要更多的广告费以打通销售渠道,扭转企业的不良处境。

⑥ 媒介优先考虑。广告媒介租用费是广告投资的主体,通常要占到广告总投资的60%～80%。

四、如何拟订广告战略计划

广告战略的基本架构,是为何、对谁、将何种事物、在何时、何处,用什么来进行的问题。因此,广告战略包括目标、构想、时机、地区、媒体五大要素。

(1)目标。

设定目标,才能考虑用什么构想来达成目标,所以目标设定是广告战略的基础。

(2)构想。

针对广告目标,用什么广告内容,这是广告构想问题。但广告传达内容,并非只传达和购买者需求相吻合的商品的所有特性,而是要在竞争中发现最有利的要素,并把它作为广告构想的中心课题。

(3)时机。

针对商品需要期,集中广告,对非需要期,可向消费者建议新的生活方式,例如,开发冬季的冰淇淋、生啤酒市场,所以说广告时机不一定与需要时期一致。

(4)地区。

广告地区要考虑需要大小,把广告集中在需要大的地区,这是通常的做法。另外,还要考虑自身品牌,要根据自身品牌的销售实绩来决定重点地区,而并非完全根据商品需要的大小来决定重点地区。最后,用培植未来市场的观点,对自身品牌弱势的地区做重点考虑。

(5)媒体。

针对广告目的,设定媒体目标。首先要考虑媒体对目标的适合性如何,各媒体都有正负两面,为了选择适合目标的媒体,必须了解媒体特性及其量的、质的以及成本问题;其次要考虑所要选择的媒体对广告对象效率如何,然后从表现战略加以衡量究竟应选择何种媒体才能发挥最大的效果;最后要在广告预算约束下谋求适当的媒体以及广告刊播数量。

1. 整理存在的问题并确定课题(SWOT分析)

在广告客户的定向说明会中,有时会提供诉求对象或市场动向等有关目标市场的信息。但是,对充分了解对象市场的情况,及考虑如何开拓商品或服务的新市场,仅从广告客户那里得到的信息是不够的,所以广告公司还必须通过信息收集或调查,对广告客户定向说明会内容进行验证、修正、发展和补充。

广告公司项目小组中的市场营销成员必须补充收集和分析有关目标商品的市场、商品、品牌、广告等数据,在重新分析广告客户定向说明会内容的同时,提出确立整个广告计划方向的核心概念。此外,如果需要更改商品名称时,有必要进行旨在建立理论根据的调查,或为获得新市场收集市场数据并进行分析。负责这一方面的市场营销成员要对公开的数据进行收集与调查,并加以分析和研究。

在广告运作中,通常采用SWOT分析。SWOT分析是一种为了战略策划、实行企业市场营销的分析手法。它是从内部分析入手,分析企业的强项是什么,弱项是什么;从状况分析入手,分析机会与面临的威胁。SWOT分析过程如下图6-1所示。

	strength(长处)	weakness(短处)
市场环境	整理分析目标市场的规模、地域和季节差异 整理分析竞争状况(市场占有率) 整理分析消费者(目标对象)的特征和流通特性	
商品及 竞争商品的品牌	比较竞争商品、分析和整理目标商品在市场上的容纳程度 分析和整理品牌使用的容纳程度(商品特色、商品形象)	
广告	整理分析目标商品、竞争商品的广告投放状况(广告投放量、广告表达)	

	opportunity(机会)	threat(威胁)
总结	通过分析有关市场环境、商品品牌以及广告的优势和劣势,总结目标商品在达到销售目标过程中所具有的机会和威胁,即存在的问题	

重点课题确认	尽量简洁地整理出需要通过广告解决的重要课题

图6-1 SWOT分析过程

从图 6-1 可以看出 SWOT 分析的主要内容如下。

1）分析市场环境

（1）分析整个市场的状况。

广告公司应独自收集有关目标市场的规模、特性、地域或季节差异等数据，不足的部分要委托广告客户提供。此外，还应切实掌握商品现在所处的生命周期阶段，以便制订战略方案。

（2）分析消费者。

消费者分析的项目有两个方面：一是关于消费者的实际状态和意识，包括购买动机、购买行为、使用的实际状态、商品意识和评价、消费者所认为的商品在市场上的地位等；二是关于品牌的渗透方面，包括品牌销售的要点和品牌形象等。除了考虑消费者购买某商品的行为特点（购买时间、地点等）和使用频率外，还要考虑消费者的基本属性和生活属性，并从中分析提炼出相对应的市场细分化种类及其特点，以及每一个被细分化的对象群体与广告媒体的接触状况。在拟订广告计划时，诉求对象的选择密切关系到广告表现战略和媒体战略，因此是一项极其重要的决策。广告信息的到达率、接触情况以及效果如何，取决于如何选择合适的诉求对象。因此，收集和分析消费者信息是决定广告计划的整个方向的基础。

（3）分析流通情况。

为了调查目标商品最新的流通情况，尤其是这些商品在超级市场、便利店内的销售状况，在收集相关资料的同时，还要去商店进行直接的观察。

流通分析的项目主要有流通的途径、渠道的特性、销售该商品的零售商店数目、各类零售店中经销店所占比例、店内占有率、铺面价格等。

2）分析商品及竞争商品的品牌

（1）分析商品。

研究目标商品能为人们所接受的程度。这是因为商品所处的生命周期阶段（导入期、成长期、成熟期、衰退期等）的不同，会直接影响广告量和广告表现方式，因此必须进行准确的整理。例如，在导入期应该检测商品的知名度，而在成熟期则应该对其与竞争商品的不同之处或渗透率进行检测。

（2）分析竞争商品的品牌。

研究用户连续使用其他品牌的理由、满意度、不满意之处等有关购买、使用的动机。此外，还要把握目标商品最近在市场的动向，以便吸引消费者。

3）分析广告

广告的研究可以通过两个途径：一是研究竞争商品的广告战略，包括广告诉求对象、表现战略、突出商品的哪些特征等，这些数据可以作为自己广告战略的基础；二是研究目标商品在以往的广告中所存在的问题，如果是新商品，则要通过类似商品或竞争商品来分析研究，推测出目标商品的广告战略方向。

在进行 SWOT 分析的过程中，如果有不足之处或疑问，则应独自进行调查，做好补遗工作，以满足广告客户的需求。

4）总结课题

对商品的长处与短处进行客观的整理与分析，总结目标商品在达到销售目标过程中所拥有的机会与存在的问题。

5）设定重点课题

从总结的课题清单中，整理出本次广告计划应解决的最为重要的课题是什么，例如提高知名度，或使消费者认同和接受新的使用习惯等。

2. 拟订广告战略基本方案

在通过 SWOT 分析对广告客户定向说明会内容进行整理的同时，应独自调查尚为不足的数据，明确目标商品的市场形象后,便可着手拟订广告战略基本方案。

1)确定目标市场

通过 SWOT 分析和设定课题,即可确定经过细分的消费者对象,从而进一步研讨应该把哪些商品作为竞争对手的问题。在拟订有关市场需求的战略方案时,应把这些内容加以整理,形成整个项目小组的共识。例如,具体地表现为达到销售目标必须争取市场哪一部分等。又如,把目标对准尚没有使用过目标商品的某地区。

2)确定广告的诉求对象

再一次简洁地整理以下事项:广告的目标对象应是哪一些人;为什么把它列为目标;这些目标的基本特征是什么……当然,还要与应争取的需求市场和商品在市场中的地位相适应。例如:以城市的消费者为对象时,首先要把握这些人是怎样生活的,需要什么样的商品,即要在充分掌握都市居民的一般生活方式的基础上拟订战略方案。

3)明确目标商品的定位

要明确作为战略要点的本商品特征。如何发挥在整理存在的问题和设定课题时所提取的本商品的优势或弥补其劣势,从而确立本商品在市场上的地位。商品定位后,即可进一步明确:以商品的什么内容来做广告,让消费者理解哪一些内容,该商品会给消费者带来哪些利益等。

4)确定诉求要点和表现上的注意事项

确立市场定位后,应考虑如何将明确的诉求点准确地传达给目标受众。尤其是与其他类似商品或服务上的差异,以便使目标对象能够完全接受。这就需要运用传播学与心理学的知识来掌握目标受众的心理。

5)广告宣传时要注意的问题

决定应该说一些什么之后,则要考虑应该如何加以展开,或沿用以往的方法或改变以往的方法,或采用正面进攻,或别出心裁。还要探索媒体的投放策略,究竟是以报纸为中心,还是以电视为中心,或是以户外广告为中心?同时还要考虑与促销或公关配合呼应的问题。

在此,要充分注意广告公司在提案会上所提到的促销要点,拟订战略方案。例如,以电视为中心大量播出,一举提高知名度,以促销活动为主,谋求短期内的高销售额。

6)决定广告的目的与目标

广告目的,是指广告计划应取得什么效果或对诉求对象方面要达到什么目的。在这一目的的基础上将产生广告目标。比如知名度要达到多少百分比,理解度要达到多少百分比,好感度要达到多少百分比,店铺的货架陈列面积要达到多少,如何引导消费者主动试购新产品,或想多买一点,或促使消费者在购买时产生更换一种商品品牌的想法等。

第二节 广告创意和表现

一、广告创意的概念与特征

1. 什么是广告创意

20 世纪 80 年代初,"创意"一词开始在中国广告界出现;但对什么是广告创意,有着种种不同的说法,还很少有一个基本一致的看法。有的人认为"广告创意是把原来的许多旧元素进行新的组合",有人认为"广告创意是一种创造意外的能力",等等。这些说法都有道理,但作为广告创意的定义,却又都觉得不妥。虽然詹姆斯·韦伯·扬曾经对什么是广告创意做过十分精辟的说明,即"旧元素,新组合",在广告界人人都认同,但这仅仅是对广告创意元素的归纳总结,并没有对广告创意的过程做更深入的阐述,严格来说,也不能作为广告创意的定义。

我们认为,广告创意是广告人员在对市场、产品和目标消费者进行市场调查分析的前提下,根据广告客户的营销目标,以广告策略为基础,对抽象的产品诉求概念予以具象而艺术的表现的创造性的思维活动。

对广告创意的这个定义,我们可以从以下几个方面来理解。

1)广告创意从本质上来讲,是一种创造性思维

广告创意,关键就在一个"创"字。创造意味着产生并构想过去不曾有过的事物或观念,或者,将过去毫不相干的两件或多件的事物或观念组合成新的事物或观念。广告创意要求摒弃惯性思维,追求新颖独特,发人之所未发,言人之所未言。

广告活动是否能完成其告知和劝服的职责,在很大程度要依赖于广告作品是否具有创造性。精彩的广告创意使广告诉求语言信息更形象、更生动、更有说服力。

2)广告创意的前提是科学的市场调查

广告创意必须符合广告产品的整体营销目标,为此,广告创意人员就必须充分掌握产品、市场竞争对手以及目标消费者的消费心理等各类信息,以期从中发现或开发出能够有效地达成营销目标的创意主题。

3)广告创意就是善于将抽象的产品概念转换为具象而艺术的表现形式

广告创意固然也是创造性的思维活动,但又与一般意义的创造性思维不同。这其中最大的不同就是广告创意在思维方式上并不是寻找解决某个问题的方法,而是寻求如何用形象生动的表现方式来说明某个事物(产品)的某个概念。这里的关键之处在于转换:将抽象的概念转换为具体的形象,将科学的策略转换为艺术的表现。

4)广告创意的目的是为了塑造品牌形象,体现商品个性

诚然,广告的终极目标无疑是为了促进商品的销售,但并非每一则广告都是为了直达这一目标(比如形象广告)。即使是促销广告,广告也不能只是单纯地号召大家来购买。具体到广告创意这一环节,创意的目的只是如何让目标受众了解商品个性,如何让品牌形象在目标受众的心中扎下根,在此基础上再促使他们心甘情愿地采取购买行动。

2. 广告创意的要求

创意是一种创造性思维,要求突破思维的一切束缚,但是,广告是一种功利性、实用性很强的经济行为,同时又是一种有着广大受众的社会文化现象,因此,对广告创意有着与一般的创造性思维不同的要求,广告创意必须在不自由中寻找更高境界的自由,是"戴着枷锁跳舞"。

广告创意具有以下一些特点。

1)相关性

广告创意必须与产品个性、企业形象相关联。创意的过程是对商品信息的编码过程。受众接受广告信息后,要经自身的译码,在译码中产生联想和会意,使自己的经验、体会与商品信息结合在一起,才能达成沟通。创意把概念化的主题转换为视听符号,直观性强,但也产生了多义性,为了避免产生歧义,创意时要符合相关性要求,即广告传递的信息,必须与商品或企业相关,让人一看(或听)就知道是某商品或某企业的信息,而不能含糊不清或是喧宾夺主。有些产品起用明星做广告,但却没能找到明星与产品之间的联系,创意缺乏相关性,受众看了广告之后,只记得某明星做了一则广告,却把广告所应该表达的主要信息给忘了,这种创意无疑是失败的。

2)原创性

广告创意贵在"新"。要做到这一点,就要突破常规,出人意料,与众不同,切忌因袭雷同,似曾相识。没有原创性,广告就缺乏吸引力和生命力。当然,借鉴是允许的,但不能模仿照搬。只有超越,才能卓越。

3）震撼性

震撼性是指广告创意能够深入受众的心灵，产生强烈的冲击。没有震撼性，广告就难以给人留下深刻的印象。一个人每天要接受大量的广告，要想受众对广告产品留下深刻的美好印象，新颖、惊奇是重要的手法。刺激越强，造成的视听冲击力越大，就越容易给受众留下印象。具体来说，画面、音响、富有哲理的广告语，都能不同程度地造成一定的视听冲击力。只有在消费者心中留下印象，才能发挥广告的作用。而要做到这一点，要吸引消费者的注意力，同时让他们来买你的产品，必须要有很好的创意。当然，这里所说的震撼性产生的印象应该是好的印象。

例如，白加黑感冒片电视广告：

五彩缤纷的电视画面突然消失了，屏幕上一半黑一半白，而且信号极不稳定，此画面一下子引起人们的注意："怎么了，电视出毛病了？"正当你着急的时候，突然看到屏幕上出现一行字："感冒了，怎么办？你可选择白加黑的方法。"紧张的神经才松弛下来，而下面的广告信息已经乘机钻进你的脑子："白天吃白片，不瞌睡，晚上吃黑片，睡得香。"这则电视广告不但引人注意，而且给人印象深刻，其成功之处正在于出人意料，打破现状，使人感到惊奇。

4）简明性

广告创意必须简单明了、纯真质朴、切中主题，才能使人过目不忘，印象深刻。广告大师伯恩巴认为："在创意的表现上光是求新求变、与众不同并不够。杰出的广告既不是夸大，也不是虚饰，而是要竭尽你的智慧使广告信息单纯化、清晰化、戏剧化、使它在消费者脑海里留下深而难以磨灭的记忆。"最好的创意往往是最简单的创意。因为在信息爆炸的当代社会，受众被淹没在信息的海洋中，只有那些简洁明快的广告能够吸引他们。因此在广告创意时，主题要突出，信息要凝练，诉求重点要集中，无关紧要的要删去。电视广告镜头要破除烦琐，反映主信息；平面广告要讲究视觉流程，突显主题，越单纯越易为受众接受。

例如，麦当劳的一则电视广告，画面是一个婴儿在摇篮中荡来荡去，一会儿哭一会笑，笑是因为摇篮荡上去时他看见了麦当劳的标志，哭是因为摇篮荡下来时看不到标志，整个广告极其简洁，没有任何多余的东西，但却形象地将广告所要表达的信息完整地传达给了目标受众。

5）合规

广告创意必须符合广告法规和广告发布地的伦理道德、风俗习惯。由于各个国家的广告法规和风俗习惯都有所不同，因此在广告创意时一定要做到符合规范。比如，香烟广告在很多国家都被禁止在公共场合发布，在我国，不能做比较广告和以"性"为诉求点的广告，等等。

二、广告创意理论

1. USP 理论

USP 理论是由英文 unique selling proposition 的首写字母组成的，是独特的销售主张的意思。它是罗瑟·里夫斯在 20 世纪中期提出的一种有广泛影响的广告理论，其基本要点有以下几点。

① 每一则广告必须向消费者"说一个主张，必须让消费者明白，购买广告中的产品可以获得什么具体的利益"。

② 所强调的主张必须是竞争对手做不到的或无法提供的，必须说出其独特之处，在品牌和诉求方面是独一无二的。

③ 所强调的主张必须是强有力的，必须聚集在一个点上，集中打动、感动和引导消费者来购买相应的产品。

USP 理论指出，在消费者心目中，一旦将这种独特销售主张或许诺同特定的品牌联系在一起，就会给该产品以持久受益的地位。例如，可口可乐是红色，百事可乐为蓝色，前者寓意着热情、奔放，富有激情，后者象征着未来，突出"百事——新一代"这一主题。虽然其他可乐饮料也有采用红色与蓝色作为自己的标准色，但是，可口可乐和百事可乐先占有了这些特性，因而，其他品牌就难以从消费者的心目中将其夺走。实际经验已表明，成功的品牌在多少年内是不会有实质性的变化的。

进入品牌至上的 20 世纪 90 年代,广告环境产生了翻天覆地的变化。达彼斯广告公司重新审视 USP 理论,在继承和保留其精华思想的同时,发展出了一套完整的操作模型,并将 USP 理论重新定义为:USP 理论创造力在于提示一个品牌的精髓,并强有力地、有说服力地证实它的独特性,使之变得所向披靡,势不可挡。达彼斯广告公司还发展、重申了 USP 理论的三个要点。

① USP 理论是一种独特性。它内含在一个品牌深处,或者是尚未被提出的独特的承诺。它必须是其他品牌未能提供给消费者的最终利益。它必须能够建立一个品牌在消费者头脑中的位置,而使消费者坚信该品牌所提供的最终利益是该品牌独有的、独特的和最佳的。

② USP 理论必须有销售力。它必须是对消费者的需求有实际重要的意义。它必须能够与消费者的需求直接相连,它必须导致消费者做出行动。它必须是有说服力和感染力,从而能为该品牌引入新的消费群或从竞争对手中把消费者抢过来。

③ 每个 USP 理论必须对目标消费者做出一个主张,一个清楚的令人信服的品牌利益承诺,而且这个品牌承诺是独特的。

USP 理论的基本前提是,视消费者为理性思维者,其倾向于注意并记住广告中的一件事,一个强有力的声称,一个强有力的概念。由此出发,广告则应建立在理性诉求上。具体来说,广告对准目标消费者的需要,提供可以带给他们实惠的许诺,而这种许诺必然是有理由的,因为理性思维者会在许诺上发问,为什么会有这样的实惠。USP 理论的语法程序就是这样:特有的许诺加理由的支持。

达彼斯广告公司重新把 USP 理论当作是传播品牌独特承诺最有效的方法,USP 理论意味着与一个品牌的精髓所独特相关的销售主张。当然,这一主张将被深深地刻印在消费者的头脑之中;USP 理论广告不仅只是传播产品信息,更主要的是要激发消费者的购买行为。

2. 品牌形象论

20 世纪 60 年代由大卫·奥格威提出的品牌形象论是广告创意、策划策略理论中的一个重要流派。在此理论影响下,出现了大量优秀的、成功的广告。

品牌形象论有以下基本要点。

1)为塑造品牌服务是广告最主要的目标

广告就是要力图使品牌具有并且维持一个高知名度的品牌形象。同时,大卫·奥格威认为形象指的是个性,它能使产品在市场上长盛不衰,使用不当也能使它们滞销市场。因此,如果品牌既适合男性也适合女性、既能适合上流社会也适合广大群众,那么品牌就没有个性了。最终决定品牌市场地位的是品牌总体上的性格,而不是产品间微不足道的差异。

2)任何一个广告都是对品牌的长远投资

从长远的观点来看,广告必须尽力去维护一个好的品牌形象,而不惜牺牲追求短期效益的诉求重点。大卫·奥格威告诫客户,目光短浅一味地搞促销、削价及其他类似的短期行为的做法,无助于维护一个好的品牌形象。而对品牌形象的长期投资,可使形象不断地成长丰满,这也反映了品牌资产积累的思想。

3)品牌形象比产品功能更重要

随着同类产品差异性的减小,品牌之间同质性的增大,消费者选择品牌时所运用的理性就减少,因此,描绘品牌的形象要比强调产品的具体功能特征要重要得多。比如,各种品牌香烟、啤酒、纯净水、洗涤化妆用品、服装、皮鞋等都没有什么大的差别。这时,为品牌树立一种突出的形象就可为厂商在市场上获得较大的占有率和利润。大卫·奥格威把品牌形象作为创作具有销售力的广告的一个必要手段,即在市场调查、产品定位后总要为品牌确定一个形象。

4)广告更重要的是满足消费者的心理需求

消费者购买时所追求的是"实质利益 + 心理利益",对某些消费者来说,广告尤其应该重视运用形象来满足其心理的需求。广告的作用就是赋予品牌不同的联想,正是这些联想给了它们不同的个性。不过,这些联想重要的是要符合目标市场的追求和渴望。"万宝路"之所以知名,实际上不是它的烟味,也不是该香烟的其他什么内在的特性,而仅仅是该品牌形象,具体来说,该商标给消费者唤起的是一些综合的极为丰富的联想。它们是虚构的西部地区、到处漂泊的牛仔、自由、独立、大草原、强壮的男子汉等构成的一幅多姿多彩的动感世界。而这些景象正好迎合了许多人的幻想。

5)品牌广告的表现方法

大卫·奥格威还提出了一些关于品牌广告的秘诀,比如广告的前十秒钟内使用品牌名,利用品牌名做文字游戏可以使受众记住品牌,以包装盒结尾的片子较能改变品牌偏好。而歌曲、太多的短景则不能改变品牌偏好。幽默、生活片段、证言、示范、疑难解答、独白、有个性的角色或人物、提出理由、新闻手法、情感诉求等可以改变消费者对品牌的偏好度。

综上所述,无论USP理论还是品牌形象论,两者都在追求对品牌的确认,USP理论立足于理性诉求,而品牌形象论则更多诉求于情感因素。实质上,任何理性诉求都暗含着情感的因素。这不仅表现在产品提供的实惠给消费者带来的满足会产生积极的情感体验,而且产品的理性诉求往往需要有情绪的激发来补充。比如,雀巢咖啡突出"味道好极了",这是该广告集中于味觉的USP理论,而这种USP理论正是通过一个给人好感的模特儿,以其自然潇洒的神态表达出饮后无限的美味感受,给人强烈的感染力。

3. ROI理论

ROI理论(relevance originality impact)是一种实用的广告创意指南,是广告大师威廉伯恩巴克根据自身创作积累总结出来的一套创意理论。其基本要点有以下几点。

① 好的广告应具备三个基本特质:关联性(relevance)、原创性(originality)、震撼性(impact)。

② 广告与商品没有关联性,就失去了意义;广告本身没有原创性,就欠缺吸引力和生命力;广告没有震撼性,就不会给消费者留下深刻的印象。

③ 同时实现"关联""创新"和"震撼"是一个高要求。针对消费者需要的"关联"并不难,有关联同时点子也新奇较容易办到。真正难的是,既要"关联",又要"创新"和"震撼"。

达到ROI理论必须具体明确地解决以下五个问题:一是广告的目的是什么;二是广告做给谁看;三是有什么竞争利益点可以做广告承诺,有什么支持点;四是品牌有什么独特的个性;五是选择什么媒体是否合适,受众的突破口或切入点在哪里。

从以上的论述我们可以看出,广告的成功与否,首先是广告与所宣传的产品关联性到底如何。有的广告,广告创意人及广告主都觉得有创意,能在众多的信息中跳出来,但与所宣传的产品关联不大,消费者看了后,根本不知道宣传的是什么,不管其多有创意,都是失败的,因为忘了广告本身的经济功能。除此之外,我们请一些明星做广告,很多广告就成了明星的宣传片,受众记住了明星,而不记得产品,特别是一些明星做多个产品的形象代言人时,其广告效果更差。强调了广告与产品的关联度后,我们说,原创性是评价一则广告好坏的重要指标,因此广告是否具有原创性作为各大广告奖项评奖的重要指标。从消费者的角度来看,原创性的东西,新异的刺激容易引起消费者的注意。人云亦云的广告只能被其他信息淹没,甚至,使消费者感觉像东施效颦,从而产生反感,起到消极的宣传效果。广告的原创性,易引起消费者的注意,但一则好广告,引起消费者注意只是广告目的的第一步,最终要震撼消费者,引起消费者的兴趣,产生共鸣,使其对宣传的产品产生好感,从而产生一种购买欲望,最终产生一种购买行为。

4. 共鸣论

共鸣论主张在广告中述说目标对象珍贵的、难以忘怀的生活经历、人生体验和感受,以唤起并激发其内心深处的回忆,同时赋予品牌特定的内涵和象征意义,建立目标对象的移情联想。通过广告与生活经历的共鸣作用而产生效果和震撼。

共鸣论最适合大众化的产品或服务,在拟定广告主题内容前,必须深入理解和掌握目标消费者。通常选择目标对象所盛行的生活方式加以模仿。运用共鸣论取得成功的关键是要构造一种能与目标对象所珍藏的经历相匹配的氛围或环境,使之能与目标对象真实的或想象的经历连接起来。'

共鸣论侧重的主题内容是:爱情、童年回忆、亲情。建立在共鸣论基础上的优秀广告并不鲜见,影响和传播效果非常出色的香港"铁时达"手表的广告是一个典型的案例。"不在乎天长地久,只在乎曾经拥有"的广告词配以兵荒马乱战争年代的动人爱情场面,使消费者对该品牌产生强烈的共鸣。2001年在全国各大电视媒体热播的雕牌系列广告,雕牌洗衣粉运用下岗女工找工作,懂事女儿理解妈妈,帮妈妈干活的动人场景,配以"妈妈,我能为您干活"的极其煽情的话语,以引起其目标消费者情感的共鸣。

5. 定位论

定位论是20世纪70年代由艾尔·列斯与杰克·特劳特提出的,它们对定位下的定义为:"定位并不是要您对产品做些什么,定位是您对未来的潜在顾客心智所下的功夫,也就是把产品定位在未来潜在顾客的心中。"主张在广告策略中运用一种新的沟通方法,创造更有效的传播效果。

1)广告定位的基本主张

广告定位的基本主张有以下几点。

① 广告的目标是使某一品牌、公司或产品在消费者心目中获得一个据点,一个认定的区域位置,或者占有一席之地。

② 广告应将火力集中在一个狭窄的目标上,在消费者的心智上下功夫,是要创造出一个心理位置。

③ 应该运用广告创造出独有的位置,特别是"第一说法、第一事件、第一位置"。因为创造第一,才能在消费者心中形成难以忘怀的、不易混淆的优势效果。

④ 广告表现出的差异性,并不是指产品具体的特殊的功能利益,而是要显示和实现品牌之间的区别。

⑤ 这样的定位一旦建立,无论何时何地,只要消费者产生相关的需求,就会首先自动地想到广告中的这种品牌、这家公司或产品,达到"先入为主"的效果。

目前,定位论对营销的贡献超过了原来把它作为一种传播技巧的范畴,而演变为营销策略的一个基本步骤。这反映科特勒对定位下的定义上:是对公司的提供物和形象的策划行为,目的是使它在目标消费者的心智中占据一个独特价值的位置。科特勒把艾尔·列斯与杰克·特劳特的定位归为"对现有产品的心理定位于再定位。"显然除此之外,还有对潜在产品的定位。

2)常用广告定位的方法

常用广告定位的方法有以下几种。

① 首次定位。定位对象首次进入空白心智,对于受众来说,这方面的信息是第一次感知的,占的次序是最先与占的位置最大。比如农夫山泉第一个提出"有点甜"这一概念特征,同时第一个采用特殊瓶盖,靠着两个方面的首次定位,农夫山泉很快被消费者接受,迅速畅销于市场。

② 关联定位。关联定位是使定位对象与竞争对手发生关联,并确立与竞争对象的定位相反的或可比的定位概念,使宣传的品牌既与现有商品类别有关联,又有区别。日本一家经济暖气机同时兼有中央暖气系统和石油或瓦斯暖气炉两种商品的特性。中央暖气系统费用高昂又不适合小房间,石油或瓦斯暖气炉有油烟气味,经济暖气机排除了两者的缺点。经权衡得失,厂商决定采用与中央暖气系统造成关联的商品定位,并以"中央暖气系统新发现——小房间专用"为广告标题,因而获得意外的销售业绩。

③ 特色定位。在遇有无敌地位的竞争对手的情况下,可利用自己在潜在受众心理中所拥有的地位,并巩固之,使之确立为心中同类对象的新位置。七喜的"非可乐"定位就是一个典型的关联定位。既借可乐的名声提高自己的知名度,又突显自己与可乐的不同。

6. 品牌个性论

对品牌内涵的进一步挖掘，美国 Grey 广告公司提出了"品牌性格哲学论"，日本小林太三郎教授提出了"企业性格论"，形成了广告策划创意策略中的另一种后起的、充满生命力的新策略流派——品牌个性论。该策略理论在回答广告"说什么"的问题时，认为广告不只是"说利益""说形象"，而更要"说个性"。

个性是个社会范畴，是许多学科研究的对象。学科视野不同，对个性概念的解释也不同。心理学学者大部分认为，个性是由各种属性整合而成的相对稳定的独特的心理模式。我国古代一句老话"蕴蓄于中，形之于外"能很好地概括出个性的内涵，即个性就是人的表里的统一体。品牌个性就像人的个性一样，它是通过品牌传播赋予品牌的一种心理特征，是品牌形象的内涵，它是特定品牌使用者个性的类化，是其关系利益人心中的情感附加值和特定的生活价值观。品牌个性具有独特性和整体性，它创造了品牌的形象识别，使我们可以把一种品牌当作人看待，使品牌人格化、活性化。对品牌个性可以做以下分析。

1）品牌个性为特定品牌使用者个性的类化

当我们想到一个人时，首先是用性别（男性或女性）、年龄（年轻或年老）、收入或社会阶层（穷人、工薪阶层、富人）来加以描述。同样品牌通常也能被认为是男性化的或女性化的、时髦的或过时的……如在考虑有关零售商店的个性时，很可能感受到社会阶层的差异：一家在上海南京路上的大型商场比联华超市或农工商超市明显具有更高贵的个性。除了商品的质量与价格外，这种商店的个性也通过设计、建筑、装潢、广告中使用的标志、颜色、特征以及销售人员的制服来创造。实际上，正是这些组成部分使任何服务企业的形象或个性"有形化"。

人们已用成百上千个形容词来描述彼此个性特征，如我们将某人描述为热情、愚蠢、心灵卑劣、有闯劲，等等。类似的，一个品牌的特点可以是冒险的、顽固的或是易兴奋的且有些粗俗的。詹妮弗·艾柯综合研究提出了五个品牌个性因素，即"真诚""兴奋""能力""复杂性"和"单纯性"。如海尔使你立即联想到活泼可爱的海尔兄弟，每时每刻使你体会到"真诚到永远"；麦当劳总令人联系起"罗纳尔德、麦当劳"的特色：以年轻人或小孩为主的顾客群，开心的感受、优质的服务、金黄色的拱门标识、快节奏的生活方式，乃至炸薯条的气味；万宝路香烟则体现出西部牛仔的豪放形象。

2）品牌个性是其关系利益人心中的情感附加值

品牌个性具有强烈的情感方面的感染力，能够抓住消费者及潜在消费者的兴趣，不断地保持情感的转换。品牌个性蕴含着其关系利益人心中对品牌的情感附加值。正如我们可以认为某人（或某一品牌）具有冒险性并且容易兴奋一样，我们也会将这个人（或品牌）与激动、兴奋或开心的情感联系起来。另一方面，购买或消费某些品牌的行为可能带有与其相联系的感受和感情。如喝喜力啤酒表达了一种豁达；穿红豆衬衣产生相思的情怀；戴戴比尔斯钻石代表着爱情，代表着坚贞，正如其广告语表达的"钻石恒久远，一颗永留传"，等等。

3）品牌个性是特定的生活价值观的体现

价值观可以表现为对令人兴奋的生活的追求、对自尊的追求、对理智的需要、对自我表现的要求，等等。每个人将不同的价值观作为其生活中心：有的人可能对娱乐和刺激充满追求，有的人也许更关心自我表现或安全。具有独特性的品牌，可以与某一特定价值观建立强有力的联系，并强烈吸引那些认为该价值观很重要的消费者。例如，"金利来——男人的世界"，是成功男人的象征，就容易被成功或渴望成功的人所认同。"爱立信"品牌一直沿用广告语"一切尽在掌握"，经常唤起消费者接受生活挑战，把握机遇，开拓进取等联想。这些联想正好迎合了消费者渴望成功的心愿，足以引起购买动机。

三、广告创意的方法

1. 启发构思法

启发构思是由周围环境中的事物、现象引发产生灵感、创意的过程，许多杰出的科学发明创造都与此法有密切的关系。在这个方法中，个人的经历、所见所闻对产生新的点子十分重要。所以许多科学家、发明家在进行科学研究和技术发明之余，常常要外出领略一下自然景观，以便从中获得灵感。

在广告实践中，启发构思法的运用并不难看到。最典型的一个例子就是大卫·奥格威的 Hathaway 衬衫广告创作。在构思 Hathaway 衬衫广告时，大卫·奥格威曾想出几个创意，但是没有一个让自己感到满意。后来有一次在摄影棚里他看到一个黑色的眼罩，因而产生了闻名广告界的"黑眼罩男人"的广告创意（见图 6-2）。在现代电视广告中，许多用象征性、借喻式或暗示性表现手法创作的广告作品都是启发构思的产物，这类例子不胜枚举。

2. 顿悟构思法

顿悟构思法的特点是创作者对问题情境有了足够的认识，具体而言就是创作者对产品特点、产品定位，以及广告活动所欲达到的目的等条件都有了清楚的认识，但一时难以形成或产生一个点子。在一段时间里，创作者似乎无所作为，过后创作者忽然感到什么都已清楚明晰，因而一个创意就产生了。

3. 水平思考法

水平思考法又叫侧向思考法，是英国心理学家戴勃诺提出

图 6-2　Hathaway 衬衫广告

的一种创造的方法。他认为我们平时的思维方式是偏重于已往的经验和模式，受到思维定势的影响，而跳不出老框框。所谓思维定势是人在思考时心理的一种准备状态，它影响解决问题时的倾向性。思维定势常会影响思维的变通性。例如问你这样一个问题：小李进房间后，没有开灯就找到了放在桌子上的黑手套。这是为什么？通常情况下，当听到"没有开灯"时就会有一种倾向认为这是在晚上发生的事，因为晚上和灯之间有一种符合常规的固定的联系。因而，在解决这个问题时，由于"没有开灯"暗示你进入一种习惯性的思维中，使你的思维方向往"在晚上如何照明找物"这一方面去思考。这种遵循已有的经验，按常规思考的方式，戴勃诺把它称为垂直式思考。而如果突破一贯的思考方向，不受思维定势的影响，不认为这事发生在晚上，问题就迎刃而解了。答案是白天进房间，当然不用开灯也十分容易找到东西。这种不受常规约束，摆脱旧经验、旧意识的思维方式被戴勃诺称为水平式思考。

显而易见，水平式思考法更能创造出新的观念，在用此种方法时要遵循的原则是：一是摆脱旧意识与旧经验，破除思维定势，更好地体现发散思维的特点；二是找出占主导地位的关键点，例如前面的例子中，关键点是"找手套"，而不是"如何照明"；三是全方位的思考，大胆革新，找出对问题的新见解；四是抓住头脑中的"一闪念"，深入把握新观点。

水平思考法能够产生有创见的想法，因而是广告创意时常用的思维方法，然而水平式思考并不是排除垂直式思考，二者常常是互为补足，取长补短。

4. 逆向思考法

逆向思考法又称反向思考法，是一种向常规思路反向扩张构思的方法。实际上，这种思维方向应包括在水平式思考法之中。由于利用这种思路常常能较为直接地解决问题，且相对而言更易掌握，因而格外提出来。这种方法就像在中学学习数学时用的一种解题法即反证法。通常的解题法是从已知条件出发来思考如何解决问题，而反证法是从求解出发，反推找到与已知条件相符合的出路。

运用逆向思考法时，需要掌握两个要点。一是，这种反常思维的传达应恰当，语言要实在且幽默。如"杉杉西服，

不要太潇洒"是一种恰到好处的反向思考的表达。二是,应用逆向思考法是有条件限制的,不是所有的问题都能从逆向得到求解的。因而在创意中这种逆向思考法必须以消费者能认同为条件。例如,伦敦最大的书店布莱克威尔要做一个在此书店购物舒适自由为主题的广告,想从逆向去构思,但不知"服务不必过于周到"是否符合消费者的需要。调查发现,在一片服务至上的宣传中,消费者有这样的反应,有时想去商店看看,并不一定要买商品,由于服务员紧跟在身边,过于热情地介绍商品和服务,令人感到厌烦,或感到不买东西没有面子;再者会使人感到像被监视,有时不买东西就不去商店。商店当然希望顾客常来光临,虽然当时不买,但会成为潜在的顾客。这种调查的结果刚好与逆向思考的结论相符,因而布莱克威尔书店在广告中大胆应用逆向思考的构思,其内容为"当你光临布莱克威尔书店的时候,没有一个人会问您要买什么。您可以信步所至,随便阅读,放心浏览。店员只在您需要的时候才为您效劳。您不招呼,他们绝不打扰。无论您来买书或来浏览均欢迎。这就是布莱克威尔书店一百多年来的传统。"这则广告使顾客感到亲切生动,符合心意。

5. 金字塔法

这种方法是说思考时的思路从一个大的范围逐渐缩小,而每次缩小都用一定的目的加以限制,删除多余的部分,等于上了一个台阶。就像一座金字形的塔,而在每一层面上思考的路线都是由发散思维到聚合思维。假如要为某啤酒做广告,在你没有对啤酒进行调查,也没有听到客户的具体要求之前,就先用自由联想法由啤酒想开去,由啤酒联想到朋友、宴会、欢乐、休闲、旅游……让你的思绪随意飘飞;而此时你可随手记下你的这些联想而不加评价。做这一步的目的是在你头脑中没有任何条条框框的情况下,根据你以前的知识经验,启动发散思维,可进行大范围的资料搜索。

接下来,将自己想成是一个要买啤酒的消费者,这时会考虑什么因素?如会考虑它的价格、口味、品牌、色泽、泡沫、度数及附加价值、是否可显示身份等。这个过程既需要思维的发散能力,还需要观察与移情能力,在这之后是大量搜集有关商品、市场、消费者及同类广告的资料,并与广告主协调,从发散思维的各条线索中求同,做出评价,并在营销策略指导下,找到广告要"说什么"(what),这是一个从发散到聚合的思维过程。

假如确立了突出啤酒新鲜的定位点,可进入下一层塔中,再从新鲜这一点出发,发挥想象与创造力。确定广告"在哪里说"(where),即广告在哪儿发布,结合媒体策略,用这种聚合思维得出的"在哪里说"限制前面所做的发散,因为不同的媒体有不同的心理效果和表现手法。同时登在什么地方,还受到媒体技术水平的限制。这是第二层塔。

再下来要用另一个聚合思维的结果来限定你的发散思维,即"什么时候说"(when)。广告登载的时间不同,要求表现的手法也有所不同,产品生命周期不同阶段,其诉求主题、表现方法也应不同,这是第三层塔。

第四层塔在第三层塔基础上发挥创造性,限制"对谁说"(who)。这时要把广告对象描述成具体实在的个体,一则广告不可能面对所有的消费者,而是面对特定的消费群体。如金利来主要是针对事业有成的男人,娃哈哈主要是针对儿童。一旦你把消费对象定为某一类人,把它设想成一个对你的专业有最基本了解的,很关心它如何发展的人,你说话的语气、用词、方式自然就有谱了。

第五层塔的目的更为重要,就是找出"为什么说"(why)。创造性思维不仅是产生新奇绝妙的想法,更重要的是找到它们之中的新的内在联系,在广告创意中,新异是为了达到引人注目的目的,然而这种新与商品或消费者要有内在的关联,就像相声里的"哏",不仅要逗笑,说出来还要合情在理。如把啤酒与朋友联系在一起,与绿色相联系,表达一种朋友间的情谊,比较合理,如果把啤酒与古代皇宫相联系,寓意啤酒的珍贵,但我们认为啤酒是一种舶来品,主要表现的是现代与休闲,皇宫不够贴近生活,也略显沉重。

6. 辐射构思法

一场广告运动通常包括一系列的广告,而一系列的广告又围绕着同一主题。辐射构思法往往就是以广告运动的主题为基点,任凭创作者的思维、想象驰骋。在产生若干有关创意之后,创作者再从中选择出一个适合广告主题、有创造性、有诉求力的创意。例如，为了突出医用胶的黏合功能，创作者可以尽自己所能，想出若干表现黏合功能的创意，如用现实的表现手法表现医用胶在医学临床上的运用，或用瓷器破碎重新融合的借喻方法来表现其功效，还可以用权威医生的证言来传递医用胶的功能信息，等等。有了这些点子后，创作者再根据本产品的特点、消费者的心理以及目前广告制作的条件要求等，确定一个合适的创意。不过，有时所确定的广告创意不一定很完善，必须加以适当的修改、发展，或综合其他创意的优点。

辐射构思法的优点是对思考过程的限制较少，有利于产生一些新奇、独特的创意。使用该方法进行广告创意时，要特别注意，不要轻易地否定自己所想到的点子，不管这点子是荒唐离奇，还是俗气可笑。而且当点子一旦在头脑闪现时，就要立即把它记录下来，以免遗忘。

7. 詹姆斯·韦伯·扬创意法

詹姆斯·韦伯·扬是美国著名的广告人，曾任智威汤逊广告公司的创意总监。他认为新构想是不折不扣的老要素的新组合。在阐述老要素是如何进行新组合以形成一个新构想时，他认为这个过程可分为下列五个步骤。

1) 收集原始资料

原始资料分一般资料和特定资料。一般资料是指人们日常生活中所见所闻的令人感兴趣的事实；特定资料是与产品或服务有关的各种资料。老要素即从这些资料中获得。因此要获得有效的、理想的创意，原始资料必须丰富。

2) 思考和检查原始资料

这一步骤就像吃食物一样，对所收集的资料进行理解消化。

3) 酝酿阶段

在这一阶段，创作者不要做任何努力，尽量不要去思考有关问题，一切顺其自然。简言之，就是将问题置于潜意识之中。

4) 创意产生

经过酝酿阶段，你可能没有期望会出现什么奇迹，但奇迹就莫名其妙地出现了，即一个新的构想诞生了。

5) 形成和发展构想

一个新的构想不一定很成熟、很完善，它通常需要经过加工或改造才能适合现实的情况。

詹姆斯·韦伯·扬的创意产生法跟英国心理学家瓦拉斯对创造性思维过程的描述相类似。该方法自提出之后，得到广告界的广泛运用和讨论。

8. 脑力激荡法

该法由奥斯朋首创。具体的做法是，召开一个10～15人的小型会议，会议的内容提前一到两天通知参与人，会议的参加者包括广告业务人员和广告创作人员。参加者在结构因素上(年龄结构、专业结构、性别结构、能力结构、性格结构、知识经验结构等)具有良好合理的搭配，能够取长补短、有机结合，会议成员须忘记自己的职务，人人平等，畅所欲言，通过相互激励，相互诱发产生思考的连锁反应，充分激发每个人的创造力，从而产生更多的创意。运用这种方法要遵循以下的原则。

① 会上禁止批评和反驳别人的创意，保持良好的创造气氛。

② 对创意的质量不加限制，而要求创意的数量越多越好。参与者可自由联想，任意发挥，毫无限制地发表见解。

③ 可以利用别人的创意激发自己的联想，组合产生新创意。这种动脑会议因为具备集体创造的人员结构和创造气氛，更能发挥每个人的创造力，在相互启发中扩展思维的变通性，使之产生 1+1＞2 的合力效果。

在动脑会议之后，由会议记录员记录整理，会议主席将这些创意分类，再让有关人员评定，并按销售策略，取其精华，成为进行下一步创意的基础，最终产生实际执行操作的广告创意。这是一种行之有效的集体创造的方法。

四、广告制作的表现技巧

广告运动中,如果说创意是灵魂,是理想,那么广告设计制作就是将这个理想付诸现实的工作。创意是一个永无止境的追求,设计也同样有着无比宽广的空间供你驰骋。尤其在今天,信息的时代,各种各样丰富多彩的媒体为广告人提供了无穷的表现手法。

应当说,广告设计制作是将创意者的天才思维传达给受众的过程中必须经过的过程,没有准确的表现,广告就无法达到预期的效果,一切构思都将付诸流水。下面是广告表现的一些技巧。

1. 平面设计的视觉强化

1)用色彩传达情感

色彩对人的心理有着普遍的影响,这一点我们大家在生活经历中肯定早有感受,它能够唤起各种情绪,表达感情,甚至影响我们正常的生理感受。因此,在广告设计中充分运用色彩可以有效地加强广告对受众的情感影响,从而更好地吸引有效注意,传达商品信息。

一般来说,每一种颜色都与一些相应的情感相联系。白色一般会使人想到清洁、纯洁、神圣、诚实。少女穿上白色的服装会给人以纯洁的感觉,但在中国的许多地方,送葬时穿的是白色服装,因此,白色也会产生死亡的联想。黑色是夜晚的象征,因而会使人产生罪恶、悲哀、压抑、死亡、庄重的感觉。红色具有刺激人的生理欲望的作用,同时与温暖、危险、争斗、愤怒相联系。此外,红色还有吉利、吉祥、好运气的意思。黄色表示愉快、舒适,同时也可能使人产生富裕、高贵的联想。绿色是生命的象征,容易使人产生和平、充满生机以及平静、安宁的感觉。蓝色与广阔的天空和大海相联系,会使人联想到遥远、冷淡、寂寞、朴素。紫色可以使人联想到优雅和威严,还有优美、满意、希望、生机的感觉。

由于不同的颜色各有其不同的心理意义,所以在进行企业形象的视觉设计以及个别广告的创作设计时,应该注意颜色的运用要与广告活动的理念、主题、基调以及产品的特点相协调。从一些国际知名品牌的广告活动中,我们也可以看出,它们非常重视广告色彩的选择运用。例如万事发香烟广告,都是以天蓝色为基调,来衬托该商品的"淡雅飘逸"的特点。而万宝路香烟则以红色作为广告的基色,来进一步突出西部牛仔的"冲劲"。

运用色彩传递情感,我们也应注意以下几点。

(1)切勿为了标新立异而滥用色彩,或许你选择的色彩很吸引人,但并不恰当。别让受众的眼睛太累。

(2)在颜色的选择使用时,也要注意到颜色的心理意义因地区和文化的不同而不同。在许多国家,绿色都象征着生命和和平,而在马来西亚,绿色则会让人想到森林和疾病,绿色还是埃及和叙利亚的国色,用在商品上不受欢迎。在我国,红色象征着喜庆、欢乐和胜利等,爆竹染上红色是合情合理的事,而西德和瑞典人不爱滥用红色,所以我国原先出口到这两个国家的红色爆竹不受欢迎,改为灰色后则销路大增。

2)字体形象化

在广告表现中,将品牌名称或标题口号深深印入受众的记忆,是广告创作者追求的目标。字体形象化是一种非常有效的手段,可以扩大文字的内涵,传播更多的信息。同时,字体被变幻成形象,也使文字不再仅仅是一种符号,变得富有生气。这样,它可以同时既是文字又是形象,通过受众的抽象思维和具象思维一起发生作用。事实证明这是一种成功的做法。

中国民间艺术中有一种画字,你可以看到卖字老人是如何用丰富多彩的颜料来画字的。他一会儿画一轮红日,一会儿描一只白鹤,很快一副"福如东海长流水 寿比南山不老松"的对联写成,所有的部首都是七彩的形象,跃然纸上。在西方最典型的例子是把"love"中的字母"O"变成心形,非常简单却非常成功。

我国古井酒业集团的标识就是把其品牌名"古井"两字进行巧妙的变形、组合而成。标识下面是一个红色的圆,上面一个苍劲的书法"井"字,组合在一起就是一个"古"字,单看标识的上部就是"井"字,标识就是把品牌名进行有机的变形,简洁明了,内涵深蕴,易识易记,极富视觉冲击力,是一个非常成功的标志(见图6-3)。

图 6-3　古井酒业集团 logo

字体形象化可以使你的广告诉求力得到加强,让枯燥的文字符号变成美丽的形象。字体形象化需要考虑的有以下两个问题。

① 不要把文字形象化到不再成其为文字的地步。

② 形象化的部分不要重复出现太多,否则会引起受众厌烦的情绪。

3）让画面残缺

在一般的广告表现中,创作者总是用画面的完美来喻示产品或服务的无懈可击。但是画面的不完整同样可以传达很出色的诉求。因为受众总是对不同寻常的事物有着极大的兴趣,渴望知道原委,在求知欲的驱动下,他会读完整个广告。这时广告创作者的目的就达到了。另一方面,画面残缺还可以成功表达一些广告诉求,展示给诉求对象一个信息:如果没有,那么就是这样。激发受众改变这种状况的欲求,直接起到推广产品或服务的作用。

韩国三星公司曾创作了一则广告;画面是一幅海滨别墅房间的照片。室内光线非常柔和,以木质的黄色调为主,是一个温柔舒适的家居场景。室内的家具非常精致典雅,茶几和小圆台上陈放着家用笔记本电脑、微型收音机、便携式移动电话和 CD 随身听,面向沙发的是一台大屏幕落地电视机,木质的墙板上巧妙地镶嵌着组合音响和喇叭。毫无疑问,这是一个享受高科技成果的优越家庭。可是在画面的左下角,沙发的旁边却出现了一个不规则形状的空白。这是什么呢?好奇的读者的胃口被吊了起来。在版面上寻找的结果,是左下方的一幅小狗的照片,小狗的上方有一句话:Something we don't have the technology to make(我们的技术无法制造的东西)。受众在看到这一切以后,广告所表达的内容也就不言而喻了:在现在人们生活的环境里,只有大自然的生物是三星公司的技术所无法制造的。企业的雄厚实力得以显现,同时也反映出三星公司强烈的自信心。

画面残缺的形式多种多样,英特尔计算机公司的广告引用了当今世界公认的绝世佳作《蒙娜丽莎》。画面上,蒙娜丽莎眼中依然是那么神秘。不过,在本应是双唇的地方,现在却只有皮肤了。大吃一惊的读者马上会在旁边看到两行字:"一台没有英特尔集成电路块的计算机看起来就是这样。"人们不能容忍完美艺术的残缺。公司将其产品的重要程度强调到这种程度,诉求力相当大。文案中有如下词句:再看一遍,也许看上去令你难忘,但是如果你的个人电脑没有一个英特尔微处理器,你将永远不会看到它最完美的状态,因为微处理器是个人电脑运作中最重要的组成部分,更不必说它能用什么软件了,无论是现在还是将来。无疑,这则广告里对受众最具冲击力的是无唇蒙娜丽莎,紧紧抓住受众正是广告所应做到的第一步。

让画面残缺的表现手法运用时要注意以下几点。

① 画面上残缺的应该只是小的部分,不要让受众无法识别整体画面是什么。

② 要明显到能使受众一眼就发现画面是残缺的,亦即缺失的部分不应可有可无。

③ 注意不要引起负面的情感,如没有手的人看起来是令人极为不快的。

④ 在受众的好奇心被激起之后,应当尽快把"答案"告诉受众。

4）使画面充满韵律感

广告感性诉求的一种典型做法是营造氛围,通过某种氛围对消费者进行感染。其中韵律感是平面视觉设计中很有效的表现手段。创造韵律感即通过运用色彩明暗的调节,线条柔刚的选择给受众一种韵律感。

《商业周刊》上刊登的通用汽车公司别克车的广告便具有某种韵律感。版面主体是一幅彩色照片,这是一个夕阳西下或者说朝霞满天的景象。照片上部是整个画面中明亮度最高的部分,远山笼罩在金红的霞光里,在起伏的山峦间,流水般的公路由天边蜿蜒而来。公路上的中央分隔线和边线是明黄色的,在画面上画出几道光滑圆润的曲线,给人一种幽雅的感觉。相对山峦的高低起伏和色影斑驳,公路的均匀色彩和完美曲线就仿佛是在喧哗的闹市间忽然传来的天籁雅韵。

整个画面的气氛烘托起来后,广告适时地展示出一辆崭新的红色 Regal 车,诉求十分有力。

视觉平面设计中的韵感主要靠线条、色彩明度的变化来创造。流畅变化的光滑线条和色彩明度过渡自然的视觉形象,尤其能够创造出韵律感。广告摄影家常用柔和的光线以及影像来创造这种韵律感。

韵律感能够营造氛围,但还要考虑以下两点。

① 韵律感是感性诉求的一种表现手法,并不适用于任何产品。

② 版面要适当宽松,过多的视觉点会破坏韵律感。

2. 电波广告的印象加强

1)语音特质化

电波广告的发布,多以语言传播商品或劳务资讯。播音者的声音是信息的载体,所以如果创作人在播音者的语音上做点文章,可以有效地引起受众注意,加深广告印象。一种比较好的做法是语音特质化,即使语音得到与众不同的特色。这样,由于语音的特质,广告可以从众多的信息中凸现出来,在极短的时间内给听众留下深刻的印象。

语音特质化除了播音者的语音可以被主动调整变化外,还可以充分运用现在的电子技术、拟音技术和录音技术对广告语音进行加工处理,使之具有形象性或特殊性,从其他广告中脱颖而出。以下介绍几种语音特质的方法。

(1)电话声质。

这是指在广告中使用模拟电话声音的做法。这种做法已经被用得相当多了,尤其在影视中,这样即可以听到此方声音,也可听到对方声音,广告情节可以迅速展开,且其特殊效果可以引起听众注意。

(2)回音处理。

在人们的生活经验中,产生回声的地方多为山谷、空屋、大厅等空旷的地方,因而回声能给听众一种空间感。

(3)幻化音质。

如果广告情节中有梦想、理想、未来的内容,一般是不容易在声音中得到表现的。此时可用音响技术进行处理,赋予语音一种魔幻的色彩。

2)歌以颂之

广告歌在电波媒体产生以前,可以认为是叫卖吆喝。自从电波媒体产生以来,广告歌便在商业广播广告中占据了极为重要的地位。它是把广告创意用一定的音乐旋律和歌词表现出来的广告形式。关于广告歌的论述已在前面做了详细介绍,下面只引述日本作曲家昌山浩一对广告歌特性的看法:

感染性,广告歌可以一传十、十传百地进行传播;

煽动性,指音乐旋律对人的生理、心理活动的必然影响;

传播性,声音旋律无孔不入,只要曲调优美动听,简单易学,广告歌便会自然传唱、不胫而走;

反复性,反复播放广播歌曲不会像反复说一段广告语那样引起受众的厌烦情绪;

诉求对象的广泛性,无论男女老幼,只要能听能说,都能留下印象,并可进行二度传播;

塑造印象性,指视听联想效果,听到熟悉的广告歌便会联想起企业或产品形象;

购买时间地点的再生性,再生是指把过去的记忆重新唤起的意识,意识支配行动,因此再生可以在购物时影响消费者的选择。虽然购物行为是受需求支配的,但在具体品牌的选择上,过去经验的再生发挥着重要作用。

广告歌的创作历来为广告创作人重视,但要很好地运用它还应当注意以下几个问题。

① 广告歌究其根本是广告而非艺术,其广告实用性应被置于第一位,切不可忽视了广告的商业目的。

② 创作务必通俗平易,不可将受众范围人为地缩小。

③ 广告歌应当与产品或企业密切联系,诸如在歌词中放入品名、企业名或品牌名。否则歌是流行了,可受众对产品、企业或品牌的印象却一丝未有。

④ 广告歌如果配以精彩的广告影像或广告词,内涵可以得到丰富和加强。

3)纪实传真

电视广告的制作近年来出现了一种纪实主义手法。采用新闻纪录影片的表现方式,意在加强广告信息的可信度,增强广告诉求力。运用纪实主义手法拍摄广告影片的做法有两类:一种是以纪录片作为广告影片;另一种是以纪录片的拍摄和制作手法来拍摄广告影片。前者要求以纯粹的新闻纪录片拍摄方式来表现产品或劳务信息,以纪录片所实录的内容实施广告诉求;后者则仅仅是运用了表现手法而已。简单地说,即"看上去像真的一样"。

纪录片广告常被一些大企业采用,可用以展现企业形象。如一些企业广告便采用了一组纪录片镜头,其中包括厂房、设备、技术、科研及生产线上繁忙的工作场面等镜头,同时配以背景音乐和画外音解说,有力地表现企业的形象。用这种"据实以告"的做法,使观众全面而深刻地了解企业和产品资讯,产生"眼见为实"的信任感。后一种可称之为"纪录片式"广告。具体手法有同期录音、现场实拍、自然光照明等。有时制作者甚至可以使用某些人为的可以造成真实感的手法,如嘈杂的声音、摇摆不稳的镜头,选用群众演员,等等。如宝洁公司的汰渍洗衣粉、碧浪洗衣粉一直都是采用表达方式创作广告片。其广告都是深入居民家中,采访家庭主妇对他们产品的看法,当然这些被采访者都是在诉说他们产品的优点及独特之处,这样拍出的广告片给观众一种很强的真实感、亲切感,从而产生很强的信任感和品牌偏爱。

把事实陈列出来,将消费者置于专家的地位,请他们自己来说服自己,纪实主义广告便是基于这种考虑而出现的。还应考虑到的有以下几点。

① 用纪录片来作为广告片播出,花费相当大,企业或产品的专题纪录片一般都是较长的。

② 可以用一些手段来加强广告诉求的真实感,但是不能发生欺骗行为,欺骗必定是得不偿失的。

③ 注意内在逻辑性,因为广告片毕竟是很短的,多镜头切换不要破坏逻辑性。

④ 注重简洁,应只保留广告信息的核心内容,不要渲染气氛和其他多余的东西,那样就不像纪录片了。

⑤ 纪录片作为广告片播,因内容过多,可能会引起观众的厌烦。

第三节 广告诉求

一、广告诉求的心理基础

1. 消费者的需要

消费者需要是指消费者生理和心理上的匮乏状态,即感到缺少什么,从而想获得它们的状态。个体在其生存和发展过程中会有各种各样的需要,如饿的时候有进食的需要,渴的时候有喝水的需要。

美国人本主义心理学家马斯洛将人类需要按由低级到高级的顺序分成五个层次或五种基本类型(见图6-4)。

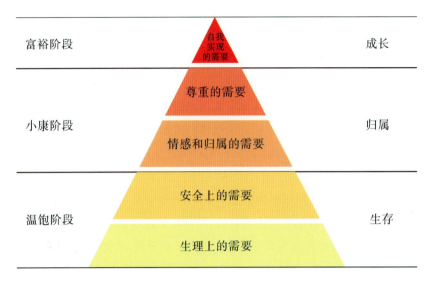

图6-4 马斯洛需求阶梯理论

1)生理上的需要。

即维持个体生存和人类繁衍而产生的需要,如对食物、氧气、水、睡眠、性等的需要。

2)安全上的需要。

即在生理及心理方面免受伤害,获得保护、照顾和安全感的需要,如要求人身的健康,安全、有序的环境,稳定的职业和有保障的生活等。

3)情感和归属的需要。

即希望给予或接受他人的友谊、关怀和爱护,得到某些群体的承认、接纳和重视。如乐于结识朋友,交流情感,表达和接受爱情,融入某些社会团体并参加他们的活动,等等。

4)尊重的需要。

即希望获得荣誉,受到尊重和尊敬,博得好评,得到一定的社会地位的需要。自尊的需要是与个人的荣辱感紧密联系在一起的,它涉及独立、自信自由、地位、名誉、被人尊重等多方面的内容。

5)自我实现的需要。

即希望充分发挥自己的潜能、实现自己的理想和抱负的需要。自我实现是人类最高级的需要,它涉及求知、审美创造、成就等内容。

2. 消费者的动机

动机这一概念是由伍德沃斯于1918年率先引入心理学的。他把动机视为决定行为的内在动力。一般认为,动机是"引起个体活动,维持已引起的活动,并促使活动朝向某一目标进行的内在作用"。

人们从事任何活动都由一定动机引起。引起动机有内外两类条件:内在条件是需要;外在条件是诱因。需要经唤醒会产生驱动力,驱动有机体去追求需要的满足。例如,血液中水分的缺乏会使人(或动物)产生对水的需要,从而使驱力处于唤醒状态,促使有机体从事喝水这一行为满足缺水的需要。由此可见,需要可以直接引起动机,从而产生人为特定目标的行动。

动机既可能源于内在的需要,也可能源于外在的刺激,或源于需要与外在刺激的共同作用。动机具有以下几个特征。

1)动机的不可观察性或内隐性

动机是连接刺激与反应的中介变量,它只能通过对某些外显行为指标的研究做出推断,动机本身是无法直接观察到的。一些人购买名牌产品可能是出于显示身份、地位这一动机,企业如果据此设计高品质产品,并通过其他营销手段维持其产品的名牌形象,很可能迎合这部分消费者的需要,从而获得成功。如果真如此,企业采用的以身份、地位为追求目标的策略极其成功,恰恰印证了消费者具有追求身份、地位的强烈动机。

由于动机无法直接观察,只能靠对行为的推断来予以确定,因此,它并不具有对行为的预示作用。同时,对行为后动机的推断,难免带有主观色彩。动机的无法直接观察的这一特性也提醒我们,在对行为后的动机做出推断时,必须谨慎。

2)动机的多重性

消费者对产品或品牌的选择,很可能是由某种动机所支配和主宰的,然而,这并不意味着某一购买行为是由单一的动机所驱使。事实上,很多购买行为都隐含着多种动机。消费者购买某种名牌产品,既可能是出于显示地位和身份,同时也可能含有获得某一群体的认同、减少购买风险等多种动机。所以,企业在设计产品和制定营销策略时,既应体现和考虑消费者购买该产品的主导动机,又应兼顾非主导的动机。

3)动机的实践性与学习性

动机包含着行为的能量与行为的方向两个方面的内容。行为能量在很大程度上是由需要的强度所决定的,而行为方向则受个体经验以及个体对环境、对刺激物的学习的影响。现代很多动机理论不仅仅涉及建立在生理需要基础上的各种动机,而且越来越多地强调和重视动机的习得性。动机的习得性实际上意味着动机并不是一成不变,而是伴随个体的学习和社会化而不断改变的。

4)动机的复杂性

动机的复杂性至少可以从四个方面体现出来。一是任何一种行为背后都蕴含着多种不同动机,而且类似的行为未必出自于类似的动机,类似的动机也不一定导致类似的行为。二是同一行为后的各种动机有着强度上的差别,哪种动机处于优势地位,哪种动机处于弱势地位,并不容易分清楚。三是动机并不总是处于显意识水平或显意识状态,也就是说,对为什么采取某一行动,消费者自身也不一定能给出清楚的解释。四是没有一种动机是孤立的,即使是人类最基本的饥饿动机,虽在性质上属于生理性的,但也很难完全以纯生理的因素予以解释。人类的行为十分复杂,也许行为背后的动机比行为更为复杂。

3. 消费者的需要与广告定位

1)优势需要与广告

任何商品总要满足消费者某方面的需要,不能满足一定需要的商品是不受欢迎的。如前所述,人的需要是多方面的,但诸多需要中经常会有一种优势需要。能否满足这种优势需要,直接影响到消费者对该商品的态度和购买行为。从商品本身来说,通常一种商品具有多种属性,究竟突出哪个或哪些属性作为该商品的广告主题,这是广告策划中的首要问题。理论和实践表明,对准消费者的优势需要进行广告定位是取得成功的前提。

2)动态需要与广告

动态需要指的是需要的时间特征。从宏观的方面来说,人类需要的内容、水平和满足需要的方式,都受制于社会经济的发展,即需要有时代性;自然季节的变化也会影响到需要的变化,即季节性。从微观的方面来说,优势需要与非优势需要是会互相转换的。影响这种转换的因素来自多方面,既可以是自身原有需要的满足,也可以是外部的变化,如社会上重大的或激动人心的活动、事件等。例如,步步高无绳电话的电视广告,开始是日常生活中因取包裹,不小心风把门锁上了,没带钥匙,随手拿出步步高无绳电话与家人通话,告之"我被关在外面啰!",但在1998法国世界杯期间,最后的一句广告词变为"看世界杯啰!"。广告主题的变换都适时地与重大活动联系在一起,消费者在关注重大活动时也不知不觉中注意到了广告,从而使产品、企业的知名度随之不断地提高。

3）兴趣与广告

兴趣可以看作是需要的特殊表现形式。不同年龄、性别、社会经济地位的消费者可能有不同的表现。如何对准不同兴趣的消费者进行广告宣传，直接影响广告效果。具体来说，对年幼孩子的广告定位，应侧重于自然的需要，即生理的和安全的需要，他们对高层次的心理需要是不易接受和感到乏味的。如娃哈哈的"妈妈我要喝"，乐百氏的"今天你喝了没有"及喜之郎的"果冻我要喜之郎"。而青年人的兴趣范围就大为扩展了，心理的需要，特别是自我实现的需要、尊重的需要、情感和归属的需要超过了生理上的需要和安全上的需要。为此，广告主题适合他们的特点或兴趣，显然具有重要意义。

性别上的差异可以用妇女对广告画面的偏好来表征。对于她们来说，一般不宜用战争或历险的镜头。那些可能使她们感到害怕的动物形象和感觉枯燥无味的图表亦要少用。她们更愿意看到整洁、舒适的家庭环境，五颜六色的化妆品，天真可爱的婴儿和儿童等。画面中的女性形象应该清洁、美观、端庄大方和富有审美情趣。

社会经济地位高、文化知识层次高的消费者与社会经济地位低、文化知识层次低的消费者相比较，前者对产品的心理价值更感兴趣，而后者对产品的实用性更关注。因而，广告的定位应该有所侧重。如金利来"男人的世界"，摩托罗拉"飞跃无限"及"十足女人味，太太口服液"等主要是针对高阶层的消费者。而大宝化妆品"大宝天天见"等都是针对一般家庭的消费者。

4. 广告诱发消费者需要的方法

1）说出消费者真正的需要或深层需要

以往大包装的洗洁剂，妇女们在每次使用时，常常是凭感觉来量出一定量的洗洁剂，这使得洗洁剂的分量不正确，而达不到洗洁剂真正的效果。李奥·贝纳广告公司为宝洁公司的一种新型片装洗洁剂"喝彩牌"所做的广告，为消费者量出了洗一定衣物的精确分量，并制成片装，使消费者感到十分方便。为此消费者要付出很小的额外费用。在试销期间的调查中，妇女们提出这种洗洁剂太贵了，而实际上这种额外的价格差异并不引人注目和使人为难。为什么妇女们仍然说它太贵了呢？经过动机调查发现，她们觉得片装洗洁剂仅仅是为了方便而增加了价格。此时广告如果是以方便为诉求点，则不可能达到很好的效果，因为许多妇女认为为了方便而多花钱并不合算，此时她们真正的需求是使每次洗衣放的洗洁剂刚好合适，因为正确的分量可以使洗涤效果更好。因而，广告以此种品牌的产品可以使你正确放置洗洁剂量，使洗衣更洁净为诉求点而赢得了成功。妇女们不再认为这种牌子的洗洁剂更贵了，因为她们认为贵有所值。

世界豪华车之王——英国劳斯莱斯汽车在20世纪80年代初曾一度跌入低谷，被讥为"附庸风雅的暴发户"的汽车。1986年，新上任的彼得·霍特改造了劳斯莱斯的车型，使它更豪华、更安稳，同时，在各国大做广告，扭转了不良形象。该公司在英国的广告强调"买辆劳斯莱斯犒赏自己多年来的辛勤工作"，一面击中了那些事业有成、家庭和睦、辛苦了半辈子以后欲享受生活，显示身份地位的成功者的心；在美国，广告则套用了亨利·詹姆士的名言"尽情享受，这是一个不能不犯的错误"，恰与当时美国社会重享乐的风气契合。为了迎合车主的尊贵感，劳斯莱斯还严格控制新车的供给量，使想购车的美国人要在预订半年甚至更长时间后才能拿到车。劳斯莱斯广告的成功之处，就在于它抓住了上层阶层重面子、好显示自己的成功、地位和身份的深层需要，触到了他们的痒处，怎能让他们不动心？

2）诉诸特殊的需要

当一种产品或服务具有某种特殊的功效，而这种功效又正好是唯一能满足消费者某种特殊需要的产品属性，那么广告就应该以消费者的这种特殊需要和产品的这一特性为诉求点。也就是说，在广告说什么问题上，就要突出介绍产品优点和满足消费者特殊需要的利益点。例如罗瑟·瑞夫斯为M&M巧克力糖果所做的广告，他发现此种巧克力糖是第一个用糖衣包裹的。于是"只溶于口，不溶于手"的创意立即出现。这种独特的功能给消费者带来的好处立即被消费者接受，满足了消费者爱吃巧克力又怕它被体温溶化弄脏手的需要。这一广告主题从1954年一直沿用到20世纪90年代，成功地进入了中国市场。

3）突显商品的心理附加值

消费者购买某种商品，并非只出于一种需求，商品提供给消费者的也不仅仅是其使用功能，还有更多的附加心理功能，这正是商品满足了消费者的社会性和需要的多层性所致。现代社会已进入产品无差别时代，即产品的使用价值越来越相似，这时广告如何使消费者区分出不同品牌，要更多地从商品带来的附加心理价值上去找出路，使消费者在更高层次的需要上获得满足。例如在现代社会这种快节奏下，人们已经习惯了省时省力、味道不错的速溶咖啡，此时煮咖啡似乎已被人们淡忘了。于是美国福尔格咖啡利用电视广告大肆宣传煮咖啡的方法，并告诉家庭主妇，煮咖啡可以显示出你对"家庭的尽职与真心"，更可反映出你"高雅的社交能力"。由于这个广告宣传，使得煮咖啡这种费时费力的活动，成为一种显示个人品位与能力的象征，满足了消费者显示自我的需要。借助对商品附加心理价值的宣传，可以赋予商品独特的个性，使其从同类产品中脱颖而出。

4）强调特定需要满足的重要性

每一种产品有其长处，也有其短处。然而商品的长处不一定是消费者最迫切需要的。在这种情况下，广告就要强调这种长处的重要性。例如冰箱"省电"对消费者来说也许并不重要，但是如果你在广告宣传中着力强调"节约用电"的重要性，那么，消费者也可能对此引起重视。如容升冰箱在中央电视台热播的一则广告，用形象化的画面告诉消费者，家里用一台耗电量大的冰箱犹如养了一头虎，容升节能型冰箱就像一只小猫，每天耗电一点点。美菱节能王冰箱节能诉求更是直接"花四年电费，用十年冰箱"。

5）诉诸消费者潜在的需要

许多广告的成功在于它诱发了很多人没有注意到的，同类产品广告中没有说出来的消费者的潜在需求。潜在需要对指导市场营销活动具有重要的意义。在消费者的购买活动中，大部分是潜在需要发挥作用。据美国有关资料表明，消费者72%的购买行为是受朦胧欲望所支配的，只有28%的购买行为是受显现需要制约的。例如，顾客到商店购买商品，常常没有明确具体的购买目标，走走看看，遇到合适的商品才购买。这里合适的商品就是促使潜在需要转化为显现需要的外界刺激。由此可见，研究消费者潜在需要，对指导企业市场开发、扩大产品销售具有十分重要的作用。

掌握消费者潜在需要还在于创造需要，市场需要在创造之中。就是说，占领市场靠企业经营者对消费者的潜在需要不断地发掘，经常推出满足消费者潜在需要，代表时代潮流的产品。

5. 消费者卷入

卷入可以理解为消费者对产品与自己的关系或重要性的主观体验状态。所谓产品与自己的关系包含以下两层意思：第一，消费者购买商标产品符合自身的需要、价值（信念）、态度与兴趣等个体特点；第二，消费者购买某商标产品会引起风险知觉。消费者感觉到的风险主要有两大类：经济的风险和社会心理的风险。前者是指购买某商标产品可能带来经济损失；后者则涉及心理的不平衡，他人对自己的不满等。一般情况下，知觉到风险的大小与商品的价格紧密相关，并决定着卷入状态。

卷入作为个体的一种内部状态包含强度、方向性和久暂性三个特性。

卷入的强度分为高低两大类。高卷入消费者表现出一种很高的热情和兴趣，主动而且努力地去搜寻、评价有关的商品信息，认真地比较不同商标的同类产品的差异，直接做出有关决策。低卷入的消费者不会主动地去搜寻和评价可供选择的产品信息。对广告和其他来源的信息加工是被动的和肤浅的，很少从信息的评价发展为相应的态度。

卷入的方向性是指活动指向的目标。一般来说，卷入目标可以是直接的产品及其广告，也可以是购买决策本身。

高卷入状态与低卷入状态下的传播途径是不同的，在高卷入状态下，消费者是积极主动地去搜寻和评价有关的信息，从而获得有关商标的知识和信念。在此基础上，消费者将进一步对所得信念做肯定或否定的评价，促成对该商标的相应态度。如果大众传播的广告信息使消费者的态度产生了变化，或由此而促成了积极的态度，便提高了购买该商标的可能性。

在低卷入状态下，消费者对商品信息所表现出的注意力低。尽管广告不止一次地暴露在消费者眼前，消费者对商标的了解依然很少，因此，不可能进一步对信息进行内部加工和促成相应的商标态度。

经多次暴露广告之后，消费者可能熟知广告的商品名称，在购买时，他可能再认出该商标，并导致对它的购买。这种情况表明，低卷入消费者的购买行为会发生在建立该商标态度之前。态度的形成只是在直接使用了该商标的产品之后，依据自己的体验才建立起来的。由此形成的态度远比不上高卷入状态下形成的态度持久。

在市场营销活动中，一个容易被忽视的事实是，消费者中许多人对弄清楚同类商品中的不同商标及其特性缺乏兴趣。可是，在缺乏对商标的认知和应有的积极态度的情况下，却发生了购买行为。这主要是因为消费者对欲购商品没有知觉到在经济和社会心理上会有什么风险。这类购买属于低卷入状态。与此相反，另一类熟知的现象是，消费者在购置高档商品时，常常慎之又慎，详细询问，来回比较，好不容易才选定某个品牌的商品。这自然是基于购买决策中的不确定性和决策不当可能带来的严重损失。这样的购买显然属于高卷入状态。

面对上述两类不同的卷入状态，应采取不同的策略，其中之一便是应用不同的传播手段。由于引起消费者低卷入的商品通常与消费者的关系不密切，消费者对这类商品没有兴趣，购买又无严重后果，所以，购买这类商品时不会付出多大努力。这类商品的广告应更注重于刺激外部特征，包括一切能引起不随意注意的特征和所谓的"边缘线索"，诸如图像、色彩、名人介绍、音乐等。另外，情感诉求较之理性诉求更起作用。低卷入——否定性的情感诉求是通过购买商品解除或避免某种不愉快的体验。相应的传播程序是"难题——解决"，即先向消费者提出可能遇到的难题，然后推出解决该难题的商品。例如莎拉娜痘胶膏的电视广告，一名年轻的女孩，脸上长了痘痘，非常烦恼，旁白"用手挤，会留下疤痕，现在好了，用莎拉娜痘胶膏吧……"低卷入下的肯定性和否定性两类情感诉求的直接目的，都是唤醒购买动机，最终实现购买。

可供低卷入的适宜宣传媒介是电视广告，它最容易表现商品的各种外部特征和边缘线索。值得指出的是，对广告本身的有利反应必须跟广告产品联系起来才可望收到应有的效果。对高卷入商品的传播，由于关系密切和风险大，消费者注重对该商品信息的内部加工，它的传播以理性诉求为主，明确陈述商品的主要性能和用途，让消费者相信广告信息的真实可靠。高卷入的适当媒体是印刷广告，其策略有以下两种。

一种策略是，设法将低卷入消费者推向高卷入水平。可供选择的方法有三种。①把低卷入商品跟问题联系，因为问题比产品更容易卷入。例如：将药物牙膏与牙科疾病联系；天然食品与污染对人体危害相联系。②消除或导入产品属性。例如，在软饮料中，消除咖啡因和糖，或加钙，都有利于消费者卷入，因为它关系到人体健康和体态。③把产品同易卷入的活动或情境相联系。例如，春天到了，人们走出家门踏青去了。这正是一个良好的机会，将产品，比如运动鞋与这一令人向往的活动结合起来。

另一种策略是，将消费者细分成高低卷入的群体，并制定相应的市场策略。同类产品依个体变量等因素而导致消费者不同的卷入水平，于是，促销策略自然应有区别。

二、广告的形象诉求

形象就是心理学中的知觉，即各种感觉的再现。人们通过听觉、视觉、味觉等感知事物，在大脑中形成一个关于事物的整体印象即知觉，就是"形象"。形象有如下特点：①它是人们对某一事物的感知，但它不是事物本身，形象可以是对事物不正确的认识，即假象；②形象受人们的意识影响，它不完全是感觉的；③已形成的形象规范人的行动。某人认为某企业的形象好，就可能产生购买该公司产品的行动。

1. 企业形象诉求

企业形象是公众对企业的综合评价，是企业的表现与个性在公众心目中的反映。良好的企业形象折射了公众对企业的认可和赞赏，是建立稳固市场地位不可缺少的条件。企业通过形象广告可以反映企业情况、阐明企业贡献、沟通公众感情。在企业形象出现危机的时候,通过形象广告,真诚地向公众说明情况并疏通倡导,还可以使企业化险为夷。

1)企业形象诉求广告的类型

企业形象一般是围绕赢得声誉、公众服务、经济贡献、人事关系、特别事项等主题展开的,其主要类型有以下几种。

(1)致贺广告。

致贺广告是指企业利用节假日或纪念日,公开向公众致喜和祝贺的广告形式。同时,对其他企业的开业、庆典、重大成就等也可通过致贺广告表达企业情谊和态度,以展示本企业关注社会利益,尊重其他企业的良好的协作者形象和竞争者形象,如各企业的过年贺岁广告。

(2)歉意广告。

这是一种企业以真诚态度对自己的过错或失误向公众道歉、取得公众谅解,挽回形象危机的广告,有利于展示本企业敢于承担社会责任和有错必改的公正态度和信誉形象。如1988年4月27日,美国一架波音737客机起飞后不久,剧烈的爆炸把机舱顶盖掀开了一个6平方米的大洞,一名空姐被猛烈的气浪抛出窗外,殉职蓝天。经过一番努力之后,飞机方才安全着陆,旅客和机组人员幸免于难。波音公司处变不惊,对飞机事故做了全面调查和分析,随后便展开了强劲的广告攻势。他们不是对事故避而不谈,而是详细说明事故原因乃是飞机老化陈旧、金属疲劳所致,该飞机已飞行20年之久,起落达9万次,大大超过了保险系数。飞机能在严重事故之后安全降落,足以证明波音飞机的可靠性能,新型波音飞机已解决了金属疲劳的技术难题,因而使用波音公司的新产品将更加安全。如此一来,波音公司变被动为主动,不但维护了企业形象,而且进一步赢得了用户的信任,事故之后订单猛增。

(3)创意广告。

这是一种依据动员社会成员的社会性主题而创造和制作的广告,常以本企业名义率先发起某种有一定社会意义和社会影响的社会活动或展示一种新观念,显示企业领导社会新潮流,具有敏锐洞察力的形象。如白沙集团倡导环保主题,其形象广告给观众描述了一种"鹤舞白沙,我心飞翔"的意境,并提出"这样的环境,需要每一双手的呵护"的公益主张,这种社会责任感深深地感动着消费者,白沙集团从而也在消费者心目中建立了良好的企业形象。

(4)响应广告。

响应广告是指通过广告响应社会生活中某一重大主题、政府号召、公众呼吁等的广告形式,表达企业关心和参与社会生活,以社会和公众利益为己任的良好形象。如哈尔滨制药六厂在中央电视台黄金时段推出如关心残疾人,关心老年人,节约水资源等系列公益广告,树立了良好的企业形象。再如很多企业利用北京申奥这一事件大力宣传自己的形象。如农夫山泉推出"每当你购买一瓶农夫山泉,就为北京申奥捐出一分钱"广告,南孚电池推出"坚持就是胜利"申奥篇,可口可乐专门设计了申奥成功纪念罐可乐,并于申奥成功信息宣布后两小时运抵北京的大街小巷,充分体现了这些企业关注社会的责任感,从而引起广大消费者的关注。

(5)信誉广告。

信誉广告指将企业已经取得的成绩和声望通过广告形式告知公众,以展示其良好的企业形象的广告。在这类广告中,往往提出企业的观念口号,以表达企业对卓越工作、卓越产品、卓越服务的信念和追求。如"飞利浦,让我们做得更好","海尔,真诚到永远"等,是这类广告的典型。

(6)实力广告。

实力广告是指用广告形式向公众展示企业实力的广告形式,主要包括企业的生产、技术、人才、营销、资金、阵容等方面的实力。通过对企业实力的展示,增强公众对企业的信任感,增强企业形象的说服力。如"明星饲料,国有饲料销量第一""波司登羽绒服,连续六年销量遥遥领先"等。

2)企业形象诉求广告的创意要领

尽管企业形象诉求主要在于表现企业理念和经营哲学,但艺术方法却是丰富多彩的。企业形象诉求主要表现方法如下。

(1)集中表现企业哲学和精神理念。

企业形象广告主要是在公众心目中建立企业经营思想和哲学理念,突出企业的优势和特征。例如,企业经济实力强大,能高瞻远瞩,敢于进行风险投资,发展企业;或求贤若渴,采纳建议,制定高明的经营策略;或狠抓质量,生产精品,稳固占领更多市场份额;或者以周到的服务为突破口,热衷社会公益和环保事业,以爱心赢得公众信赖等。如此种种,要上升到一种理论观念来表述,高度概括为企业哲学,以便目标明确,深入人心。

(2)力求指称对象人格化、形象化。

企业形象表达的指称对象不是具体商品和劳务,而是企业哲学和理念,是以理性化抽象概念和判断的形式表述的。在众多同类广告竞争中,为了增强艺术魅力,提高对受众的感染力,表达方法上应力求使概念形象化、人格化。即将企业哲学和理念以比拟或"实录"的形式转化为形象,使精神理念成为一种鲜活的人格和个性,与受众进行心理和情感"对话",以便有效理解企业哲学理念。

(3)定位要高度集中、统一。

尽管指称对象不是商品或劳务,但广告在诉求点上绝不能模糊和泛化,必须高度集中和统一。图像和文案,文案的标题和正文,正文的各部分之间都必须保持统一。企业形象表达广告的表现对象是理性内容,很容易出现双重或多重卖点,例如一方面诉求企业精神,一方面又进行产品或劳务的具体诉求,在广告效果中企业形象塑造必然受到伤害。

(4)语言要诚信、生动、富有哲理。

无论图像如何具有视觉冲击力,真正感染受众的主要是文案。文案要依靠语言打动受众使企业形象树立起来,首先必须坚持诚信原则,即言而有信,诚而可信。生动性是进行这种表达所必不可少的。除此之外,由于企业形象表达反映的是大道理、大观念,因此,语言应带有一定的哲理性,发人深省,乃至成为人们的一种座右铭,和企业形象一起在受众心里扎下根。

(5)应具有长期稳定性、系列化特点。

企业形象表达的诉求对象常常是企业的经营战略,或者是比战略更加宽泛的企业精神,这些都具有相对长期的稳定性,因此,企业形象表达的广告也应体现长期稳定性特征,一种主题一旦采用相对长期不变,并且要采取系列化策略,从多种方式和多种媒体来表现企业理念,使企业形象牢固树立起来。

2. 商品形象诉求

商品形象表达是指直接描写和展示指称对象的视觉形象的表达方式。这类广告不追求复杂内容,而是以直接的形象诉诸消费者,使其获得直观感受。这类广告在市场经济早期运用较多,在现代广告中,也大量存在着,不过在方法上不是简单再现,而是以各种独特形式加以修饰、衬托和美化,使之具有个性特征和更强的感染力。

商品形象诉求广告的表现要点如下。

1)视觉形象要求精美逼真

给受众以美感是形象表达的首要任务。必须将商品形象运用摄影或绘画技巧表现得精美无比,使人感到亲切和信任。有些商品可以展示全貌风采,有些则可以着重表现重点部位。例如服装,在上衣的正面上方部位,是衣领和部分门襟之所在,牛仔裤的后臀部,是腰线、臀形、品牌之所在,都是消费者所十分关注的地方,其他许多商品都有被消费者关注的部位。这些部位是商品形象表现的重点,拍摄要讲究角度、光线,使纹理质地历历可见,使受众从这里"提纲挈领"地对商品获得整体的美感。

2)形象要有神采

指称对象本身是被动安置的无生命之物,并且很容易给人以呆板感,很难引起受众的认知兴趣,因此,形象表现要经过充分的技术处理,注重产品的组合及展示的角度,着力表现商品最动人的风采。例如,改变拍摄角度,设置光线、道具、陪衬物等,使商品形象表现出动感韵律、生命活力和艺术风采,甚至使之神采奕奕,呼之欲出。有一则滚刀广告,滚刀本是机器上的一个部件,毫无生动可言,但由于采用仰拍和侧光,使产品神采飞动,无疑是一件很有个性的艺术品。有些商品的动感可以采用拟人手法,例如两台三节型台灯宛如两个舞伴对舞,商品组合造型趣味无穷,令人感到亲切。

3)要表现出人的情感

仅原原本本地展示商品形象,这已是十分陈旧的表现方法了,早已为人们所厌倦,尤其现代的消费者,对这种广告更是不屑一顾。现代产品中许多新品种又和消费者之间距离较大,很陌生。这都需要在广告中运用情感手段使受众与产品建立一种亲和感,缩小心理距离。要以人情味、性格化来建立心理沟通,使受众对商品产生爱恋、羡慕和追求。例如雪碧"张惠妹篇"电视广告,描述的是在茫茫人海中,大家都戴着面具,行路匆匆,这时,广告代言人张惠妹第一个站了出来,把面具抛向空中,伴随着"………来吧、来吧,给我感觉……"的音乐,所有的行人都把戴在脸上的面具拿下,抛向空中,尽情歌舞,最后广告语点明主题"我就是我,晶晶亮,雪碧",这时,在消费者心目中,雪碧已不仅是解渴的饮料,更是一种"自由、个性"的象征。使商品表现出了人的情感。情感性在形象表达中只是一种辅助手段,要在突出商品形象中有所创新地灵活运用,要用得自然和谐,不要构造成一个复杂情节来表达情感,以免喧宾夺主。

4)适当运用创造意境的方法

创造意境是烘托商品形象的方法之一。商品形象本身内容不多,采用一种富有人情味的意境来供托,或者使商品与其他要素组成一个引人入胜的意境,便可以将受众的兴趣吸引过来,在形成的积极心理情绪中关注商品。

5)包装装潢的审美性与信息性相结合

许多本身形象并不成"形"的商品,例如酒类、饮料类及化妆品类等,包装装潢非常精美,形象表达常常以外形包装出现,而商品本身的状况必须通过介绍来说明。广告要在表现商品的外形美的同时,充分体现商品的信息性。介绍说明一定要到位,准确、明白,并与商品形象相吻合,提高受众的记忆率。

3. 品牌形象诉求

大卫·奥格威曾指出:"每一则广告都应该被看成是对品牌形象这种复杂现象在做贡献。如果你具有这种长远眼光,许许多多日常的麻烦事都自会化为乌有。"品牌形象是消费者对品牌的知觉性概念,用来表达消费者以品牌形象的方式诠释其对一项产品的内在属性与外在属性的看法。品牌形象诉求是指以突出展示商品品牌形象为诉求目标的广告表达形式。这类广告的产品已经跻身市场,而且已经在一定程度上树立了商品形象,这时为了塑造著名品牌,采取品牌表达是很适宜的。

品牌形象诉求的要点有以下几点。

1)要以商品的一定市场占有率和形象为基础

刚刚进入市场的产品广告需要广泛告知,采取一定的品牌表达为辅助手段来宣传品牌也是可以的,但品牌形象诉求作为一种广告战略策划意义上的主要方法,其目的完全在于树立品牌形象,并且实施品牌战略,这就要求商品在市场上的发展必须进入成熟期,市场占有率有所提高,或者一个企业已开始享有一定的知名度。这时,企业广告品牌形象诉求,比较容易将产品形象或企业形象符号化、标志化,以便高度凝练、定型地在受众心目中留下难以忘怀的印记。如果一个对于消费者来说是陌生的品牌,一上市就一味地采用品牌形象诉求,会使消费者不知所云,从而极大地浪费广告资源。

2)强调品牌的广告中心位置形象

品牌诉求要充分显示品牌形象,应运用特写方式在广告图像的整体或中心位置上予以表现,以增强品牌视觉刺激效果。有些品牌诉求广告为了追求趣味性,构思了许多复杂的情节和修饰,用以突出品牌信息,结果反而喧宾夺主,使品牌在复杂的其他形象中弱化了。因此,必须简化品牌表达广告上的其他信息和形象,真正使受众记住品牌。当我们走在大街上,你常会看到巨大的霓虹灯牌,上面仅仅是"SONY""NOKIA"等品牌标志,再多加上一句广告语,如"NOKIA"的"科技以人为本"。这实际上是强调品牌的广告中心位置形象,以强化品牌符号的手法,再激发符号崇拜。从而突显品牌形象。

3)在突出品牌前提下追求新奇创意

显示品牌的表达方法很可能形成单调、呆板的效果,这是在现代一切广告中必须克服的。无论表达多么新颖而创意却全无特色的广告,消费者都会加以排斥。设计者必须追求别出心裁的创意,以引发受众的积极心理情绪。当然,创意的重点是寻求一种显示品牌的巧妙方法或创造一种衬托品牌的环境氛围。创意要和品牌和谐一致,切忌猎奇式创意。

4)品牌表达力求个性化

品牌是企业形象、商品形象高度凝练的符号,企业和商品的个性化,人格化都应通过品牌体现出来。例如在文案和图像创意中,力求品牌体现出商品的功能效用,对人类的贡献,或者力求品牌和人类生活中某些观念、思想、情感之间的密切联系等,这种具有较强个性的表达,成为人们记忆品牌、鉴别品牌的信号。如果一个品牌表达缺乏特征和个性,那就很难引起受众对不同品牌的明晰印象和牢固记忆。如,"金利来"从"男人的世界"到"成功的男人",再到"男人中的男人"直至现在的"新世纪,新男人"始终给人"成功男人"的形象,极富个性特色。

5)品牌诉求提倡系列化、立体化

为了实施名牌战略,塑造品牌形象,无论是一种媒体几组画面,还是不同媒体组合的广告,都应提倡系列化和立体化。所谓系列化,指同一品牌,同一风格,同一主题,而形式有一定变化的几则广告。立体化指不同媒体为同一品牌的广告组合。提倡系列化、立体化完全是为了形成一种力度和声势,造成较大的影响。例如杜邦公司是一个遍布世界90多个国家和地区,涉及电子、汽车、服装、建筑、通信、运输、农业、航天、石化、消费品等多种工业领域的跨国公司,生产1800多种产品,具有多个卖点。试想这样的企业仅仅只做产品宣传是很难想象的,也是广告资源的巨大浪费。杜邦公司采用品牌形象诉求,让工业品贴近生活,系列广告涉及人们日常生活的衣、食、住、行,向人们表达了杜邦创造美好生活的经营哲学。

三、广告的理性诉求

理性诉求指的是广告诉求定位于受众的理智动机,通过真实、准确、公正地传达企业、产品、服务的客观情况,使受众经过概念、判断、推理等思维过程,理智地做出决定。这种广告策略可以做正面表现,即在广告中告诉受众如果购买某种产品或接受某种服务会获得什么样的利益,也可以做反面表现,即在广告中告诉消费者不购买产品或不接受服务会对自身产生什么样的影响。这种诉求策略一般用于消费者需要经过深思熟虑才能决定购买的产品或接受的服务。如高档耐用消费品、工业品,等等。

1. 理性诉求的策略

从心理学的角度来看,理性诉求广告欲达到预期的最佳效果,须遵循下列策略。

1)提供购买理由

理性购买者常常要找到一些合理的理由,才做出购买决定。所以,广告必须把合情理的购买理由提供给消费者。例如,一般工薪者要去高级饭店吃饭,常常是借着某某人生日或其他理由,使这种奢侈变得心安理得。再如中国人一向是以节俭为美德。而雅戈尔西服作为中国名牌西服,其价格是一般西服价格的几倍,一般工薪阶层向往名牌,但下决心购买确实有一个痛苦的过程。雅戈尔针对消费者的这一心理,适时提出"男人应该享受"这一宣传主题,为这些很想购买又舍不得购买的人们提供了一个恰当的理由。

2）拟定说服的重点

文字广告不可能很长，形象广告呈现的时间亦很短。除了费用的因素外，消费者也不可能花很多的时间与精力去研究某则广告。因此，无论从哪个角度来看，都有必要拟定一个十分明确的说服重点。重点的确定不能是随意的，也不能是一厢情愿的。它应当是处于几个重要因素的交汇点，并且是这几个因素的有机交融。这些因素是：目标市场消费者的心理特点；目标市场消费者的需求状况；所欲宣传产品的优点与特点。不能契合消费者的心理特点将会使之拒绝接受宣传内容；与其现时的需求状况相左难以使之出现购买行为；自身产品的优点与特点未得到彰扬则会出现自己出钱为同行做广告的可悲局面。总之，一则广告不具备这几个因素不行，这几个因素若处于分离状态也不行。当这几个因素同时出现并聚集在同一焦点上时，广告将出现震撼人心的说服力。

3）论据比论点、论证更重要

无可否认，消费者对厂商有一种天然的怀疑与抗拒心理。因此，厂商的说辞再动人、再有道理，他们也不见得真正相信。"卖瓜的不说瓜苦"这一心理定势无时无刻不在起作用。他们更想看到、也更愿相信的是论据，强有力的论据。有鉴于此，在理性诉求广告中，提供论据比漂亮的说辞更重要也更省力。

在广告中出现的论据可分为两大类：一类是人，另一类是物。人又可以分为两种：一种是本产品所属行业的权威人士，另一种是曾使用过该产品的消费者。虽然现代人崇尚独立与个性，但由于知识爆炸局面的出现使之不可能通晓一切生活方面的知识，他们不得不在某种程度上依赖于权威，这就为利用权威人士作为说服消费者的广告主提供了一个最佳契机。

相比较而言，以物作为论据比以人作为论据的诉求更具说服力，因为人的证言不管怎么说终究是隔了一层，而物的论据则具有更高的直接性。以物作为论据的形式有实物演示、实验数据、图表等，所有这些演示、数据、图表所反映的内容都必须是真实的、经得起重复实验的。如果消费者所购买的商品与广告中表现的情况相距甚远，厂商的形象将会破坏殆尽，甚至还会带来法律上的纷争。

4）运用双向信息交流，增加可信度

在说服过程中，尤其是在带有浓厚商业性色彩的广告宣传中，可信度一直是困扰着说服者的一个问题。明明没有假话，可消费者就是不相信或半信半疑。如何解决这一矛盾呢？一种可行的方式就是提供双向信息，即在大力彰扬产品优点的同时，也说出产品的一些不足之处。有人曾将同一型号的汽车做了两则广告，一则广告说："这种汽车的内把手太偏后了一点，用起来不顺手，但除此之外，其他地方都很好。"另一则广告中没有这一条，全部讲优点。结果都相信前一则广告。细加分析，前一则广告的成功乃是由于采用了欲擒故纵的手法。需要指出的是，人是一个高度非线型的系统，任何单一的推论都不能涵盖全部心理现象。并非任何宣传说服都是以提供双向信息为佳。当目标市场消费者文化水准较高时，以双向信息为佳，文化水平偏低时，以单向信息为佳。此外，当人们原先的认识与宣传者所强调的方向一致时，单向信息有效；而在最初的态度与宣传者的意图相左时，双向宣传的效果比较好。落实到广告宣传中，似乎应遵守这样的准则：新产品及新广告出现之初，可采取双向信息的方式，以打消消费者的怀疑并建立起信赖感。当消费者已经接受了广告的说服宣传，或者是基本上接受了广告宣传，这时就可以运用单向信息对消费者已经建立起来的观点予以强化。

5）将"硬"广告"软化"

理性广告最忌讳而又最易犯的"疾病"是"硬化症"，具体表现为语言呆板，口气生硬，术语过多，还有内容太多造成的"信息演出"也是常见的毛病。但是，理性诉求广告仍然可以做得亲切动人，即使用通俗易懂的大众语言，陈述简洁明快，多用短句和短的自然段，适当贴切地运用比喻和形象化的方法说明，有时还可逗逗趣。但在理性诉求广告的"软化"过程中，也要牢记理性诉求广告还要用信息唱主角，"软化"的目的是更好地传递信息。

2. 理性诉求的方法

1）哲理性诉求

有许多广告的寓意，饱含着哲学的意味。其特点是用一种简明的形象或文案（最多是二者配合）将一个富有深刻思想的哲理或人生感悟的道理展现给受众，让受众在接受哲理的过程中认识和感受商品。这类广告多表现在报纸、杂志或招贴广告媒体中。对哲理的探询和思考是人的本质力量实现的过程。利用这种积极心理情绪来认知商品，也会收到很好的效果。尤其是现代消费者都非常注重追求内涵丰富的理性深度，有时即使在鉴赏感性艺术，但非常关注通过感性所传达给人们的深层哲理，这便使现代广告更多地带上崇尚哲理的色彩。《2001年中国广告年鉴》中人保的两则平面广告，一则是"起落篇"，广告语为"人生难免起起落落"；另一则是"高低篇"，广告语为"生活总是高高低低"。画面的处理极为简洁、形象、一目了然。以科技蓝为背底，给人以稳定、信任、平和、广阔的感觉，字体自然、圆润，其设计错落有致，形象动感地体现了其要表达的内容。

"生活难免起起落落，生活总是高高低低"，这句话许多国人都耳熟能详，不管是从古人诗词歌赋中，还是从现代流行娱乐文化中，都会有此感慨。在今天的快节奏的生活中，人们面对快速的信息，多变的商机，沉重的心理压力，听了这样的哲理宣传，消费者能没有触动吗？

哲理诉求广告创意要注意以下几个问题。

（1）哲理与指称对象相关联。

哲理诉求的目的在于引起受众积极的心理情绪，更好地认知商品，因此，作为广告形象所表达的哲理内涵应和指称对象有一定的内在联系，以便受众在更深刻的理性层面认知和理解指称对象。否则，由于哲理表达的理性深化，很容易使指称对象游离于广告之外，以影响广告效果。

（2）哲理与生活保持适度距离并有相应的知解性。

所谓哲理性，必须要有一定的思想深度，需要人们运用思维进行认知、分析和领悟。这样，就不能和生活离得太近。太近则会使人一目了然，失去哲理的探询性和深沉意味，但又不能距离生活现实太远，太抽象化，以致使人们难以理解，影响对商品或劳务的认知和感受。因此，既要有适当距离，又要有相应的可知解性。而可知解性要符合目标受众的民族文化趣味和水准。

（3）哲理要有韵陈，并可用形象描写。

广告是科学又是艺术，形象化是十分重要的。哲理性容易流于理性化，只可表述，不可描写，在哲理表达广告中必须超越这种状况。广告的哲理表现的题材必须超越纯理性化，其内容可以进行形象描写，可以运用比喻、双关等形式，尽量给人以形象感，从而说明一个意味深长的道理，以引起受众的注意和兴趣。

（4）画面要简洁单纯。

所有哲理性广告艺术表现的诉求点在于某一有意味的观点上。视觉形象只不过是一个可以引起受众思维的形象符号，这个符号性的形象自然越简洁越单纯越好。要防止画面复杂化、信息泛化，以免产生歧义。

2）劝诱

劝诱是一种历史悠久的直接劝说性广告表达方法。劝诱是劝说诱导受众接受广告意向，它是指商品的功能和优点满足或引发受众的相应需求动机，促进认知和购买。这类广告在诉求指称对象的功能特性，受众接受它需要一定的理性认知，尽管表现手段上可能采用一些感性渲染，但主要还是理性沟通。因此，将其归入理性诉求比较适宜。在现代广告中直接劝说和提醒很难引起受众的注意和兴趣，一般都在创意上下很大功夫。好的作品尽管出现不少，但这种表达方法的创意还需要进一步开拓。

劝诱诉求广告创意要注意以下几个方面。

（1）诉求要突出充分理由。

受众与广告毕竟是一种物质利害关系，而劝诱表达广告更是突出表现这种关系。要使受众通过这种诉求很快接受广告,在创意表达中必须突出充分理由。所谓突出充分理由主要指突出受众接受和购买广告宣传对象的必要性。充分理由包括两个方面:一是受众在现有状态下出现的某种迫切需求动机;二是广告指称对象某种特有性能和优点正好可以满足受众的这种特有需求动机。广告在表达中无论通过什么艺术手段渲染,集中突出了这种供需对应关系,就是突出了充分理由。只有突出了充分理由,才能为受众接受广告提供理性认知基础。受众从这里懂得自己的迫切需要,并可以得到满足。

(2)要有准确的广告定位。

由于充分理由对广告效果的重要性,广告策划和创意的关键是要准确定位,包括对产品功能特征的把握和消费者细分市场的把握,这一步程序做得很准确,便可以为突出充分理由提供前提条件。

(3)要以感受和体验感染受众。

突出充分理由,以理性促使受众认知是广告透过外部形象传达给受众的实质性功能。而受众从广告上直接接受的却是富有感情的艺术形象。为了突出功能,最好的方法是将受众接受产品的充分理由通过人的亲身体验和感受表现出来,将这种感受心理传达给消费者,这样才会使广告形象具有感染力。体验方式很多,但都应具体、形象,并与生活实践贴近,以使受众容易接受感染。

(4)劝说必须诚挚可信。

现代营销面对的消费者已经非常成熟而老练,对指称对象的品质特征,他们早已不相信那种言过其实的夸张式说教,他们需要面对一种诚挚可信的介绍。尽管这种介绍有时是不善言辞,但他们能够通过广告所提供的信息来判断。因此,劝诱表达的形象选择,语言设计应遵循诚挚可信的原则,以提高在受众心目中的可信度。

(5)劝诱语言点到为止。

图文配合默契,相映成趣,是劝诱提示表达的又一要点。画面注重体验性,必然将受众带到对形象的感受中。这种情感铺垫决定了不宜运用大篇语言劝诱说明,而应密切配合视觉形象,跟随受众情感状态和思路适当"点题",应该点到为止,收到"瓜熟蒂落"的效果。另外人物形象的语言角色适宜采用第一人称,或者第三人称。不宜采用广告主口吻直接劝说,这种口吻很容易一开始就引起逆反和拒斥心理,影响广告效果。

3)告白

告白是直接向消费者诉说广告产品与服务的情况、特性及对消费者的利益点,动员消费者去购买。有些产品如药品、化学制品及一些耐用日用品,消费者十分关注其产品的功效,故其广告表现手法多采用告白的诉求方式,直接向目标消费者诉求广告产品的利益点。比如,哈尔滨制药六厂的盖中盖、朴锌、补血、严迪、护彤、护肝片等众多药品在各大电视台热播的电视广告,都是请影视明星直接向消费者诉说各药品的功效及适应病症。

告白诉求是经常使用的广告策略,为了使之更加有效,不妨在以下几个方面加以考虑。

(1)广告告白向消费者展示的利益和好处越明显,同其他同类商品的比较越突出,消费者越容易接受广告的内容。

(2)广告告白要求诉求内容要绝对真实,证据具有可查性,所以可以引用专家权威的评价,名人的代言及用户的反映,数据的描述,这些实证的加入,会增强信任度。

(3)告白诉求一般不强求艺术魅力,但也要讲一点技巧,在能适应受众对某些产品需要了解、比较和思考决断的心理时,应用巧妙的表现方法会增强告白的效果。

4)对比

产品对比广告一般有三种类型:两种或多种品牌的暗比;两种或多种品牌指名道姓的明比;与想象出来的对手相比较。而在具体操作中,产品对比的方式则非常灵活。如可口可乐与百事可乐,两家经常以对比策略做广告进行互相攻击。1992年4月下旬,通用食品公司的新产品"助凉"饮料上市,第一则上电视的广告就声称,该饮料含糖量比销售领先的可乐饮料低25%,一下子就打动了那些惧怕高糖食物的受众,与其他饮料形成了对比,拉过来大批消费者。

产品对比广告最好的方式是自我对比。因为自我对比利用了品牌已有的知名度和品牌在消费者心目中的已有形象,同时也展示了产品的更新、变化和发展,突出了产品的某一特点,因而容易给人留下深刻的印象,容易进一步提高品牌知名度。

需要注意的是,产品对比广告侧重于物与物的对比。在多数情况下要涉及其他竞争品牌,而为了证明自己产品的优势,有意无意间就会美化自身产品而贬低其他品牌。因此,稍有不慎,就会变成贬低对手的违法广告。与产品对比广告所不同的是,情境对比广告的对比对象不是其他产品,而是使用同种产品的不同情境。简单来说,情境对比广告是通过对同种产品在不同时间、地点、使用方式、用途等方面的对比,强调该产品在多种情境下的适用范围,以图达到诱使消费者增加对该产品使用次数的目的。它避开了其他品牌的正面冲突,通过间接、温和的手段增加了广告产品的市场容量,能在不易察觉的情况下扩大自己的市场份额。如大宝系列化妆品,用小学教师、京剧演员、摄影记者、纺织女工等多种人物形象,进行情境式对比,充分展示了这种产品的广泛适应性。

当然,不管采用哪种对比方式,也不论和谁比,都必须公正平等。最好的对比应该是既无损于人,又有利于己的对比。市场经济的特征之一就是竞争,商品之间的竞争必然反映到广告中来。可以说,绝大多数的竞争者,尤其处于不利地位的竞争者,出于竞争的本性,都有使用对比广告的愿望,一旦可以绕过法律的规定而又不受道义的谴责,使用对比广告的愿望便按捺不住了。

(1)对比广告的优点。

对比广告的优点有以下几个方面。

①对比广告通常是在调查研究的基础上制作出来的,对比的内容是消费者较为关心的,因此广告容易引起消费者的重视。

②知名度低、宣传费用不甚充裕或者从未为人所知的新品牌,通过直接与知名度高、财力雄厚的老品牌做对比,如果它的确有过人之处,那么就可以达到迅速打开市场销路的目的。

③对比广告提供的信息一般对比充分,它有利于导致消费者直接做出品牌选择,而不必再寻找其他信息。

(2)对比广告的缺点。

对比广告也有一些不足之处,主要有以下表现。

①对比广告提到其他品牌的产品名称,这就相当于给别人做免费宣传,帮助它们提高品牌知名度。

②一般人都有同情弱者的心理,当两种品牌处于明显相对优劣的地位时,出于同情心,消费者可能以处于劣势的品牌为选择对象。尤其是在产品品质差异不大的情况下,劣势品牌更可能得到人们的同情。

③对比广告往往是以己之优点,比他人之弱点,而不是对产品的各个方面进行全面的对比,因而会给消费者不客观、不全面的印象。这样反而有利于被对比的竞争品牌。

5)类比

类比是指将性质、特点在某些方面相同或相近的不同事物加以比较,从而引出结论的一种表现方法。广告的类比表达是用消费者熟知的形象,来比喻广告商品的形象或特长。如雪糕冰棒取名为北冰洋,意指与冰冷的特性类似。芭蕾舞中旋转的动作被用作洗衣机洗涤桶旋转的先导(形貌上类似)。

金霸王电池的一则平面广告"插座篇",广告语为"金霸王,强劲电力之源",在电池的负极上,是一个插座的造型,用插座接的源源不断的交流电来类比金霸王电池的强劲持久动力,极富震撼力和宣传力。邦迪创可贴的一则平面广告整个画面就是一个半拉开的拉链,画面的一角为邦迪创可贴的外包装,这则广告用拉链的迅速缝合,类比邦迪创可贴对伤口迅速愈合的良好功效,构图简洁明了,主题突出,给人以强烈的视觉冲击力。

6)证明

在广告充斥生活空间的现代社会,消费者被五花八门的广告包围得几乎喘不过气来。企业不惜血本搞广告轰炸,使出浑身解数扩大产品的知名度。为了吸引住消费者,一些企业总喜欢把自己的产品吹得天花乱坠,使广告中充满了产品神话。无奈消费者却像观看魔术表演的看客,台上的表演再精彩火爆,观众则心静如水,不会把它当成真事。于是不少精明的企业改换广告战术,什么也不说,让你看个真切。这就是广告中的证明性表达。

证明性广告以其有力的证据来证明产品质量的真实性、可靠性。证明型广告又可分为两类。

一是感性证明,即借用一定事物,从理性的角度感性的表达来证明产品的功效。如在全国各大电视热播的圣象地板"踢踏舞篇",创意是一舞者在地板上跳踢踏舞,舞者跳得把鞋都已经磨穿了,但地板却依然完好如初。这略带夸张的表现方法给人的第一感觉是真实、自然、令人信服。圣象"踢踏舞篇"虽是理性的表达,但却以单纯、幽默的手法来表达地板的耐磨性,有趣逗人,令人忍俊不禁,达到了很好的广告效果。

二是纯理性论证(也叫真实实验法),就是当众做实验,或者借助电视现场直播形式的广告。比如,最典型的就是美国安利公司系列产品的推销方式:当着目标人群的面,把安利的系列产品当场做试验,把事实摆在受众面前,令人不得不信任产品的功效。还有利用破坏性实验宣传产品质量,以收到立竿见影的功效。

然而,证明型广告事实上有时是对产品进行超常态的实验。并非所有的产品都能采用这种方法,如本身就不堪一击的精雕瓷器。也并非所有产品都需要采用这种方法,如质量性能不难判断的食品饮料。证明型广告如果运用不当将不会引起受众注意,甚至产品演示过程的真实性都会受到受众的质疑。

7)双面论证

在广告中充分肯定产品优点的同时,也适当地暴露产品的不足之处,这种手段称为双面论证。双面论证如果使用恰当,可以获得意想不到的效果。例如,英国某刀片公司在一则广告中说:"本公司的刀片十分锋利,经久耐用……缺点是易生锈,用后需要擦干保存才能久放。"因此,该产品迅速被广大消费者认同从而畅销于市场。但是,如果使用不当,也容易产生反效果。因此在使用时通常要考虑下列几个方面的问题。

(1)接受者的已有态度。

一般人都愿意接受与自己的态度相一致的事物或观念,拒绝和抵触与自己态度不相吻合的观念,所以当消费者对产品有良好的态度时,采用双面论证就没有必要,而当消费者对品牌印象不佳时,适当地暴露品牌的缺点能够消除他们的抵触心理,让他们接受有利品牌的看法。

(2)接受者的教育水平。

接受者的教育水平越高的人,思维能力、判断能力也越强,他们能采用比较客观、辩证的观点来看待事物和观念。对他们来说,一分为二看待事物的方式、方法比较能够接受,一面之词容易得到他们的批评。相反,对于受教育水平比较低的消费者来说,比较容易不加批判地直接接受传媒的影响,所以一般不宜采用双面论证。

(3)接受者对品牌的知识经验。

一个人的知识经验越多,想用一面之词来说服他就越困难。当消费者对品牌已经了如指掌时,广告仅仅提供给他们已知的品牌知识,并不能改变他们对品牌的评价。此时运用同情心理、逆反心理的双面论证方法,反而可能取得较好的效果。反之,当消费者对品牌不了解或了解不多时,提供单方面的有利信息,能促使他们做出较好的认知评价。

(4)传者的可信性。

当一个人被认为非常诚实可靠时,即便他说的是谎言,人们也可能信以为真。反之,如果一个人不为人们所信任,即使他说的是客观事实,人们仍会带有几分怀疑。因此对前者宜用单面论证,而对后者,采用双面论证的手法会更有说服力。

四、广告的情感诉求

美国市场营销学家菲利普·科特勒曾把人们的消费行为大致分为三个阶段:第一是量的消费阶段;第二是质的消费阶段;第三是感性消费阶段。在第三个阶段,消费者所看中的已不是产品的数量和质量,而是与自己关系的密切程度。他们购物在很多时候是为了追求一种情感上的渴求，或者是追求一种商品与理想的自我概念的吻合。当某种商品能满足消费者某些心理需求或代表某种新的观念时，它在消费者心中的价值已远远超过其成本。欧美、日本的企业界重新探讨质量定义时，结论是一句话：优质不是"最好的"，而是顾客"最需要的"。广告的情感诉求是向消费者诉求该产品能满足其情感上的需要，是其所需要的，因此情感诉求成为当今广告诉求常用的方式。

1. 情感诉求的策略

情感诉求从消费者的心理着手，抓住消费者的情感需要，诉求产品能满足其需要，从而影响消费者对该产品的印象，产生巨大的感染力与影响力。因此，广告情感诉求应采用一些策略，以达到激发消费者的心理，实现购买行为。

1）以充满情感的语言、形象、背景气氛作用于消费者需求的兴奋点

一类产品能满足消费者某类或某些情感需求，广告制作者必须从消费者的利益着想，并且抓住消费者需求的兴奋点。因为消费者的需求决定着其情感心理活动的方向和结果，消费者的需求是情绪、情感产生的直接基础，客观刺激必须通过以消费者的需求为中介才能发挥其决定作用，一旦触发了消费者的需求兴奋点，其情绪必然高涨，而情绪高涨则满足需要的行为也将更快、更强烈地出现。产品要想深入消费者的内心，就可以从其需求入手，把产品与某类需求紧密相连，使得消费者一出现这类需求便想到此产品，则广告就已取得良好的促销效果，达到广告主最大最终的希望。情感诉求正是诉求产品能满足消费者某类需要，自然能实现上述效果。

2）增加产品的心理附加值

作为物质形态的产品与服务，本来并不具备心理附加值的功能，但通过适当的广告宣传，这种心理附加值便会油然而生。美国广告学者指出："广告本身常能以其独特的功能，成为另一种附加值。这是代表使用者或消费者在使用本产品时所增加的满足的一种价值。"因为人类的需要具有多重性，既有物质性需要又有精神性的需要，并且这两类需要常处于交融状态，即物质上的满足可以带来精神上的愉悦；精神上的满足需要又以物质作为基础，有时可代替物质上的满足。因此，产品质量是基础，附加值是超值，多为精神上的需要，消费者更乐意购买有超值的产品。因为购买这类产品可得到双份满足——物质上的满足与精神上的满足。在进行购买抉择时，"心理天平"势必向这类产品倾斜。如"金利来"借助成功的男子汉，"万宝路"反映自由男子汉，等等。

3）利用"晕轮效应"

晕轮效应是社会心理学中的一个概念，它是指一个人如果被公认为具有某种优点，往往也会被认为具有其他许多优点。如果公众认为某些运动员在运动场上是杰出的，他们往往还会赋予这些运动员许多不属于运动方面的专长。因此许多企业不惜重金请体育界、娱乐界的明星，甚至是政界人物为自己的企业或产品做广告。原因就在于这些人物是公众所喜爱的，他们的行为直接影响公众，使得公众爱他们之所爱，喜他们之所喜，自然购他们之所购。这在心理学上称为"自居作用"，即公众通过与明星购同类产品，在心理上便把明星身上的优点转移到自己身上。另一种晕轮效应是产品自身产生的，即如果产品被公众接受了一种优点，那么它也易被公众认为有另一些优点。例如一些产品连续多年销量第一，公众对此易于接受，因此他们自然会认为这些产品质量很好、服务好、造型美观等优点。

4）利用暗示，倡导流行

产品大多是永久性的使用品，并不存在是否流行，但当人们购买多了，也就成为当时流行的产品。产品的购买者不一定是其使用者，许多产品是被用来馈送亲友。因为消费者不是彼此孤立存在的，他们在社会交往中相互作用，建立起亲情、友情，他们会用礼品来表达自己的心意。因此如果产品正符合他们想表达的心意，他们便会主动去购买这些产品，而更少地去考虑产品的质量、功效。如果购买这种产品的风气能被广告制作者操作成为一种当今社会流行的时尚，消费者便会被这种时尚所牵引，抢着购买该产品。

2. 情感诉求的方法

1）幽默

莎士比亚说："幽默和风趣是智慧的闪现。"幽默化广告创意策略，是科学和艺术的智慧结晶。现代心理学认为，

幽默是对人们心理的一种特殊适应,它是对心理理性的一种特殊反叛,是以突破心理定势为基础的。所谓心理定势,是指人们由于过去生活体验而形成对周围环境中事物相对固定的感知、评价的惯性。当今社会商品经济高度发达,大量的信息符号通过广告向社会传播,使受众目不暇接,在一定程度上已显现饱和状态,受众在精神上产生了保护性抑制情绪。在这种情形下,广告创意采用幽默化策略,可有效缓解受众精神上的压抑情绪,排除其对广告所持的逆反心理。在一种轻松、快乐、愉悦的氛围中自然而然地接受广告所传递的商业信息,并完成对商品的认识、记忆、选择和决策的思维过程,幽默化广告创意策略,可以克服众多广告商业味太浓、艺术情趣匮乏、严肃刻板有余、生动活泼不足的弊病,有趣、有效地达成广告的目的。

目前在美国黄金时段播出的广播和电视广告中,幽默广告分别占30.6%和24.4%。在英国和西欧地区,幽默广告所占的份额也不少。在戛纳国际广告节上获奖的作品中,也有不少是采用幽默戏剧化的手法。它们超越了民族语言和接受心理的障碍,成为普遍受欢迎的广告方式。

需要注意的是,幽默广告本身也具有一定的风险。如果幽默广告与产品特点结合不恰当的话,受众会因为幽默的无趣而对产品产生厌恶感。与其用没有创意的广告,不如用一种更保险的方法来制作广告。换言之,幽默广告需要广告人有更高的想象力、知识经验和道德感。同时,不是所有的产品都适合做幽默广告。一般而言,感情需求性产品(如快餐、甜点、软饮料)多用幽默广告促销;高理性型产品则不一定使用幽默广告;与生命、资产有关的产品,服务则不宜用幽默诉求,如药品就是如此。

幽默广告在不同受众中所产生的凡响不可能相同。从有关结果来看,影响幽默广告效果的受众因素主要有年龄、性别、教育、种族、文化背景以及广告接受氛围,等等。创作幽默广告不能将目光仅仅盯在产品本身,而要从更广的生活空间去搜寻幽默题材。

(1) 幽默广告的特征。

幽默广告具有以下特征。

① 含蓄性。广告将其所意欲表现的意义隐藏起来,接受者必须透过表层的文字符号,才能在微笑之中领悟到它的"言外之意"。如荷兰一家旅行社的广告是:"请飞往北极度蜜月吧,当地夜长24小时"。

② 深刻性。从纯艺术的角度来看,幽默常常超越了一般的理性探求而带有哲学的沉思性。虽然广告幽默的深刻性较之纯艺术幽默要浅一些,但其所达到的浓度还是不容置疑的。这从法国交通警察给一辆满载复印机的大型货车上贴的告示就可清楚地看出。告示写道:"小心驾驶,阁下无法复印!"它不仅充满了幽默意味,而且饱含深意,既传达出警察维护交通安全的职业道德,还传达出一种深沉的热爱生活的生命意识。

③ 温厚性。广告的宗旨在于说服消费者购买产品,它不应去嘲讽自己所推介的消费客体,更不能嘲笑有购买欲求的消费主体,而必须分外"和颜悦色"。如某饭店的广告:"请到这里用餐,否则你我都要挨饿了!"幽默之中洋溢着对顾客的关心之情。

(2) 幽默广告的原则。

幽默广告具有无穷的魅力,但真正要把这一策略运用好,运用得精彩,必须遵循以下几条原则。

① 为产品而幽默。在对幽默广告进行广告效果测试时,经常听到这样的反馈,当问及消费者对某个品牌的广告是否有印象时,他们往往无法肯定,而进一步提醒他们广告中的幽默情节时,他们才恍然大悟。也就是说消费者经常都是记住了幽默而淡忘了品牌;有的消费者则是把两个竞争品牌的幽默情节张冠李戴了。所以幽默必须与广告产品融为一体,并善于因产品而异。

② 寓庄于谐,烘托主题。幽默广告创意策略,主要是通过幽默这种艺术手段吸引观众的注意力,让他们享受观赏的乐趣,并在此心情中认知广告的商品或服务。这里,幽默是一种表现手段,幽默本身并不是目的,我们所确立的主题,所推广的商品或服务才是真正的主角。也就是说,采用幽默创意策略,不能为幽默而幽默,而是要寓庄于谐。不要让幽默喧宾夺主,让过浓的情节挤掉传递的信息。

③ 明确范围,注意分寸。尽管大众化的戏剧性幽默是老少皆宜的,但在广告中采用幽默化策略,却不一定人人都能接受,这牵涉不同消费者对广告的认识,以及消费者对不同信息接受的惯性问题。对有的人来说,幽默是帮助理解与记忆的妙方,而对另一部分人来说,幽默可能根据产品及目标消费者的不同进行权衡选择。

④ 切忌平庸,不能太浅、太露而流于庸俗。

⑤ 切忌千篇一律,切忌将一切生活主题都拿来幽默,任何涉及死亡、残疾、中伤、横祸、灾难、痛苦等的内容,都不宜被当作笑料来幽默。

2)恐惧

优秀的广告能打动消费者的心灵,在心理层面上造成震撼力和影响力。这种"打动""震撼""影响",不仅来自正面诉求,也来自反面诉求,利用人们普遍存在的害怕、担忧、担心的心理,在广告创意中运用和发展恐惧诉求,这正是国内外不少广告大师的创作手法。"恐惧"诉求就是指通过特定的广告引起消费者害怕、恐惧及其有关的情感体验,从而使消费者渴望追求一种解救,自然就引向广告推荐的产品。广告主通过它来说服消费者,改变其态度与行为。

恐惧广告多用于公益广告之中,因为公益广告主要以改变人们的行为模式和思想观念为目标。许多观念并不深奥,也不难接受,然而要在日常行为中奉行这些观念,往往是比较难的。例如:保护野生动物,已成为人们的共识,但捕食野生动物的现象有增无减,面对如此严峻的形势,必须大力倡导保护野生动物运动。运用和风细语、温情脉脉的劝说方式,恐怕起不到多少作用,而运用恐惧诉求,将捕食野生动物的行为淋漓尽致地乃至夸张地表现出来,或许可以使人们产生心灵的震撼。

恐惧诱导广告要达到预期的效果,还得取决于诉求的适宜强度,施以不同强度的威胁,其说服效果很不相同,有时威胁太强烈,反而效果不明显。害怕、威胁的诉求过于强烈,可能激发受众的防御心理,导致对面临的问题做出回避反应。

恐惧诉求通常有理性伴随,需要巧妙地在设下"恐惧"之后,提供解除的方法,受众就在不知不觉中卷入其中。不过,还得注意以下几点。

① 在恐惧诱导中不能过分地强化恐怖气氛,太强的刺激只会丧失感召力。

② 从一个侧面采用较新而易为人们接受的方式进行诉求,紧扣产品特性与功能,才能达到诱导的目的。

③ 给予提示解除方法时要诚恳,富有关怀之心。

3)比喻

比喻是借助事物的某一与广告意旨有一定契合相似关系的特征,使人获得生动活泼的形象感。它给人的美感很深沉很绵长,其意味令人回味无穷,收到较好的传播效果。比喻和直述式、告知式截然不同,它常常隐晦曲折。

在众多的药品广告直接地宣传产品"疗效好"而显得平庸、自夸时,也有不随俗流的优秀药品广告脱颖而出。如"达克宁"借用"野火烧不尽,春风吹又生"的概念诉求,并用"斩草除根"——双手连根拔起脚底的野草这个形象的比喻传达"达克宁"对真菌具有治标和治本的突出疗效,同样使刻板的药品广告形象化、生动化,帮助消费者快速、清晰地理解广告信息。

比喻诉求应注意以下事项:

(1)注重广告的内涵。

由于现代市场经济的发展,人们生活水平的提高,形成了广大消费者由生理到心理,由物质到精神的需求动机。人们的广告审美要求由外部视觉形象转移到丰富内涵,而比喻含蓄表达正是表现这种内涵最好的选择。比喻一定要追求巧妙构思和非凡创意,这种非凡创意无论是从作者创作的角度来说,还是从受众理解的角度来说,都体现了一种现代人崇尚的智慧美。这种美感的高品位,使广告具有更丰富的内涵。

(2)重点在于设置悬念。

设置悬念是一种最受青睐的表现方法,也是比喻表达最重要的方法。设置悬念即不直接展示广告的诉求点,而预先以其他情境将受众注意力引开,形成错误的判断,或者急切探究的疑点,然后突然出现意外结果,使受众在意料之外有一种偶然得到的感受。这时受众往往觉得自己对广告的理解就是一种参与,就是一种发现,而发现就是一种美感,是一种自我实现的精神满足,从而对广告产生强烈的亲和感。

（3）突出主题、准确切入。

比喻表达的作品一般比较曲折,曲折固然易于引人入胜,但也很容易偏离主题,或者形象体对诉求点的切入不够准确,这种状况貌似有较强的感染力,实则影响受众对广告的认识和理解,这是必须引起注意的。

（4）要有原创性。

正因为比喻含蓄类表达适宜于现代广告受众的需求动机和审美趣味,这便使它成为广告创作方法为受众重视的关注点。受众对这类广告表达的要求已经很高,因此,创意一定要有特色,要有个性。这就要求创意必须具有原创性,只有这样才能使广告具有震撼人心的力量。

（5）取像近而意旨远。

比喻体或者隐含意向的形象体的选择最好是人们日常生活实践中最熟悉的事物,这种事物为人们司空见惯、了如指掌,最易被受众理解,而且在表达中图像文案可以以精练简明的方式获得很好的效果。

4）夸张

在广告中,把广告要看成推荐介绍的商品的某种特性,通过极度夸张的手法表现出来。一则强化了特定的诉求点,二则因夸张带来的良好传递性而增加了广告效果。根据夸张在广告中的不同运用,广告夸张可分以下几类。

第一,功能特点夸张。借助形象生动的语言和夸张的方法,巧妙地展示产品的特点。

第二,产品业绩夸张。不是直接地宣传产品的市场覆盖率和市场占有率,也不直接宣传售后服务如何快捷周到,但又力图把这种信息准确地传达出去。例如:"车到山前必有路,有路必有丰田车";"无论你到何处,都能买到柯达"。

第三,使用效果夸张。不是直接宣扬自己的产品如何有效,更不是用一大堆统计材料去证实使用效果,但夸张的结果却令人回味无穷。例如:"往身上洒一点,任何事情都可能发生"（香水广告）;"在劳斯莱斯轿车以每小时60英里的速度行驶时,车里最大的声音来自车里的闹钟"等。

第四,背离常理夸张。不是完全遵循思维逻辑或自然法则去构思广告,而是发挥反自然规律的想象力。例如:"还不快去阿尔卑斯山玩玩,6000年之后这山就没了"（旅游广告）;"从12月23日起,大西洋将缩小20%"（航空公司广告）;"创造第五季"（空调广告）等。

第五,警示劝诫夸张。不直接宣传所要告诫的事项如何重要,但是却把不听告诫所导致的后果表现得触目惊心。例如:"请司机注意你的方向盘,本城一无医生,二无医院,三无药品"等。

5）谐趣

谐趣性表达的广告是指运用理性倒错,寓庄于谐的表现手法,造成风趣幽默的效果,引起受众乐趣,并在此心态中认知广告意向的广告形式。这类广告在国外比较普遍,我国近年来也越来越多地被人们所重视。谐趣表达是现代广告表达中十分重要的一种,许多不同类型表达手段中都有谐趣的成分。它之所以广泛引起受众的注意和青睐,是因为它符合现代人快节奏压力下寻求心理轻松和平衡的精神追求。谐趣性表达广告的美学价值在于它给受众带来了轻松愉快和令人回味的心理情绪,这种情绪是一种生动而积极的美感效应。

谐趣表达广告在创意过程中应注意以下几个问题。

（1）寓庄于谐,切忌离题。

谐趣性表现一般来说无外乎滑稽类和幽默类。滑稽类趣味强烈,多表现于外形。幽默类趣味深远,多体会于内心。但无论哪类都不能为滑稽而滑稽,为幽默而幽默,而是要寓庄于谐。

（2）要与受众的文化背景相贴近。

几乎所有的谐趣性表现的广告,都有一个受众是否能够理解和趣味是否契合的问题。在这里,广告的文化背景十分重要。什么样的题材可以构成谐趣，这种谐趣是否为特定受众所青睐，因文化背景不同会存在较大的差异。创作谐趣题材一定要在生活实践中选取受众喜闻乐见的形式进行创作。要表现得恰如其分，适宜得体，不能牵强造作。

(3) 形象要有美感内涵。

广告是一种审美文化，谐趣美的美学价值在于浓郁的趣味性上。既要高雅健康，又要有趣味。要杜绝庸俗低级的情调，也要注意克服趣味不浓，过于平淡的倾向。而且为了适应现代消费者对谐趣的口味，广告适宜表现内涵丰富的幽默，不要用外在形式的滑稽感代替内在的幽默。

(4) 追求出其不意而不媚俗。

广告谐趣表达本身带着很强的直接功利性，要表达出使受众由衷喜悦的喜剧效果是很难的。现在许多喜剧艺术给人矫揉造作，极其媚俗，有意引人发笑的做法，极易引起人们的反感。这种作用运用到广告上造成的后果是不可设想的。谐趣表达创意要下很大功夫，熟练掌握喜剧规律，使广告给受众一个出其不意、意味绵长的幽默感受。

(5) 标题、画面和文案互为补充，相得益彰。

谐趣性表现广告表达手法往往比较曲折委婉，这就需要将题、画、文密切配合起来，相互提示，使受众比较容易理解和认知，感受深切。

6) 悬念

悬念广告是利用语言刺激来达到注意目的的一种广告形式，又称为猜谜式广告。悬念广告的广告信息不是一次性的，而是通过系列广告，由粗至细、由部分到整体，或者说是通过广告系列的不断发展，得以逐渐完善和充实。它的始发信息常以提问的方式，或者直接突出其带有特色的信息。

悬念广告看上去是延缓了广告内容出台的时间，事实上却延长了人们对广告的感受时间。通过悬念的出现，使原来呈纷乱状态的顾客心理指向，在一定时间内围绕特定对象集中起来，并为接受广告内容创造了比较好的感受环境和心理准备。

悬念广告策略的运用是相当普通的，但不清楚下面几个方面的问题往往会徒劳无益。

① 悬念广告要针对产品特征恰当地展开，一个侧面、一个相关联想都可引出悬念。

② 由于悬念广告有一个设疑然后解疑的过程，要求广告具备一定的重复出现率或稳定保持期，以便人们仔细揣摩。

③ 悬念广告在选择媒体时，一定要注意适于自身形式的连续性；不能给别人造成一种悬而不决的感觉，这样广告就失去了意义。时间的延续也不宜太长，否则人们的兴趣在解密之前便已消退。

④ 悬念广告还要注意其夸张和离奇不能完全摆脱产品的特性和广告诉求的目标。

⑤ 广告在设计悬念时应尽量做到巧妙、自然，防止给人生硬或故弄玄虚之感。

第四节
广告效果测定

广告作为一种信息传播与促销的手段，已越来越为企业重视与应用。但是，究竟广告有没有效果，如何测定广告的效果，这是广告研究的又一内容。

一、广告效果的含义及特征

1. 广告效果的含义

简单地说,广告效果是广告对其接受者所产生的影响及由于人际传播所达到的综合效应。比如:新产品广告,通过广告活动促使消费者了解本品牌优点,从而改变已有品牌的消费习惯;企业形象广告,通过广告活动宣传企业独特的形象,从而在公众心目中建立企业的良好印象,使消费者对本企业及其各种产品产生亲近感、认同感,最终促进产品销售。

在广告活动中,人们对广告效果的内涵理解不一。一般来说,可从不同的角度来给广告效果进行分类。

1)从宏观的角度可分为经济效果和社会效果

广告的经济效果:指广告对社会经济生活,包括生产、流通分配、消费产生的影响。特别是指由于广告活动而造成的产品和劳务销售以及利润的变化。既包括广告活动引起自身产品的销售及利润的变化,也包括由此引发的同类产品的销售、竞争情况的变化。

广告的社会效果:指广告活动不仅对人们的消费行为、消费观念的变化起作用,也会对整个社会的文化、道德伦理等方面造成影响,即广告对社会精神文化生活产生的影响。

2)从表现的形式可分为销售效果和广告本身效果

广告的销售效果:以销售情况来直接判定广告的效果,称为广告的销售效果。广告是促进产品销售的一种手段,产品既然做了广告,销售情况必须改善,否则该广告就是白做了。

广告的本身效果:即广告的接触效果或广告的心理效果,是指广告呈现之后对接受者产生的各种心理效应,包括对受众在知觉、记忆、理解、情绪情感、行为欲求等诸多心理特征方面的影响。这是广告效果最核心的部分。它不是直接以销售情况作为评断广告效果的依据,而是以广告的收视率、收听率、产品知名度等间接促进产品销售的因素为根据。

3)从时间的角度可分为即时效果和潜在效果

广告的即时效果:广告活动在广告传播地区所造成的即时性反应,主要是指即时的促销效果。

广告的潜在效果:广告在消费者心目中产生的长远影响,对受众观念上的冲击,如消费者对产品及企业的印象的变化。

2. 广告效果的特征

广告效果既体现于广告整体运作进程中,又存在于广告表现的实施过程中,更显露于广告活动告一阶段之后。因此,广告活动的各个环节都会影响到广告的效果。同时,广告活动效果还受到市场环境、社会环境、政治环境及文化心理的影响。而且企业产品策略、价格策略、销售通路及促销策略的微小变化都会影响到广告效果。这一切,都导致调查广告效果的复杂性。所以我们必须了解广告效果本身具有哪些特征。

1)复合性

广告效果是经济效果、心理效果和社会效果的统一。单从经济效果来看,在广告活动过程中企业的经济效益、销售情况受到4P营销理论的影响,因此很难断定广告活动的最终效果就是广告活动本身的效果。所以说广告效果不是单一的,不是可以用简单的方式加以区分的。它是一种复合多种因素的极为复杂的传播活动的结果。

2)累积性

广告活动是一个连续、动态的过程,消费者接收信息的过程也是一个动态的过程。消费者从接触广告到完成购买,中间有一个心理积累的过程。首先引起消费者的注意,激发消费者的兴趣,从而使消费者形成偏爱直至发生购买行为,行动上又由偶然购买到形成品牌忠诚。广告效果的形成或实现,往往有一定的时空距离,大多数广告效果需要较长的周期。因此,广告活动的开展,应确定长远的战略目标,这样才能把眼前利益和长远利益结合起来。

3)迟效性

广告效果的发生,受多种因素的影响,广告效果不是一个立竿见影简单的过程。许多广告效果的产生,往往是经过一段时间或更长的时间才产生的。广告活动对消费者产生了心理影响,但销售效果在一段时间后才表现出来。比如,消费者看到了某品牌空调的广告,也产生了购买欲望,但考虑到自己的经济实力,尚不能立即购买,直到具备了一定的经济实力后才能购买。所以,在研究广告效果时,要区别广告效果的即效性和迟效性,不能简单地根据眼前的效益来判断。

4)间接性

广告促进消费者达成认知、理解或态度改变,最终实施购买行为,使企业获得经济效益,这称为广告效果的直接性。有时接受者虽然接收到广告信息,并对广告商品建立了深刻的认识,但本人由于某种原因而未实现购买行为,却介绍他人购买,这就是广告效果间接性的表现。

二、广告效果调查

一幅好的广告作品,能否吸引广大消费者的注意,打动消费者,使消费者产生偏爱,最终促使其下决心进行购买,这是广告活动的中心目的,当然广告活动可能还希望推出企业形象,使企业在广大消费者面前建立良好的企业形象和产品形象。对广告效果进行测定,是保证广告活动能够最好地达到预期目标的重要措施,也是支付了巨大广告费用的广告主最为关心的问题。广告活动在通过深入细致调查研究之后,就必然会对在整体策划指导思想之下的广告表现和广告发布进行准确、科学的测定,借以及时准确地掌握广告效果。

1. 广告效果调查的作用

现代广告已步入整合行销传播时代,广告活动不只是单纯地设计制作、简单地发布,而是建立在全面广告调查基础上的整合营销传播。广告投入与企业效益的密合度越来越大,广告主日益重视广告效果的调查。广告费用的投入不再是盲目的,而是有明确的效益目标。企业在广告费用投入构成上也逐渐从只重媒体发布,到重广告设计制作,重广告调查、整体策划和广告效果调查。广告效果调查由于企业思想和行动上的重视而迅猛发展。广告效果调查的意义主要表现在以下三个方面。

1)检验决策

通过效果调查,可以检验广告目标是否正确,媒体是否运用得当,广告发布时间和频率是否合适,广告费用的投入是否恰当,从而提高广告水平,调整广告计划,节约广告费用,取得较好的广告效益。

2)改进作品

通过广告效果调查,了解广大消费者对广告的反应,从而鉴定广告主题是否突出,广告诉求是否准确,广告创意是否有新意,是否能摄取消费者的目光,这些资料将是广告部门改进作品强有力的参考,从而可以及时地修正计划,改进创作,保证广告活动的最佳效果。

3)调控管理

为了广告管理,从事必要的调查,提供调查的资料,这是广告调查的基本任务。这样有利于及时掌握广告活动的变化,全盘掌握广告活动的成功与不足,找出问题点与机会点,随时调整广告策略,以使广告活动始终沿着正确的轨道进行。

2. 广告效果调查的要求

广告效果调查是一项十分复杂的科学活动,事关广告活动的总体评价和广告投资的效益。完成广告效果调查的基本要求如下。

1)恰当地界定好广告目标

什么样的广告才是好的广告,它必须有一个参照物,有一个衡量目标,在产品分析、消费者分析、市场研究的基础上,结合企业营销战略,确定一个恰当的广告目标。只有先界定具体的广告目标,才能很好地衡量广告效果。

2)坚持定量与定性相结合的原则

要根据调查目的的要求,运用多种调查手段进行调查,在进行科学定量分析的基础上,结合专业人员的知识经验做定性分析,这样才能从数据中发掘事物的本质,使广告效果调查工作更科学、更全面。

3)调查手段科学化

广告效果调查的结论要来自对各种资料的全面分析,要科学抽样,切忌以偏概全、以点带面。在调查过程中,要注意收集多方面的资料,并做全面、客观的分析,力争广告效果调查反映全局情况。

4)要建立一个调查体系

广告效果调查贯穿广告活动始终。根据调查的内容反复进行,要把每一次调查结果有机地结合起来,互相联系、相互补充,建立一个可比体系,在样本的选定、问卷的设计、统计方法的运用上要考虑前后的联系,使多次调查结果形成一个系统,以利于广告主、广告商掌握多方面的材料,为下一步广告战略的制定提供有力的参考依据。

3.广告效果调查的内容

广告效果调查涉及广告活动的各个环节,贯穿广告活动的全过程。广告效果调查的内容包括:广告信息调查、广告媒体调查、广告活动效果调查三个方面。

1)广告信息调查

广告信息调查是对广告作品传播的各方面的信息进行全面的检测和评定,在广告作品发布之前检验广告作品定位是否准确、广告创意是否引人入胜、广告作品是否具有冲击力和感染力,广告能不能满足目标消费者的需要,激发起消费者的购买欲望。广告信息调查可分为广告主题调查和广告文案调查两种。

(1)广告主题调查。

广告主题调查是广告效果调查的第一个环节,也是最重要的一个环节。它直接关系到广告作品有没有把广告主想传播的信息告之消费者,有没有真正地满足消费者的需求。它要求针对目标消费者,了解他们对广告主题的看法,看看他们是否认可广告主题,接受广告主题。看看广告有没有充足的论据来凸显这一主题,有没有以充沛的感情来渲染这一主题。

(2)广告文案调查。

广告文案调查是对广告文案及广播、电视广告、网络广告所做调查的总称。从其历史来看,首先是报纸、杂志广告文案调查比较发达,其后随着电波媒体的发展,文案调查逐步应用于广告调查中。近年来,随着网络广告的兴起,文案调查也相应地应用于网络广告中。

2)广告媒体调查

在广告活动中,绝大部分费用是用来购买媒介的时间和空间。如果媒介选择不当或组合不当都会造成广告费用的极大浪费。广告媒体调查是对报纸、杂志、广播、电视、户外广告等大众媒体及网络广告等其他媒体的调查。调查各媒体的特征及消费者如何接触各种媒体,具体内容如下。

① 各广告媒体"质"的特征。

② 媒体投资效益评估。

③ 媒体选择与分配研究。

④ 媒体组合是否恰当。

⑤ 媒体近期视听率、阅读率、点击率是否有变化。

⑥ 媒体执行方案的确定与评估。

3)广告活动效果调查

广告活动效果调查,是对某一产品推广所有广告活动的测定。它全面评估广告活动效果,并为新的广告活动提供资料,指导以后的广告活动。广告活动效果调查应包括销售效果调查和心理效果调查。因为广告活动目标不外两大类:一是提高商品的销售额,增加利润,使企业获得经济效益;二是使商品或企业在消费者心目中树立良好的形象,为企业长远的发展奠定良好的基础。

(1)销售效果调查。

销售效果是企业主和广告商最关心的效果指标。它是人们评价广告活动效果最先想到的也是最直观的评价指标。销售效果调查基本上是根据广告宣传的商品在市场上的占有率、销售量、消费者使用情况等统计资料,结合同期广告量进行分析比较,把握广告的总体效果。

(2)心理效果调查。

从广告主的角度来说,最关心的是广告的销售效果。但广告效果的复杂性要求我们必须从广告的传播角度入手测定广告的传播效果,即广告的心理效果,这样才能更客观地把握、衡量广告效果的大小。

4.广告效果调查的程序

广告效果调查是一个有程序、有步骤的动作过程,必需的循序渐进的方法。通常一项广告调查有以下两个步骤。

1)确立调查目标

根据广告计划确立调查的目的和必要的调查内容,并依据调查目标的主次进行优先调查或重点调查的次序。

2)调查方案

根据调查目标,确定各阶段具体的调查内容和调查方案。调查方案包括各阶段时间安排与抽样分布、调查的对象和方法、人员安排和经费预算,等等。制订调查方案应包括以下内容。

① 据调查项目、对象和方法制订调查方案,明确人员分工,安排各项必要措施。

② 设计制作调查问卷。

③ 范围预测,修改调查问卷。

④ 对调查人员进行培训,考虑调查困难及防范措施。

⑤ 实施调查方案。

⑥ 实施调查,回收问卷。

⑦ 按照一定比例进行抽样复核。

⑧ 整理收集的资料,处理分析数据。

⑨ 进行方案设计中的其他调查工作。

3. 总结评价,撰写调查报告

根据不同阶段的效果测定,汇总分析,对整个广告活动过程的效果进行总体评价,写出报告,报告内容通常包括题目、调查目的、调查过程与方法、结果统计分析、结论与可行性建议及附录。

三、广告文案调查的方法

吸引广大消费者的注意,打动消费者,使消费者产生偏爱,最终促使其下决心进行购买,这是广告活动的中心目的。如何才能知道广告活动达到了预期的目的呢?知道其活动效果达到目的的程度呢?对广告效果进行调查,是保证广告活动能够最好地达到预期目标的重要措施,也是支付了巨大广告费用的广告主最为关心的问题。

1. 商品联想法

商品联想法是调查广告在联想特定品牌方面到达何种程度的方法。比如,调查员向被访者询问:"当您联想某种商品时,首先在脑中浮现哪一品牌的名称?"这种调查有助于了解目标消费者对特定品牌的消费意识,以及其变化的倾向。与本方法相似的是欲求联想法,该方法是探问被访者压抑在心中的某种欲求,而使他能够获得满足的,且最初浮现于心中的品牌是什么。

2. 消费者审查法

消费者审查法是采用由广告商品的消费者代表所组成的小团体的意见,作为评判广告效果的依据。常见的问题有以下几点:在这则广告中,哪一项最吸引您注意;哪一种广告最令您发生兴趣而想去阅读它;基于传达目的,哪一种广告最完全;哪一种广告令您确信其宣传的是最受人欢迎的商品;哪一种广告更能使您想去购买该种商品,等等。消费者的意见远比广告专家更实在、更能代表市场愿望。

3. 意见及态度评价法

一则广告能吸引受众的注意力吗?有趣味吗?它能促使购买产品吗?调查这些问题,就可获得对广告的态度。本法可用于广告尚未发布以前的事前调查,而且所需费用不多,能轻易做到。意见及态度评价法有以下几种。

1)直接意见法

向专家或某产品的消费者(现实消费者或潜在消费者均可),询问对该产品广告的意见。直接意见法有以下几种。

(1)小组讨论法。

多人讨论,容易得出意见。

(2)排序法。

对同一商品所设计的几种广告,按其设计的优劣排列顺序。例如,同一商品有五个不同内容的广告,按评审者个人的主观意见,从最优开始排列,直至最差。

(3)一对一比较法。

将该产品的所有广告按两个为一对进行组合,对每一对加以评判、比较,回答"这两个广告你喜欢哪一个?为什么?"

2)间接意见法

调查者不把调查意图告诉被调查者,而是通过其他方法间接得到被调查者的意见或态度。比如有一种品牌喜好选择法,它是由雪林氏所创始,集被调查者于一室,调查在广告发布前后人们对竞争品牌的喜好及选择。调查完成后,将被调查者所喜好选择的品牌商品免费赠送给他。

3)痕迹调查法

痕迹调查的目的主要是了解受众对广告的反应,据此测知广告表现的效果,调查媒体的价值。例如可以在广告中印上印花,并指示凭印花可获赠某种礼品。然后,根据回收的印花,测出对广告的反应。

用本法从事文案调查非常普遍,可是也有不少缺点。假如赠送价值较高的物品,当然反应的人数多,但是反应者不一定是该商品的目标消费者,可能是一些空闲或无购买力的人。假如把赠送字样放在文案醒目之处,则反应者比较多,如果插在文案当中,则反应者相对要少,可是后者却是详读文案的一些热心的目标受众。因此,只求反应人数多并无实际意义,而应当找出真正具有购买意愿、购买能力的反应者。

4)冲击法

冲击法主要调查读者对广告的印象,常用于广告的事前调查。在运用冲击法时,首先要准备调查用的杂志,这些杂志和市面所卖的杂志体裁相同;其中把预定测试的广告编进去,也刊载一些与当时不大有关的记事。

杂志分发给调查者几天后,由调查员亲自访问。在尚未询问特定广告之前,先问是否读过该杂志,然后询问有关该杂志所载的内容,如果答不出来,就不能作为调查者。

经过这一资格测验后,给他看一张列有被刊载在杂志中的广告商品或品牌名称的卡片。为了排除回答不实,卡片里除列有在该期杂志所刊载的商品品牌外,也加进一些实际上并未在该杂志刊载的其他商品名称,由读者挑选他在该杂志看过的商品品牌。然后针对预定测试的广告开始进行正规的调查,询问:那是什么广告、广告里有哪些内容、看它时有何感想等问题。

5）单面镜调查

在安装有单面镜的特别室，由于被调查者不会察觉到正在被调查，能保持自然状态，便于调查者观察。在特别室的另一方，可通往一个称为准备室的地方，室内桌子上堆有杂志，请被调查者进入这间准备室以备询问。因为被调查者在等待被询问时，为了解闷会翻阅杂志。这时，单面镜背后的两位主持者，透过单面镜，根据被调查者如何翻阅杂志、如何去阅读、阅读哪一页、视线注视情形如何等加以详细记录。然后，针对被调查者所读的内容或所看过的广告，当面询问。

四、广告销售效果调查

调查广告销售效果，先要界定销售量的含义。在这里，销售量是指零售店向消费者销售的数量，也就是说，最终消费者购买的数量。而不包括已离开厂方仓库但还积压在中间商那里的数量。因此，只有以消费者为对象调查所得的购买量，才对广告销售效果的调查有实际意义。通常，销售量是通过对消费者固定样本进行连续调查而获得的。

实验法是调查销售效果最迅捷的方法，但其操作较为复杂。该方法要选定广告实验市场及与它相比较的非广告实验市场，在选择上要特别注意，实验市场和对照市场在规模、人口、商品分配状况、竞争关系以及广告媒体等方面有可比性。向其中一个市场刊播广告，比较两者的销售效果，如果 A 市场的销售量大于 B 市场时，其超出部分就是广告的销售效果。

五、广告心理效果调查

广告的心理效果是指广告呈现之后对接受者产生的包括注意、理解、记忆、情绪情感、行为欲求等诸多心理方面的影响。下面介绍注意率和记忆率调查。

注意率调查是广告心理效果调查的一个重要方面。研究表明：注意率取决于产品类型、受众对该产品的参与程度、广告尺寸、颜色、位置、文案手法及媒体的特性。

注意率调查一般采用回忆法。回忆法也称回想法，是用来调查受众能够回忆起多少广告信息，了解受众对商品、品牌、创意等内容的理解与联想能力。在调查过程中，不出示广告实物，不加任何提示的方法叫纯粹回想法。提问时，出示广告实物或进行各种提示，称为提示回想法。用回忆法调查广告的注意率效果，规模一般都很小。较大规模的调查，可用电话访问调查或入户访问调查。回忆法的基本做法是：了解调查对象先前看过的广告是否在其脑海中留下了印象，是否还记得该广告。有时调查者给被调查者某种帮助，如提示被调查者有关广告中的商标或厂商名称、广告标题、广告插图。调查中要注意避免出现偏差，比如：被调查者可能出于取悦调查者的目的，或将不同广告混淆而说他们看过该广告。

一般来说，广告的发布次数和篇幅大小（或播出长度），与注意率的高低成正比。但是，广告商品种类不同，会引起注意率的不同；同类商品广告即使发布次数或篇幅大小一样，也常常有不同的注意率。因此，在注意率调查中，经常要以广告文案调查作为补充。文案调查的问题设计得较细致和具体，且参加人数也较少。在调查中，调查者将广告照片、说明、标题、公司名称及商品名称一部分一部分地询问被调查者："最早注意的是哪部分？""印象最深的是哪部分？"，等等。综合分析文案调查与注意率调查的资料，所得结论较为科学。

记忆率是指受众对广告信息的记忆程度，一般来讲，记忆广告信息的程度与受众的购买行为直接相关。而记忆程度的调查分为无辅助回忆法和辅助回忆法两种。

无辅助回忆法是指在调查过程中，对所提出的问题，不涉及广告内容的任何提示或暗示，如"您能想起最近十天播过什么样的洗衣粉广告吗？"被调查者必须回忆他在十天内是否看过洗衣粉广告？如果看过，是什么牌子的洗衣粉广告？进而做出回答。

辅助回忆法是指在提问时，对广告内容进行相关的提示，帮助被调查者回忆。例如，"您最近七天内看过 XX 牌洗衣粉的广告吗？"这是通过品牌名称帮助被调查者回答。又如"这阶段有两个挂错电话情节的广告是不是同一个药品的广告？"这是以情节提示被调查者。必须注意，辅助回忆不能给被调查者太多的帮助，否则等于替被调查者回答，失去调查应有的意义。

六、广告媒体调查

广告主进行广告活动时，通常要将广告费的 70% 到 80% 投入广告媒体上。因此，媒体的传递能力是否合适，能否达到理想的传播效果，自然就成为广告主和广告公司共同关心的焦点。

1. 媒体质的调查

媒体质的调查着重在媒体对品牌形象塑造、品牌销售所起的作用等方面的调查。一般调查的项目有接触关注度、干扰度、编辑环境、广告环境和相关性。

1）接触关注度

接触关注度指的是受众接触媒体时的质量。基本的假设是：受众专注接触媒体时的广告效果比漫不经心接触时要高。这里的广告效果，指的是广告被理解及记忆的程度。奥美公司的一项研究报告指出：关注度较高的节目相对一般的节目来说，受众收看的意愿要提高 49%，广告记忆度提高 30%，这证实了媒体接触度对广告效果的影响。事实上，在传统的收视率资料上加入质的指数能更准确地调查媒体效果。在操作上主要是以问卷的形式，调查受众对各节目的接收频率及连续性、主动性、喜好程度及错过节目的失望程度等来调查各节目的关注度。

2）干扰度

干扰度指的是受众在接触媒体时受广告干扰的程度。广告接触对受众而言，通常并不是目的性行为，即观众观看电视是想看电视节目，而非电视广告，阅读报纸是想读新闻或娱乐方面的信息，并非报纸广告。因此广告所占有媒体的时间或版面的比率将影响广告效果。广告所占比率越高，表示对受众的干扰度越高、效果越低。我们通常以计算广告占有媒体的比率来分析媒体的干扰度。

在计算干扰度时，同类竞争品牌的广告比其他品类的广告的干扰更高。

3）编辑环境

编辑环境是指媒体所提供的编辑内容对品牌及广告创意的匹配性。这种匹配性体现在媒体自身的形象与地位两个方面上。

（1）媒体形象。

媒体本身存在市场上一段时间后，在受众心目中会形成一定的形象。媒体本身的形象将吸引具有相同心理倾向的受众，对具有类似形象的品牌或创意风格，能提供较为匹配的媒体舞台，因此具有较高媒体价值。反之，品牌或创意表现如果呈现在互不匹配的媒体舞台上，尽管在接触人数上差异不大，但所获取的媒体价值则相对降低。例如，将前卫诉求的品牌广告刊登在传统保守形象的杂志上，其媒体价值将大打折扣。

（2）媒体地位。

媒体地位指特定媒体在其类别当中所占有的地位，如妇女类杂志、体育类报纸或新闻类电视节目在其同类中的地位排名。媒体地位对广告效果的意义是：处于领导地位的媒体对其受众具有较大的影响力，因而在该媒体出现的广告也具有较强的说服效果。

4）广告环境

广告环境指的是媒体承载其他广告所呈现的媒体环境。它与干扰指数不同，干扰度是计算媒体内广告的量，而广告环境则是指媒体内广告的质。对广告环境进行调查的意义在于：如果媒体所承载的其他广告都是形象较佳的品牌或品类,那么,本品牌也会被受众归类为同等形象的品牌。反之,如果媒体内其他广告皆为吹嘘不实、制作粗劣的广告,则本品牌广告也将受其拖累,被归为此类。

5)相关性

相关性指产品类别或创意内容与媒体本身在主题上的相关性。例如,运动类商品刊登在体育类刊物上,婴儿用品出现在教育母亲如何育婴的节目上,股票分析软件广告刊登在股票版上,以高科技为创意诉求的商品出现在介绍科技新知的媒体上。调查相关性意义在于,受众对某类型的媒体有较高的兴趣,那么他们接触该媒体的频率就高,因而在此媒体上做广告,比在毫不相干的媒体上做广告效果要好。

2. 媒体量的调查

由于广告效果的实现需要运用适当的媒体,因此在选择媒体时,要有各种媒体的详尽资料。为获得这些资料,必须对报纸、杂志、电台、电视以及其他各种媒体做媒体量的调查。前面介绍的媒体质的特性,强调的是说服的深度及效果,而媒体的量则是计算媒体的广度及成本效率。对媒体量的调查的主要内容有收视率、阅读率、广告接触人数等。

1)电波媒体调查

电波媒体包括电视与广播,二者媒体量的计算方式基本一样。下面以电视为例进行说明。

(1)收视调查。

电波媒体的收视调查需要了解以下几个方面的内容。

开机率:所有拥有电视机的家庭或人口中,在特定时间段里,暴露于任何频道的家庭或人口的比率。

开机率是从整体的角度去了解家庭与个人等对象、阶层的总体收视情况。主要的意义在对不同市场、不同时期收视状况有所了解,如分析全年开机率可以发现各地在冬季与夏季收视习惯的变化,寒暑假对中小学群体的收视有显著的影响。

收视率:是指收视人口占拥有电视机人口总数的比率。依计算单位的不同可以分为家庭收视率与个人收视率。

目标消费者收视率:在目标消费群中,暴露于一个特定电视节目的人口数占所有目标消费群人口的比率。

观众占有率:各频道在特定的时段中所有的观众占拥有电视机的总人口的比率。

观众占有率是在特定时段开机率的基础下深入分析各频道的占有率,占有率可以家庭为单位,也可以设定的对象为单位。

(2)观众组成。

观众组成是指一个电视节目的各阶层观众占该节目所有观众的比率。它具有媒体经营与使用两个主要功能。

第一,在媒体经营上,每一个电视节目,在推出时都应有其预定的收视阶层,观众组成信息可以调查其原预定收视阶层是否准确,帮助节目修正方向。

第二,在媒体运用上,每一个电视节目都有其固定的观众群,观众对自己喜爱的节目有较高的归属感,接触程度也较高。观众组成信息可以帮助判断该节目观众属于哪一阶层,在该节目投放与观众相关的广告,能取得较好的效果。反之,如果目标受众在该节目观众中所占比例很小,则广告效果相对较小,因为他们是在观看不属于自己的节目。

(3)媒体区域分布。

媒体区域分布是指跨区域媒体在各区域的分布状况,对跨区域营销的品牌提供媒体整合及提高购买效率的机会调查。

① 可以选择目标消费者群体,也可以选择总人口作为调研对象。

② 在跨地区的收视率比较上,必须考虑不同区域人口的差异。因为收视率的高低,在不同区域,并不一定代表收视人口的高低。

③ 可以节目为单位去比较节目在各地区的收视差异,或者以频道为单位去比较频道间的差异。

④ 统计变量可以依各变量对品牌的重要性加以选择。附加收入对高价格商品是极为重要的变量,区域对铺货的偏向也是重要变量。

2)印刷媒体调查

印刷媒体调查主要是为了获得发行份数、阅读率、读者群等资料。

(1)发行份数。

如果是同一印刷媒体时,其广告效果可与发行份数成正比,即发行份数越多,广告效果越大,所以在媒体运用上,有关发行份数的资料十分重要。

(2)阅读率。

报纸上刊登的广告,虽然随着报纸一道校印出数十万甚至数百万份,但读者是否看到该广告,这还是个未知数。如果有人看过,具体的数目是多少?这些资料都是广告主想知道的。阅读率调查就是调查读者对报纸的记忆及广告注目的情况,阅读率包括广告的注目率及精读率两个方面。

(3)读者群。

有了明确的诉求对象,广告才不至于无的放矢。在报刊上发布广告,了解报刊的读者群是十分重要的。分析读者群的性别、年龄、职业、收入、阶层等特性,就可得出读者的总体情况。

报纸与杂志的读者群构成略有不同。报纸除专业性报纸如经济、运动等报纸外,一般而言,读者群差别不大,而杂志的读者群则具有鲜明的差异。另外,即使是阅读同一报纸,因每人兴趣不同,所关心的版面也有所不同。这个因素在投放广告时也应予以考虑。

3)户外媒体调查

户外媒体为区域性媒体,因此调查主要从媒体与受众两个方面入手。

从受众入手:确定户外媒体时能接触目标受众的数量。调查的方式是在户外媒体所在地,从摄像机能见的角度在固定时间拍摄经过的人群,正面朝向户外媒体的总人数,即为该媒体的接触人口。接触人口组合分析可以由街头抽样调查方式取得,或以外观判断。

从媒体入手:户外媒体本身的形式及大小,即媒体本身被注意的程度。可以从高度、尺寸、能见角度、材质及露出时间等项目进行调查。

(1)高度。

一般认为高度越高的户外媒体价值较高。事实上,根据受众行为习惯分析,媒体高度应以平视所见为最佳高度。对高度的调查应该是调查媒体本身被注意的程度。

(2)尺寸。

户外媒体的尺寸指的是受众感觉到的尺寸,并不是媒体实际丈量的尺寸。媒体与受众距离越远,所呈现的尺寸越小。对尺寸的调查应该将受众在不同的接触距离、媒体所呈现的尺寸大小加以分级评分。

(3)能见角度。

户外媒体的能见角度是指媒体能被看到的角度。正面角度接触效果最为完整,侧面效果较差;受人潮流向的影响,来向具有较佳效果,去向则效果不如来向。对媒体能见角度的调查是以各角度的显示效果加以分级评分。

(4)材质。

户外媒体材质涉及的是创意的呈现能力以及媒体本身的吸引力,包括呈现精致创意的能力、媒体的亮度以及声音等。

户外媒体接触的是流动的受众。受众从不同的距离、角度接触不同高度与材质的媒体,产生的效果将有所不同。

3. 媒体计划方案的调查

1）对竞争品牌媒体投资的分析与调查

媒体方案经广告主确认后，就成为实施的根据。但由于市场瞬息万变，经过确认的媒体方案也必须根据市场变化加以修正。调查竞争品牌的媒体投资是为了调整自身媒体方案。

① 分析整体产品种类及主要竞争品牌的投资额、成长率、占有率、地区分布变化、各市场的品牌情况、季节性投资形态、媒体类别等，以了解媒体竞争状况的改变。

② 调查竞争品牌在媒体投资上的变化对本品牌所带来的影响。

③ 讨论本品牌在媒体方案上是否应该采取对策及做出相应的修改。

2）对自身媒体计划方案实施结果的调查

媒体计划方案实施的目的在于产生传播结果，而结果的产生涉及方案的准确性以及实施的完成情况。因此调查的重点为执行的完成情况，具体的调查内容包括：

① 有效到达率的完成情况。

② 计划到达率、接触频率与实际获得的到达率、接触频率之间的差距。

③ 媒体与品牌的匹配性。

④ 媒体发布的浪费情况。

参考文献

[1] 陈培爱.中外广告史[M].北京.中国物价出版社,2002.

[2] 苗杰.现代广告学[M].北京.中国人民大学出版社,1944.

[3] 卢泰宏,李世丁.广告创意:个案与理论[M].广东.广东旅游出版社,2006.

[4] 汪洋,苗杰.现代商业广告学[M].北京.中国人民大学出版社,2012.

[5] 崔银河.广告学概论[M].北京.中国传媒大学出版社,2009.

[6] 大卫·奥格威.广告大师奥格威[M].北京.三联书店出版社,2014.

[7] 余小梅.广告心理导论[M].北京.北京广播学院出版社,2000.

[8] 欧阳康.广告与推销心理:打开市场的钥匙[M].北京.中国社会出版社,1997.

[9] 李建立.广告文化学[M].北京.北京广播学院出版社,1998.

[10] 李东进.消费者行为学[M].北京.经济科学出版社,2011.

[11] 罗维.广告策划[M].北京.中国经济出版社,2016.

[12] 周茂君.广告管理学[M].武汉.武汉大学出版社,1994.